	たり	たら	たり	たり	たる	たれ	たれ	ラ変	①完了（…た・…てしまった）②存続（…ている・…てある）
	たし	（たく） / たから	たく / たかり	たし	たき / たかる	たけれ	○	形容詞	①希望（…たい・…てほしい）
	けむ	○	○	けむ	けむ	けめ	○	四段	①過去推量（…ただろう）②〔過去の〕原因推量（〔どうして／～だったので〕…たのだろう）③〔過去の〕婉曲・伝聞（…たような・…たとかいう）
終（ラ変[※1]は体）	らむ	○	○	らむ	らむ	らめ	○	四段	①〔視界外の〕現在推量（今頃は…ているだろう）②原因推量（〔どうして／～なので〕…なのだろう）③婉曲・伝聞（…のような・…とかいう）
	らし	○	○	らし	らし	らし	○	無変化	①〔確かな根拠にもとづく〕推定（…らしい）
	べし	（べく） / べから	べく / べかり	べし	べき / べかる	べけれ	○	形容詞	①推量（…だろう）②当然（…はずだ・…べきだ）③可能（…できる）④意志（…しよう）⑤命令（…しろ）⑥適当（…がよい）
	まじ	（まじく） / まじから	まじく / まじかり	まじ	まじき / まじかる	まじけれ	○	形容詞	①打消推量（…ないだろう）②打消当然（…はずがない・…べきでない）③不可能（…できない）④打消意志（…しないつもりだ）⑤禁止（…するな）⑥不適当
	めり	○	（めり）	めり	める	めれ	○	ラ変	①推定（…ようだ）②婉曲（…ようだ・…と思われる）
	なり	○	（なり）	なり	なる	なれ	○	ラ変	①推定（…ようだ）②伝聞（…という・…だそうだ）
体言 体	なり	なら	なり / に	なり	なる	なれ	なれ	形容動詞	①断定（…である）②存在（…にある・…にいる）
	ごとし	○	ごとく	ごとし	ごとき	○	○	形容詞	①比況（…のようだ）②例示（…など）
体言	たり	たら	たり / と	たり	たる	たれ	たれ	形容動詞	①断定（…である）
サ未 四已	り[※2]	ら	り	り	る	れ	れ	ラ変	①完了（…た・…てしまった）②存続（…ている・…てある）

※1…ラ変型に活用する語（＝①ラ変動詞／②形容詞（カリ活用）・形容動詞／③ラ変型・形容詞型（カリ活用）・形容動詞型に活用する助動詞）の場合は、その連体形に接続する。

※2…サ変動詞の未然形、または四段動詞の已然形（命令形）に接続する。

古文
レベル別問題集

6 最上級編

東進ハイスクール・東進衛星予備校 講師
富井健二
TOMII Kenji

東進ブックス

はじめに

時間の限られた受験生にとって無駄は禁物。解説が冗長で、内容の理解に時間を要する問題集はよくありません。志望校レベルに最短距離で到達するためには、今の自分の学力に合った問題と一切の無駄を省いた解説が掲載された問題集を使って学習する必要があります。

本シリーズは、膨大な入試問題データベースから「学力を伸ばす良問」を厳選し、その難易度・問題形式等を分析してレベル別に再編[*1]した問題集です。解説文は簡潔に、且つ解答する過程で一切の疑問点を残さぬよう、有効な情報[*2]はふんだんに盛り込んであります。また、読解しながら単語・文法の知識[*3]も深められるようになっています。

本書レベル⑥は、全国のトップレベルの難関国公立大の問題を中心に構成されています。レベル⑤との相違は、設問形式が国公立大のものであり、様々な記述・論述形式の設問を中心に扱っているという点にあります。「選択問題なら大丈夫だけど記述問題は苦手で…」という人は、ぜひトライしてください。きっと苦手意識を払拭することができるでしょう。加えて、今回は**各々の設問に採点基準（すべて五〇点満点・目標得点あり）と解答欄（原寸をなるべく再現）が設けられています**ので、実戦感覚を味わいながら実際**どれくらい得点できるのか、合格点に達しているかを明確に知ることができる作りになっています。**レベル①～⑤で培ってきた古典文法・古文単語・古文読解の技術を究極のレベルまで高めることも可能です。そして各章の最後にコラムを掲載しました。受験のためだけでなく、古典作品の魅力を感じながら、楽しく学習を進めてもらえばと思います。

著者　富井健二

◆**補足説明**

＊1…内容やジャンルにおいて得手不得手が生じないように、**様々な形式の問題**を偏りなく取り上げました。

＊2…本文解説の細かい**補足説明**は脚注に収録。【全文解釈】では問題文の**一語一語をすべて品詞分解**し、活用形・意味・用法などを明示。この上ないほどきめ細かい解説を実現しました。

＊3…重要な**古文単語・古典文法**の知識が読解の中で効率的に身につくよう、【全文解釈】の脚注に掲載しました。

❷本書の特長——「主要28大学×10年分の入試分析結果」をもとにした問題集——

この「古文レベル別問題集」制作にあたって、我々は東京大学の古文サークルにご協力いただき、かつてないほど大規模な大学入試問題分析を敢行。[*1]主要28大学計277学部の入試問題を各10年分、合計「[*2]約1000題」を対象として、次の3点について分析・集計を行ないました。

【大学入試の分析ポイント】

① 出題された問題文の出典（作品名）・ジャンルは何かを集計[*3]（結果は左図参照）。
② 問題文中の傍線部や空所に入る語句をすべて品詞分解し、そこに含まれる文法・単語を集計[*4]。
③ 傍線部・空所以外にも、解答に直接関わる文法・単語等を集計。

入試で問われる（＝覚えておけば得点に直結する）知識は何なのか。個人の経験や主観ではなく、極めて客観的・統計的な大規模調査を行ない、その結果を本書に落とし込みました。

受験生が古文に割くことのできる限られた時間を、実際はほとんど出題されない知識の修得に費やす。従来のそういった古文学習の悪癖を払拭し、本当に必要な知識だけを最短距離で身につけるための問題集であるという点が、本書最大の特長です。

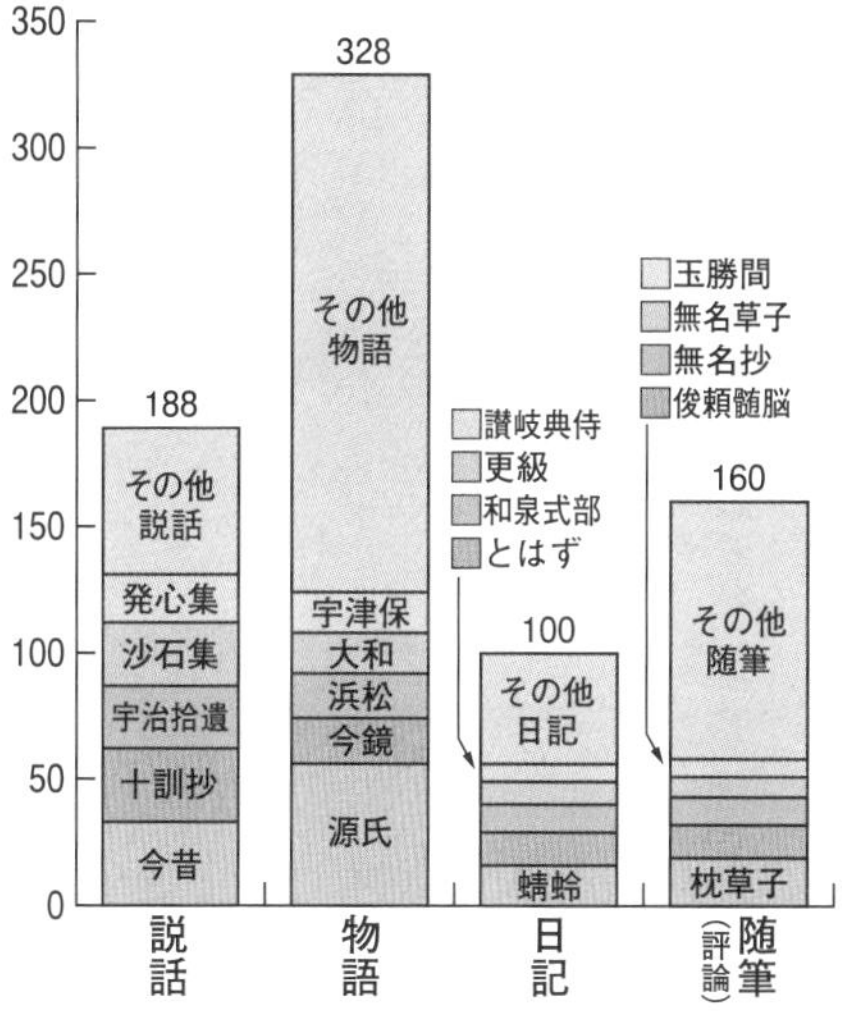

▲ジャンル別作品出題回数（TOP 5はグラフ表示）

◆補足説明

＊1…本書5頁の表における「偏差値60以上」の旧七帝大・上位国公立大・難関私大・有名私大。共通テスト（センター試験）は約30年分を分析。

＊2…古文の出題がない学部や、同大学における複数学部共通問題の重複分を除いた正味の問題数。問題文として出題されている一つの出典を「1題」として集計。

＊3…説話・物語・日記・随筆（評論）の主要作品について出題回数を集計。この4ジャンルの主要作品に含まれないものはすべて「その他の作品」として計上（上図では非表示）。

＊4…文法は、助動詞28語・助詞56語それぞれについて、用いられている意味や用法ごとに出題数を集計。語の識別や敬語についても出現数を集計。単語は「語義別」にそれぞれ出現数を集計。

❸ レベル⑥の特徴

【こんな人に最適】

❶ 難関国公立大合格のために古文の記述・論述問題で「八割以上」を獲得したい人
❷ 有名私大や難関私大、有名国公立大の古文にゆとりを持たせたい人
❸ 共通テスト〔古文〕で満点を取り、古文読解のスピードを最高レベルにまで高めて、〔現代文〕や〔漢文〕にゆとりを持たせたい人

▼レベル⑥の位置付け

大学入試問題の中で最も難度の高い良問を収録しています。レベル⑤にも同難度の読解力を要する文章は掲載されているのですが、レベル⑥は設問形式が記述・論述問題であるため、解答の難度はかなり高くなっています。古文単語や古典文法も単なる暗記だけではついついミスをしてしまいがちなものをあえて取り上げました。応用力が問われる設問の対策も万全です。

▼レベル⑥で身につく力

難関大の問題を解く読解力および記述・論述暗記だけでは対処できないような古典文法や古文単語の設問を多数取り上げました。古文常識がないと読解が困難な作品も扱っておりますし、記述の際にも常識が必要になってくる設問も掲載しましたので、オールラウンドな実力を高めることができます。受験生が苦手とする和歌の記述問題（修辞・比喩の修得が必要となるもの）を数多く取り上げてあります。このレベル⑥を仕上げた後は、難関私大・有名国公立大の過去問にどんどん挑戦していく力が身につきます。

●単語・文法も同時増強！

本書の【全文解釈】では、文中に出てきた重要な単語や文法をその都度脚注でチェックできるため、読解力と同時に単語力・文法力も高めることができます（☞7頁）。

【志望校レベルと本書のレベル対応表】

難易度	偏差値	志望校レベル 国公立大（例）	志望校レベル 私立大（例）	本書のレベル（目安）
難	～67	東京大，京都大	国際基督教大，慶應義塾大，早稲田大	
	66～63	一橋大，東京外国語大，国際教養大，筑波大，名古屋大，大阪大，北海道大，東北大，神戸大，東京都立大，大阪公立大	上智大，青山学院大，明治大，立教大，中央大，同志社大	⑥最上級編
	62～60	お茶の水女子大，横浜国立大，九州大，名古屋市立大，千葉大，京都府立大，奈良女子大，金沢大，信州大，広島大，都留文科大，静岡県立大，奈良県立大	東京理科大，法政大，学習院大，武蔵大，中京大，立命館大，関西大，成蹊大	⑤上級編
	59～57	茨城大，埼玉大，岡山大，熊本大，新潟大，富山大，静岡大，滋賀大，高崎経済大，長野大，山形大，岐阜大，三重大，和歌山大，島根大，香川大，佐賀大，岩手大，群馬大	津田塾大，関西学院大，獨協大，國學院大，成城大，南山大，武蔵野大，京都女子大，駒澤大，専修大，東洋大，日本女子大	④中級編
	56～55	共通テスト，広島市立大，宇都宮大，山口大，徳島大，愛媛大，高知大，長崎大，福井大，新潟県立大，大分大，鹿児島大，福島大，宮城大，岡山県立大	玉川大，東海大，文教大，立正大，西南学院大，近畿大，東京女子大，日本大，龍谷大，甲南大	③標準編
	54～51	弘前大，秋田大，琉球大，長崎県立大，名桜大，青森公立大，石川県立大，秋田県立大，富山県立大	亜細亜大，大妻女子大，大正大，国士舘大，東京経済大，名城大，武庫川女子大，福岡大，杏林大，白鴎大，京都産業大，創価大，帝京大，神戸学院大，城西大	②初級編
	50～	北見工業大，室蘭工業大，職業能力開発総合大，釧路公立大，公立はこだて未来大，水産大	大東文化大，追手門学院大，関東学院大，桃山学院大，九州産業大，拓殖大，摂南大，沖縄国際大，札幌大，共立女子短大，大妻女子短大	①文法編
易	-	一般公立高校（中学レベル）	一般私立高校（中学～高校入門レベル）	

※東進主催「共通テスト本番レベル模試」の受験者（志望校合格者）得点データをもとに算出した、主に文系学部（前期）の平均偏差値（目安）です。

●志望校別の使用例

▼古文が苦手な人…必ずレベル①で文法を固め、②で読解法の基礎・基本を固めましょう。その後は、各自の目標とする志望校レベルに応じて、レベルアップしていきましょう。

▼「古文は共通テストだけ」の人…文法知識があやふやであれば、レベル①～③を学習し、後は過去問や実戦問題に取り組みましょう。文法はほぼ完璧という人は、②・③だけでも結構です。

▼第一志望が「明青立法中／関関同立」などの有名私大の人…古文を基礎から始めて高得点を取りたい人は、①～⑤までやり切りましょう。基礎が固まっている人は、③～⑤を学習しましょう。

▼第一志望が「旧七帝大」などの国公立大の人…共通テストから二次試験の記述・論述まで対策するため、レベル③～⑥をやりましょう。時間がない人は、③と⑥だけやり、後は過去問を徹底しましょう。

◆4 本書の使い方

本書の使い方は極めてシンプル。左図の番号（①〜⑦）どおりに、問題を解いて、解説を読んでいくだけです。問題文は全15問あります。一流ナレーターによる問題文の「**朗読音声**」も付いていますので、**音声を聴きながら【全文解釈】を見る**だけでも、古文の内容がその情趣と共に理解できるでしょう。音声を参考にして自分で**音読**することも、読解力の向上に極めて有効です。

① 問題文
主に上位〜難関国公立大で出題された過去問から、「レベル⑥」の記述式問題として最適な良問を厳選して収録しています（＊1）。

② 設問文
設問と選択肢は、「読解のヒント」の宝庫です。問題文を読む前に、必ずザッと目を通しましょう。

③ 解答欄
「記述・論述問題」対策として、実際に記入できる解答欄を設けました。「字数の目安」を参考にして、答案作成の練習をしましょう。

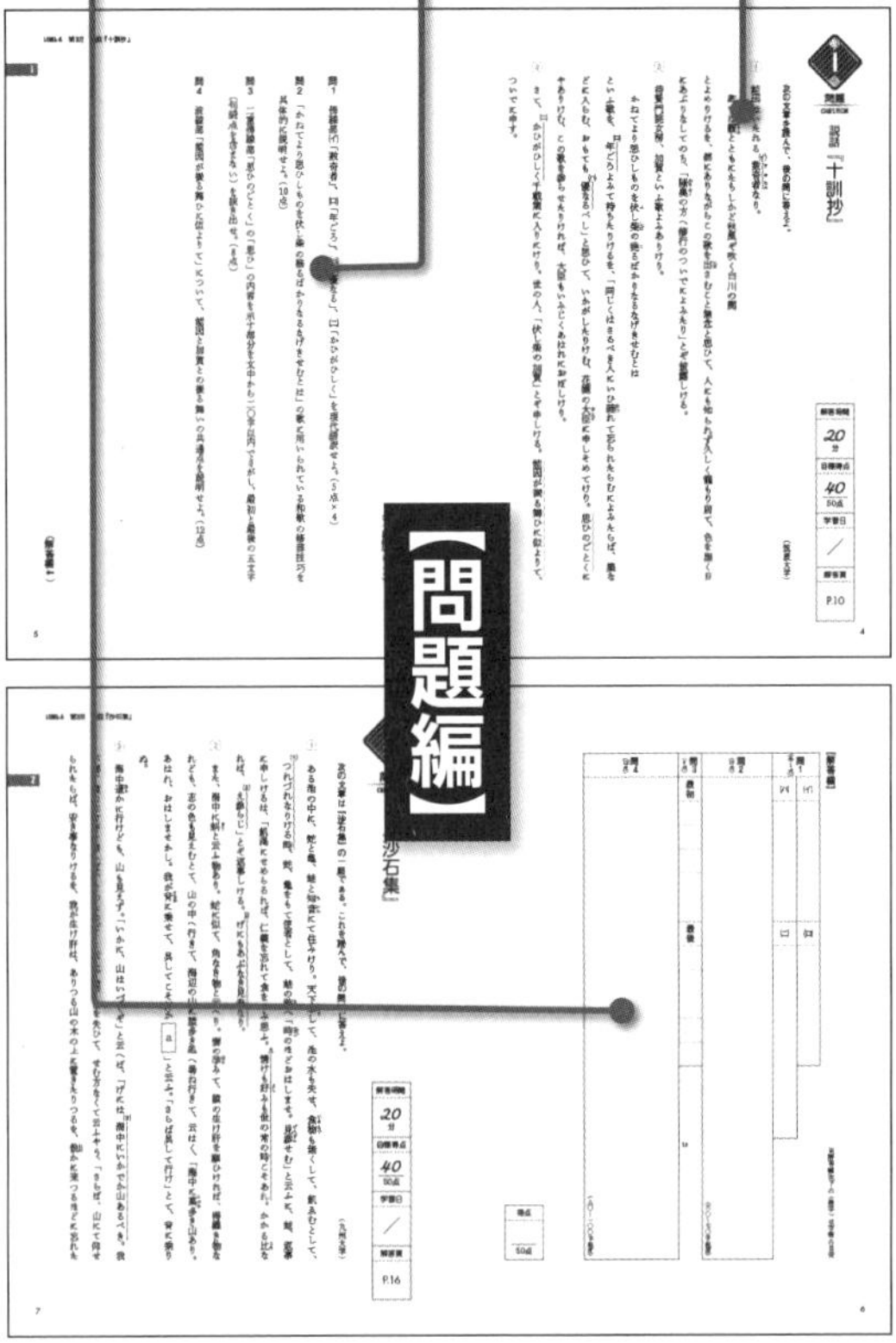

●入試問題は「初見」の文

3頁にあるグラフが示すとおり、古文も英語や現代文と同様、基本的に「**読んだことのない文章**」が出題されます。特に、数十万人の受験生が受ける共通テストでは、公平を期すためにこの傾向が顕著になります。この『古文レベル別問題集』で段階的に多数の問題を解き、初めて見る古文に対する読解力を向上させましょう。

◆補足説明

＊1…問題文は基本的に過去の大学入試問題を用いていますが、都合により一部改変している場合があります。

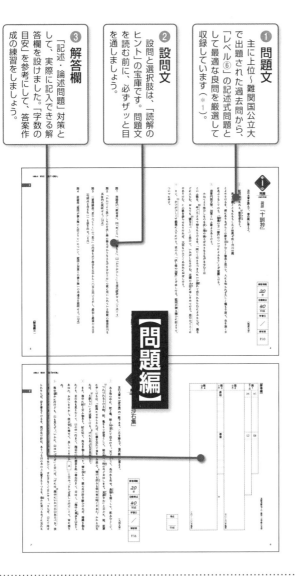

❹ 読解のポイント

問題文を読解する際のポイントを明記。最後には〈あらすじ〉も掲載しました。

❺ 登場人物

問題文に登場した人物を整理。人物の言動や、敬語の有無（＝主語補足のヒント）についてもまとめています。

❻ 全文解釈

問題文をスペースで区切りながら単語分けし、読解において重要な語を色で区別（次頁参照）。各語の品詞・活用の種類・活用形・意味・用法などを詳細に明示し、現代語訳は問題文の左側に併記（＊2）しました。

また、登場人物は青枠で囲み、省略された主語・目的語は青文字で明記。「すべて」の情報を同時に見やすく掲載できるよう工夫しました。

【解説編】
赤文字は赤シートで隠して学習できます。

朗読音声

QRコードをスマホのカメラで読み取ると、一流ナレーターによる問題文の朗読音声が再生されます。

脚注

問題文に出てきた重要語（＊3）を掲載。重要文法や主語の補足理由などについても、黒丸数字（❶～❾）で解説しています。

❼ 解答・解説

問題文のどこに解答の根拠があり、どのように考えて解答を導けばよいのかを論理的に解説。自学自習できるよう、記述・論述問題の「採点基準」も詳細に記しました。

＊2…現代語訳は、赤文字で記し、対応する古文とできる限り位置をそろえています。赤シートで隠して、古文の現代語訳を頭の中で考えながら読んでいくという学習方法も有効です。

＊3…単語は星の数が多いほど頻出度が高いという意味です。

★★★ ＝最頻出
★★ ＝頻出
★ ＝標準
★無し＝非頻出

※頻出度は高くないものの、問題文の理解や解答に必要な語であれば、重要語（非頻出）として脚注に掲載しました。
また、**同じ語義の重要語は2回目以降は省略**（別の語義であれば掲載）しています。

【全文解釈】で使用する記号・略号

●活用形

- 未然形→［未］
- 連用形→［用］
- 終止形→［終］
- 連体形→［体］
- 已然形→［已］
- 命令形→［命］

●動詞＊1

- 四段活用動詞→四
- 上一段活用動詞→上一
- 上二段活用動詞→上二
- 下一段活用動詞→下一
- 下二段活用動詞→下二
- カ行変格活用動詞→カ変
- サ行変格活用動詞→サ変
- ナ行変格活用動詞→ナ変
- ラ行変格活用動詞→ラ変

●形容詞

- 形容詞ク活用→ク
- 形容詞シク活用→シク

●形容動詞

- 形容動詞ナリ活用→ナリ
- 形容動詞タリ活用→タリ

●助動詞の意味＊2

- 打消推量→打推
- 打消意志→打意
- 不適当→不適
- 反実仮想→反実
- ためらい→ため
- 実現不可能な希望→希望
- 過去推量→過推
- 過去の原因推量→過因
- 過去の婉曲→過婉
- 過去の伝聞→過伝
- 現在推量→現推
- 原因推量→原推
- 打消推量→打推
- 打消意志→打意
- 不可能→不可
- 打消当然→打当

●助詞

- 格助詞→格助
- 接続助詞→接助
- 係助詞→係助
- 副助詞→副助
- 終助詞→終助
- 間投助詞→間助

●助詞の用法＊3

- 使役の対象→《使対》
- 動作の共同者→《動共》
- 方法・手段→《方法》
- 単純な接続→《単接》
- 逆接の確定条件→《逆接》
- 逆接の仮定条件→《仮定》
- 順接の仮定条件→《仮定》
- 原因・理由→《原因》
- 反復・継続→《反復》
- 打消接続→《打接》
- 希望の最小→《希小》
- 他への願望→《他願》
- 自己の願望→《自願》
- 詠嘆願望→《詠願》

●その他の品詞

- 名詞・代名詞→無表記＊4
- 副詞→副
- 連体詞→連体
- 接続詞→接続＊5
- 感動詞→感動
- 連語→連語
- 接頭語→接頭
- 接尾語→接尾

●語の色分け＊6

- ■＝重要語（→訳は太字）
- ■＝助動詞
- ■＝接続助詞
- ■＝尊敬語
- ■＝謙譲語
- ■＝丁寧語
- ※その他は無色

●その他の記号

- □＝登場人物（A～E）
- ⬇＝**主語同一用法**があてはまる接続助詞
- ♻＝**主語転換用法**があてはまる接続助詞
- ▶＝重要な主語（や目的語）が省略されている箇所（補足する人物は左側に青文字で表示）
- ❶～❾＝**重要文法**や**主語・目的語の補足方法**に関する解説

◆補足説明

＊1…基本的に、単語を表すときは「みる【見る】」のように平仮名と【漢字】を併記する。**【 】**は**漢字表記**の意。

＊2…助動詞の意味は2字表示。3字以上の意味は上記のように省略。なお、助動詞は「推量［未］」のように「意味と活用形」を併記している。

＊3…助詞の用法は2～3字で《 》内に表示。4字以上の用法は上記のように省略。

＊4…名詞・代名詞の品詞名は無表記としている。

＊5…接続助詞は「接助」、接続詞は「接続」と表記しているので区別に注意。

＊6…読解・解答において重要な語だけに色を付けている。■の重要語は、**同じ単語で同じ語義**の場合、2回目以降は原則省略。接続助詞は**複数の用法があるもの**のみ《 》で用法を表示。敬語は**補助動詞**の場合のみ《補》と表示。

【解説編】目次

第1回 説話『十訓抄』……10
第2回 説話『沙石集』……16
第3回 物語『栄花物語』……24
第4回 物語『大和物語』……34
第5回 日記『土佐日記』……42
第6回 日記『うたたね』……50
第7回 日記『とはずがたり』……58
第8回 日記『紫式部日記』……66
第9回 随筆『枕草子』……76
第10回 歌学『俊頼髄脳』……86
第11回 歌学『奥義抄』……94
第12回 随筆『玉勝間』……102
第13回 物語『春雨物語』……108
第14回 物語『源氏物語』―真木柱―……120
第15回 物語『源氏物語』―宿木―……130

巻末付録―重要事項のまとめ―
❶ 基本読解マニュアル……140
❷ 語の識別……142
❸ 敬語の種類……146
❹ 重要文学史一覧……148

説話『十訓抄』

語数 197語
得点 　／50点
問題頁 P.4
古文音声

❶読解のポイント

能因法師と加賀、二人の歌にまつわる逸話が語られているので、両者の共通点を考察しつつ読解を進めること。双方とも助動詞「けり」で結ばれているので、自己体験ではなく聞き書き（伝聞）であることに気づくこと。最後の「能因が……ついでに申す」の「申す」の主体は『十訓抄』の編者自身であることにも気づいてほしい。

〈あらすじ〉 風流を極めた能因法師は、白河の関を題材にした名歌を思いついた。しかし、都にいながらこの歌を公表したら残念だ（格好悪い）と思い、長い間引きこもり、日焼けをして、陸奥に出かけたという体裁で歌を公表した。
女房の加賀は、失恋を題材にした名歌を長年（公表せず）控えていたが、実際に失恋したときに公表したら優雅だろうと思い、花園の大臣に交際を申し込み、あえて失恋をしてから歌を披露したところ、大臣は感動し、歌集にも撰ばれた。加賀の行動は能因に似ている。

❷登場人物

A 能因…能因法師。平安時代中期の歌僧。「数奇者《すきもの》」と形容されている。

B 加賀…平安時代中期から後期の女性歌人。Cに交際を申し込み、失恋した際に披露した歌が評価され、「伏し柴の加賀」と呼ばれた。

C 大臣…花園の大臣。源有仁。Bの交際相手。Bから「かねてより」の歌が贈られ、しみじみと感動する。

I

❸ 全文解釈

（重要語／助動詞／接続助詞／尊敬語／謙譲語／丁寧語）

1

能因A はいたれる(イ)数奇者なり。

能因法師は（極限に）達した風流人である。

都をば霞とともにたちしかど秋風ぞ吹く白川の関

京の都を（春の）霞が立つ頃に出立したけれど、秋風が吹く白河の関であることよ。

とよめりけるを、「都にありながらこの歌を出さむこと無念」と思ひて、

と詠んだのであるが、（Aは）「（白河の関に行かず）都にいるままこの歌を発表するようなことは残念だ」と思って、

人にも知られず久しく籠もり居て、色を黒く日にあぶりなしてのち、

人に知られることもなく長い間（自宅に）引きこもっていて、（肌の）色を黒く（するために）ことさら日に焼いた後、

「陸奥の方へ修行のついでによみたり」とぞ披露しける。

「陸奥の国の方へ仏道修行に行った折に詠んだ」と（言って歌を）公表した。

2

待賢門院女房、加賀B といふ歌よみありけり。

待賢門院の女房で、加賀という歌人がいたそうだ。

かねてより思ひしものを伏し柴の樵るばかりなる❶なげきせむとは

前々から予感していたのになあ。柴を伐採して投げ木をするように、こりごりするほど（恋の）嘆きをするだろうとは。

といふ歌を、(ロ)年ごろよみて持ちたりけるを、「同じくは❷さるべき人にいひ

という歌を、長年詠んで（公表せず）控えていたが、「（詠む歌が）同じならばふさわしい人に言い寄り

単語・文法・解説

□すきもの【好き者・数奇者】名
①風流（な）人・物好きな人　②好色な人

★★★
□ついで【序】名
①順序　②機会・折

□ふししば【伏し柴】名
①柴（山野に生える小さい雑木の総称）のこと。

□こる【樵る・伐る】動ラ四
①木を切る・伐採する

□なげき【嘆き・歎き】名
①ため息（をつくこと）
②悲しみ・悲嘆

★★★
□としごろ【年頃】名
①長年　②数年の間

★★★
□さるべき【然るべき】連
①そうなるはず（の運命）
②ふさわしい（人）

❶…「嘆き」と「投げ木（＝薪として火に投げ入れる木）」が掛詞になっている。

❷…係助詞「は」は、形容詞の連用形に接続して「…ならば」という「仮定」の意を表す。

3

睦れ て 忘ら れ たら む に よみ たら ば、集 など に 入ら む、おもて も 優なる

親しみ懐いて（その人に）忘られた頃に詠んだ（歌とした）ならば、（評価されて）歌集などに入るだろう、表向きも**優雅で**

べし」と 思ひ て、（いかが し たり けむ）、花園 の 大臣 に 申し そめ て けり。（思ひ

あろう」と思って、❸どうしたことであろうか、花園の大臣に（交際を）申し上げ始めたのであった。（Bは）思い

の ごとく に や あり けむ）、この 歌 を 参らせ たり けれ ば、大臣 も いみじく

のようになったのであろうか、（Cに）この歌を差し上げたところ、大臣も**非常に**

あはれに おぼし けり。

しみじみと（趣深く）お思いになったということだ。

さて、かひがひしく 千載集 に 入り に けり。世 の 人、「伏し柴 の 加賀」と ぞ

そうして、（その）**甲斐があり**（Bの歌は）『千載和歌集』に入ったそうだ。世間の人は、（Bを）「伏し柴の加賀」と（名づけ）

申し ける。能因 が 振る舞ひ に 似より て、ついで に 申す。

申し上げたという。（加賀の行動は）能因の**行動**に似通っていて、（そのため）ついでに申し上げる。

□むつる【睦る】動ラ下二
①親しみ懐く

□いうなり《ユウ》【優なり】形動ナリ
①優美だ・優雅だ・上品だ
②すぐれている

□いみじ【忌みじ】形シク
①非常に ②はなはだしい
③恐ろしい ④すばらしい

□あはれなり《ワ》 形動ナリ
①しみじみと…だ
②気の毒だ ③趣深い

□かひがひし《イ イ》【甲斐甲斐し】形シク
①効果がある・甲斐がある
②頼もしい ③勢いが良い

□ふるまひ【振る舞ひ】名
①行動・動作・行為
②もてなし

❸…「いかが」は、「いかにか」が変化した語で、「いかにか」の「か」が係助詞となる。したがって、文末の活用語は連体形となる。

❹ 解答・解説

問1（答　(イ)風流(な)人　(ロ)長年／数年の間　(ハ)優美だ／優雅だ　(ニ)(その)効果があって／(その)甲斐があり）※1

> **採点基準**（各5点満点）
> (ロ)を「年」を入れずに「長い間」などとした場合は1点の減点で4点。
> (ハ)を「風情があって」と解答した場合は1点減点で4点。

(イ)　「すき【好き・数奇】」は「好色・色好み／風情・風雅の道」の意味の名詞で、異性や芸道などに情熱を燃やす心が原義。ここでは恋愛ではなく和歌（を極めた能因）のことなので、「数奇者」は「風流(な)人」などと訳すのが妥当。

(ロ)　「ひごろ【日頃】」は「数日の間」、「つきごろ【月頃】」は「数カ月の間」の意で、「年ごろ」は「長年／数年の間」の意。「数年間／数年来」でも可。

(ハ)　「おもても優なるべし」の「おもて」は、ここでは「表向き・外面」の意。表向きが「すぐれている」は文脈に合わないので、「優美だ／優雅だ」と訳すのが妥当。「上品で美しい／奥ゆかしい」などでも可。

(ニ)　「かひ【甲斐・効】」は「効果・効き目」の意。立派な大臣と交際することで歌の現実味が増し、「集などに入らむ」という加賀の思いが実現したという文脈なので、「かひがひしく」は「(その)効果があって／(その)甲斐があり」などと訳すのが妥当。

問2（答　「伏し柴の」は「樵る」を導く枕詞。「樵る」は「懲る」との掛詞で、「なげき」は「嘆き」と「投げ木」の掛詞。「樵る」と「投げ木」は「伏し柴」の縁語。）

> **採点基準**（10点満点）　※四〇字未満は3点減点。
> ❶「伏し柴の」は「樵る」を導く枕詞という記述がある……3点
> ❷「樵る」は「懲る」との掛詞という記述がある……2点
> ❸「なげき」は「嘆き」と「投げ木」の掛詞という記述がある……2点
> ❹「樵る」と「投げ木」が「伏し柴」の縁語という記述がある……3点

「伏《ふ》し柴《しば》」は「柴」の異称。「**伏し柴の**」は、「**樵《こ》る**」（木を切る・伐採する）を導く**枕詞**《まくらことば》である。枕詞とは、特定の語に鮮やかな「イメージ」を添える語で、「基本的に**5音**からなる」「初句か**第三句**にある」「『**〜の**』で終わるものが多い」という特徴がある。

「なげき」は、【**嘆**《なげ》**き**】（ため息・悲嘆）と【**投**《な》**げ木**《き》】（薪として火に投げ入れる木）の**掛詞**《かけことば》になっていることに気づくこと。和歌でしばしば見られる技巧である。

※1…答えや「採点基準」にあるスラッシュ（／）は「または」の意。例えば、「長年／数年の間」は「長年」または「数年の間」が答えになるということ。（　）は省略可能（あってもなくてもよい）の意。

「伏し柴」と「樵る」と「投げ木」は、「柴を伐採して火に投げ入れる」と連想できる語群で、このような関係を縁語《えんご》と呼ぶ。また、「柴を伐採して火に投げ入れる」ことは重労働なので、「樵る」には「懲《こ》る」（こりごりする）が掛けられているとも考えられる。

以上、三つの修辞技巧「**枕詞**」「**掛詞**」「**縁語**」が用いられている箇所を整理して簡潔に記すこと。

問3（答 **最初さるべき人　最後られたらむ**）

採点基準（8点満点）※完答で得点。解答通りでなければ0点。

加賀の「思ひ」を示すのは、2段落3～4行目にある「同じくは**さるべき人にいひ睦《むつ》れて忘られたらむ**によみたらば、集などに入らむ、おもても優なるべし」の部分。「二〇字以内」で、大臣に歌を差し上げる前段階の「思ひのごとくに」なったことを抜き出せばよいので、「**さるべき人…られたらむ**」〔一七字〕の箇所が適当。

問4（答 **両方とも実際の体験によらない虚構の歌を詠んだものの、事実に基づいた現実味のある歌のように見せるため、すぐには披露せず、より良い体裁や状況を作り出してから公表したことで、高い評価を得たという点。**〔九六字〕）

採点基準（12点満点）

❶「実際の体験ではない虚構の歌であるのに、事実に基づいた歌のように見せた（装った）」という内容の記述がある……6点

❷「すぐには公表せず、より良い体裁や状況を作り出してから公表したことで、高い評価を得た」といった内容の記述がある……5点

❸文末が「…という点（が共通している）。」のようになっている……1点

※八〇字未満は3点減点。❶や❷を満たさず、❸のみ満たす場合は0点。

能因と加賀の共通点は主に二点ある。一点は、二人とも実際の体験によらない虚構の歌を詠んだという点。能因は実際に「白河の関」には行っておらず、加賀も実際の失恋をもとに「かねてより」の歌を詠んだわけではない。もう一点は、より良い体裁や状況を作り出してから歌を公表したことで、高い評価を得たという点。能因は引きこもり日焼けをして陸奥で修行したように見せかけ、加賀は失恋した状況下で歌を披露するために大臣と交際を始めた。

両者とも歌をすぐには公表せず、（苦労して）より現実味のあるものにしたことで、高評価を得たのである。この二点をうまくまとめること。

作品紹介

『十訓抄』（作者未詳／鎌倉時代中期）

～松樹は千年の貞木なり～

『十訓抄』は鎌倉中期（一二五二年）成立の説話集。二八〇編を十項目（徳目）に分類集成、守るべき十の道徳についてわかりやすく解説している年少者向けの説話集です。

今回の本文は「才芸を庶幾《しょき》すべき事」という項目に入っているお話。「庶幾」というのは「ひたすら願う」の意。芸事にひたすら精進することの大切さを説くわけですが、ここでは能因法師と加賀という歌詠みのお話が展開されています。ずっと家にこもって日焼けした能因法師と、わざと異性にふられた加賀という女房。自らが詠んだ歌に魅力を加えるためなら何でもやるという探究心が尋常ではないですよね。

本文冒頭に「能因はいたれる数奇者なり」とあります。「すき【好き】」は「風情／好色」と訳す重要古語ですが、この場合は、熱中するものに対する飽くなき探究心と捉えてください。何よりも芸術を最優先させるこの二人の生き方は非常にクールですよね。

ところで、編者は今回のお話の別の箇所で、高貴で見栄えの良い人を優雅な花をつける桃や李《すもも》に、身分は低いけれど能に長けた人を常緑の松にたとえた言葉を紹介しています。

桃李《とうり》は一旦《いったん》の栄花なり。
松樹《しょうじゅ》は千年の貞木《ていぼく》なり。

【訳】桃や李はほんの一時の輝きしかもたない。しかしながら松の木はずっとその身を保ち続ける存在なのだ。

身分が低くすばらしい容姿でなくても、一流の才芸さえ身に付ければ、ずっと輝き続けることができると説いています。仏道修行以外の行為を固く禁じ、極楽往生をひたすら願う行為を最上の「行ひ」とする仏教においても、この「好き」に関わる行為だけを例外とするケースが説話には多く見られます。

一見、無意味に見える日常で、何事にも代えがたいほど熱中できるものに出逢うことができたなら、それは信仰をも凌駕する活力を我々に与えてくれるのかもしれませんね。

第2回

解説 EXPLANATION

説話『沙石集』

❶読解のポイント

飢餓に苦しむ蛇の（白々しい）誘いを蛙が断る話と、猿をだましたはずの蚪《きゅう》が逆に猿にだまされるという話。説話はこのような「たとえ話」を通じて筆者（編者）が何かを（暗に）指し示すケースが多い。今回の二つの話も直接的な編者の主張は見られないが、蛇と蛙、蚪と猿とのやりとりを通じて、編者がこの世の様々な世相を皮肉っていることに気づくことができれば「最上級」レベルと言える。

〈あらすじ〉　ある池の中に蛇と亀と蛙が仲良く住んでいた。干ばつになって飢え死にしそうなとき、蛇は亀を使者として蛙を誘致した。蛙は「飢餓に陥れば仁義を忘れて食べることだけを考えるものだ」と断ったそうだ。
海中に蚪（角のない竜）がいた。身ごもった妻が猿の生き肝を望むので、「海中に木の実が多い山がある」と欺いて猿を海中に連れ出したものの、「生き肝は山に置いてきた」と言う猿に逆にだまされ、山に逃げられてしまったとさ。

❷登場人物

A 蛇…干ばつの際、Bを使者としてCを誘致する。
B 亀…Aの命令でCのもとに行き、伝言を伝える。
C 蛙…AとBから誘致されるが、危険を察知して断る。
D 蚪…Eが猿の生き肝を望むので、Fをだまして海に連れ出したが、逆にだまされて山に逃げられてしまう。
E （蚪の）妻…Dに猿の生き肝を（食べたいと）望む。
F 猿…Dにだまされて海中に連れ込まれてしまうが、逆にDをうまくだまして山に逃げる。

語数
346語
得点
50点
問題頁
P.7
古文音声

❸全文解釈

（重要語／助動詞／接続助詞／尊敬語／謙譲語／丁寧語）

1

ある池の中に、蛇と亀、蛙と知音にて住みけり。天下旱して、池の水も失せ、食物も無くして、飢ゑむとして、(1)つれづれなりける時、蛇、亀をもて使者として、蛙の許へ「時のほどおはしませ。見参せむ」と云ふに、蛙、返事に申しけるは、「飢渇にせめらるれば、仁義を忘れて食をのみ思ふ。情けも好みも世の常の時こそあれ。かかる比なれば、(2)え参らじ」とぞ返事しける。げにもあぶなき見参なり。

ある池の中に、蛇と亀が、蛙と知り合い（友人）❶として住んでいた。国全体が干ばつになって、池の水もなくなり、食べ物もなくて、飢えるだろうとなって、手の打ちようがなかったとき、蛇が、亀をもって使者として、蛙の所へ（行かせて）「ちょっとの間いらっしゃいませ。お目にかかりましょう」と言うと、蛙が、返事に申し上げたのは、「飢えと渇きに苦しめられると、仁や義を忘れて食だけを考える。愛も親交も世の中が平常なときに❷ある（ものだ）。こんな時期であるので（Aの所に）❸参上することはできまい。」と返事をしたそうだ。なるほど（命が）危ない訪問（お目どおり）である。

2

また、海中に虬と云ふ物あり。蛇に似て、角なき物と云へり。妻の孕みて、猿の生け肝を願ひければ、「得難き物なれども、志の色も見えむ」とて、

また、海中に虬という動物がいる。（Dは）蛇に似て、角のない動物といえる。（Dの）妻が身ごもって、猿の生き肝を（食べたいと）望んだので、（Dは）「手に入れにくい物であるが、（Eへ）誠意を見せよう」と思って、

単語・文法・解説

□てんか【天下】名　①この世・国全体　②世間

□ひでり【旱】名　①日が照ること　②干ばつになること

□★★★つれづれなり【徒然なり】形動ナリ　①退屈だ・することがない　②さびしい

□げんざん【見参】名　①お目にかかること・お目どおり

□ころ【頃・比】名　①時期・時分　②季節

□★★げに【実に】副　①なるほど　②本当に

□★★みゆ【見ゆ】動ヤ下二　①結婚する　②会う　③見える・見られる　④見せる

❶…【助詞】一覧表には記載されていないが、「資格／状態」の意味で「〜として」と訳す。

❷…「非常時ではないとき」の意。

❸…ここでの「え…じ」は主語が一人称のため、「…できまい」と訳す打消意志の表現。

山の中へ行きて、海辺の山に猿多き処へ尋ね行きて、云はく、「海中に菓多き山あり。あはれ、おはしませかし。我が背に乗せて、具してこそ行かめ」と云ふ。「さらば具して行け」とて、背に乗りぬ。

山の中へ行って、海辺の山で猿の多い場所へ捜し求めに行って、（DがFに）言うには、「海中に木の実が多い山がある。さあ、おいでなさいませよ。私の背中に（Fを）乗せて、一緒に行きませんか」と言う。（Fは）「それならば連れて行け」と言って、（Dの）背中に乗った。

海中遥かに行けども、山も見えず。「いかに、山はいづくぞ」と云へば、「げには(3)海中に❹いかでか山あるべき。我が妻、猿の生け肝を願へば、そのためぞ」と云ふ。猿、色を失ひて、せむ方なくて云ふやう、「さらば、山にて仰せられたらば、安き事なりけるを、我が生け肝は、ありつる山の木の上に置きたりつるを、俄かに来つるほどに忘れたり」と云ふ。「さては、肝の料にてこそ具して来つれ」と思ひて、「さらば返りて、取りてたべ」と云ふ。「(4)左右なし。

海中はるか遠くに行くけれども、山も見えない。（Fは）「どうした、山はどこか」と言うと、（Dは）「本当には海中にどうして山があるだろうか、いやない。私の妻が、猿の生き肝を（食べたいと）望むので、そのため（連れてきたの）だ」と言う。猿は、顔色を失って、どうしようもなくて言うには、「それならば、山で（Dが）おっしゃったのならば、簡単なことであったのだが、私の生き肝は、さっきの山の木の上に置いていたのだが、（Dが）急に来た折に（木の上に）忘れてしまった」と言う。（Dは）「それでは、肝のために（Fを）連れてきた（のに意味がない）」と思って、「それならば帰って、取ってきてください」と（Dは）言う。（Fは）ためらわな

★★ **ぐす【具す】** 動サ変
①連れて行く・一緒に行く
②備わる・備える

いづく【何処】 副
①どこ

★ **せむ《セン》かたなし【為む方無し】** 形ク
①どうしようもない

★★ **やすし【安し・易し】** 形ク
①心が穏やかだ
②簡単である

★★★ **ありつる～【在りつる】** 連体
①さっきの～

★★★ **さ《ソ》う《ウ》なし【左右無し】** 形ク
①ためらわない
②どうとも決まらない

❹…「海中にいかでか山あるべき」の「いかでか」は、「どうして…か、いや…でない」と訳す反語が適切。その他の用法として、「どうして…か」と訳す疑問、「何とかして…したい」と訳す願望の意がある。

安き事」と云ひけり。さて、返りて山へ行きぬ。猿の木に登りて、「海の中

い。たやすいことだ」と言った。そうして、引き返して山に行った。猿が〈主格〉木に登って、「海の中に山など

に山無し。身を離れて肝無し」とて、山深く隠れぬ。蚓、ぬけぬけとして

ありはしない。身から離れた肝などありはしない」と言って、山深くに隠れてしまった。蚓は、（Fに）**だまされて間抜けな様**

帰りぬ。

子で帰ってしまった。

□ぬけぬけ【抜け抜け】副
①そっと離れて行く様子
②だまされること
③あつかましい様子

❹ 解答・解説

問1（答 め）

空欄上部にある係助詞「こそ」は係結びにより文末を**已然形**にするため、助動詞「む」は**已然形**「め」になる。

問2（答 **(1)手の打ちようがなかったとき　(2)参上できまい　(3)海中にどうして山があるだろうか、いやない　(4)言うまでもない。簡単なことだ**）

採点基準（各4点満点）

(1) ❶「つれづれなる」を「(何も)手の打ちようがない／どうしようもない」のように訳してある（「退屈に」や「さびしく」は無得点）……3点
❷「ける」が過去の意味（…た）で訳している……1点
(2) ❶「え…」を「…でき（ない）」の意味で訳している……2点
❷「参上する」と打消意志「…まい」の意味が明記されている……2点
(3) ❶「海中に」「山がある」と明記している……1点
❷「どうして…があるだろうか、いや（あるはずが）ない」のように、「反語＋推量」の形が用いられている……3点
(4) ❶「左右なし」を「言うまでもない」のように訳している……2点
❷「安き事」を「簡単な（たやすい）ことだ」のように訳している……2点
※(1)は、❷のみ満たす場合は0点。

「現代語訳（口語訳）せよ」といった指示がある「解釈・口語訳問題」は、該当する箇所をすべて**品詞分解**して現代語訳するのが基本。「文脈に即して」という指示があるので、文脈に即して各単語の意味を判断し、適切に書き表すこと。

傍線部(1)は次のように単語分けされる。

つれづれなり〔ナリ[用]〕／**ける**〔過去[体]〕／**時**〔名〕、

「つれづれなり」は、「退屈だ・することがない／さびしい」の意。干ばつで餓死しそうな状況での「つれづれなり」であるから、「退屈だ」や「さびしい」は不適当。「することがない」を「**手の打ちようがない／どうしようもない**」といった訳にする。過去の助動詞「ける」の訳出にも注意。

傍線部(2)は次のように単語分けされる。

え〔副〕／**参ら**〔四[未]〕／**じ**〔打意[終]〕

「え」は、後に打消語を伴って「…できない」と訳す副詞。ここでは文末の「じ」が打消語にあたる。助動詞「じ」は、主語が一人称なら「打消意志」、主語が三人称なら「打消推量」の意味で取るのが基本。この「え参らじ」の主語は発話者である蛙（一人称）なので、**打消意志**（…ないつもりだ・…まい）の意。「参る」（＝参上する）と合わせて、「**(私はあなたの所に)参上(することは)できまい**」のように訳す。

傍線部(3)は次のように単語分けされる。

海中（名）／**に**（格助）／**いかで**（副）／**か**（《反語》係助）／**山**（名）／**ある**（ラ変[体]）／**べき**（推量[体]）**。**

副詞「いかで」は、下にある**推量**の助動詞「べし」に呼応して「**どうして…**」という疑問や反語を表す。虬が「海中に山はない」と**主張**している文脈なので、疑問ではなく**反語**の意味（…どうしてだろうか、いや…ない）で訳すこと。

傍線部(4)は次のように単語分けされる。

左右なし（ク[終]）**。**／**安き**（ク[体]）／**事**（名）

「左右なし【左右無し】」の「左右」は「あれこれ」の意味。「あれこれ言わない → ためらわない／**言うまでもない**」の意味と、「あれこれ言えない → どうとも決まらない」の意味の両面を持つ語。「安《やす》し」は「心が穏やかだ／**簡単である**」の意。（猿が）山に置いてきた（自分の）生き肝を取ってくることは「左右なし。安き事」という文脈なので、「（**生き肝を取ってくるのは**）言うまでもない。**簡単な**（たやすい）ことだ」のように訳すのが適当。

問3（答）㋒ **衣食足りて礼節を知る**）

㋐は「人に親切にしておけば、その相手のためになるばかりでなく、結局は自分のためにもなる」の意。㋑は「世の中を渡っていくには、互いに支え合う人情が必要である」の意。㋒は「**生活にゆとりができて初めて人は礼儀や節度を守るようになる**」の意。㋓は「時が経てば、人の心など変わってしまうというのがこの世の習わしである」の意。傍線部Aと同じ意味を表すのは㋒。

問4（答）**干ばつで飢えた蛇のもとへの訪問を蛙が断ったという状況に対し、蛙は蛇の餌食《えじき》となり得るため、確かに危険な訪問であるという評価を下している。**）

採点基準（7点満点）

❶「…という状況に対し、…という評価を下している（評している）」のように、設問に添った答え方になっている……1点
❷蛇と蛙の状況や行動が、本文を踏まえて具体的に示されている……3点
❸「蛙は蛇の餌食となるため危険である」といった説明がされている……3点
※❷や❸を満たさず、❶のみ満たす場合は0点。

傍線部Bは次のように単語分けされる。

げに（副）／**も**（係助）／**あぶなき**（ク[体]）／**見参**（名）／**なり**（断定[終]）**。**

「なるほど（命が）危ない訪問である」といった意味で、これが「（作者の）評価」の部分だと考えられる。これを「状

況」がよくわかるように「本文を踏まえて説明」すればよい。設問どおり、「…に対して、…という評価を下している（評している）」という形で論述すること。

「蛇に睨《にら》まれた蛙」という言葉にあるように、本来蛇は蛙の天敵。普段は友人であっても、干ばつの時期に飢えた蛇の所へ蛙が行くのは、「**確かに（なるほど）危険な訪問である（断ったのは賢明である）**」と評しているのである。

問5（答）**(1)（虬は猿にだまされて）間抜けな様子で帰った**

(2)身ごもった妻が望む猿の生き肝を手に入れるため、虬は猿をだまして海中に連れ込むが、猿が生き肝を山に置いてきたと言うため引き返したところ、逆に猿にだまされて逃げられてしまったという間抜けな事情。）

採点基準（各7点満点）

(1) ❶「ぬけぬけとして」を「間抜けな様子で」のように訳している……4点

❷「帰る」＋完了（…た）の形で完全に訳している……3点

(2) ❶虬の状況や一連の行為が本文に即して明示されている……2点

❷「ぬけぬけとして」の理由として、「猿をだました虬が、逆に猿にだまされてしまった」といった内容が明記されている……3点

❸虬の行為を「間抜けな／愚かな」のように表している……1点

❹文末が「…事情」となっている……1点

※(2)は、❶から❸を満たさず、❹のみ満たす場合は0点。

(1)の「ぬけぬけ【抜け抜け】（と）」は、「間抜けな様子・（だまされて）愚かな様子／ずうずうしい様子」という意味の副詞。ただ、古語辞典にも掲載されていない場合が多い語のため、**文脈からその意味を判断せよ**ということ。猿をだますつもりが逆にだまされて（逃げられて）しまった虬の様子を表す文脈なので、「**間抜けな様子**／**（だまされて）愚かな様子**」で「帰っ（てしまっ）た」（完了）のように訳すこと。虬は、脱皮して抜け殻を残す蛇《へび》に似ているだけに、それに掛けて「ぬけぬけと」を用いているとも考えられている。

(2)は、虬の状況や一連の行為に及んだ事情を本文に即して要約する設問。「猿をだました虬が、逆に猿にだまされた」ことが「間抜けな（愚かな）様子」であるという点を中心に、文末を「…事情。」として過不足なく論述すること。

問6（答）**オ 梁塵秘抄**

『沙石集』のジャンルは**説話**なので、説話以外の作品を選ぶ設問。オの『梁塵秘抄《りょうじんひしょう》』は、平安末期に後白河法皇によって撰集された**歌謡集**。他はすべて平安時代から鎌倉時代にかけて編まれた**説話**である（→148頁）。

作品紹介

『沙石集』（無住《むじゅう》／鎌倉時代中期）

～沙を集め、石を磨く～

『沙石集』は、鎌倉時代中期の仏教説話集（全十巻）。今回の文章は巻の第五の八から出題。編者は無住という僧侶です。無住は熱心な仏教信者でしたが、一つの宗派に固執しませんでした。すべての宗派が互いの領域を冒すことなく共存すべきであるとも唱えています。鎌倉時代になると仏教は大衆化し、比較的平易なたとえ話である説話が大流行します。無住はそんな説話文学黄金時代の一頁を飾った人物でした。

『沙石集』は、仏教入門書として様々な階層の人々に愛読されてきました。難解な表現ではなく、人目を引くような、一見何の意味もないような表現（狂言《きょうげん》綺《き》語《ご》）を用いて、人々に深い教理を学んでもらうのが目的であったようです。書名の由来は、以下の文章からわかります。

彼の金《こがね》を求むる者は、沙《いさご》を集て是を取り、玉を翫《もてあそ》ぶ類は、石をひろいて是れを磨く。仍《よって》、沙石と名《なづ》く。

【訳】かの黄金を求める者は、砂（＝沙）を集めて（わずかばかりの砂金から）黄金を集め、宝石を愛する人々は、（多くの石の中から探し出した）石を拾って磨くのだ。これに基づいて、（書名を）沙石と名付けたのだ。

今回の問題文でも、難解な言葉を使用せず「蛇・亀・蛙・蚓・猿」などという生き物のやりとりを通じて、人のずるさや愚かさを巧みに表現しています。人間社会においても、一見親切に見えて実は利己的な「蛇」や「蚓」、強い者に利用される「亀」や、危険な誘いを受ける「蛙」や「猿」のような人、いますよね。

真の賢人とは、難解な言葉を駆使して人を圧倒するような人ではなく、平易で親しみのある言い方でありながらも深い真理に至らせる人物だなあとつくづく感じることがあります。

第3回 解説 EXPLANATION

物語『栄花物語』

語数
531語
得点
50点
問題頁
P.11
古文音声

❶ 読解のポイント

『栄花(華)物語』は登場人物が多いので、敬語に注意して動作の主体と人間関係を掌握しながら読解する必要がある。問題文の前後にある前書きや注を参考に、下図のように関係系図を描くとわかりやすい。「殿《との》」は高貴な人(特に摂政・関白)に使われる敬称。ここでの「上《うへ》」は「奥方《おくがた》(=北の方)」の意。関白殿・入道殿・殿の上・関白殿の上の四人に最高敬語が使われている点に気づくこと。関白殿の上が引き取った妾《めかけ》※1である妹の君に関白殿の男児が誕生する。どのような心境であるか、古文常識を基に各々の立場を考察しながら読み進めたい。和歌の読解にも要注意。

〈あらすじ〉 関白殿(の上)に跡《あと》取りとなる男児が生まれず長い間悲嘆にくれていた。両親を亡くして関白殿の上に引き取られた「対の君」は、関白殿の寵愛を受けるようになり、ついには待望の男児を産む。世間では皆が大騒ぎし、入道殿や殿の上もこの上なく喜んだ。

❷ 登場人物

A **関白殿**(殿)…藤原頼通。Bの子。関白を務める。

B **入道殿**(大殿)…藤原道長。Aの実父。

C **殿の上**…Bの奥方(=北の方:倫子《りんし》)。Aの実母。

D **右衛門督**…Eの伯父《おじ》である故式部卿宮の子。

E **関白殿の上**…Aの奥方(=北の方:隆姫《たかひめ》)。

F **姉の君**…妹Gと共にAに仕え、後に尾張に行く。

G **妹の君**(対の君)…Aの子Hを産む。

H **大男君**…AとGの間に生まれた男子。

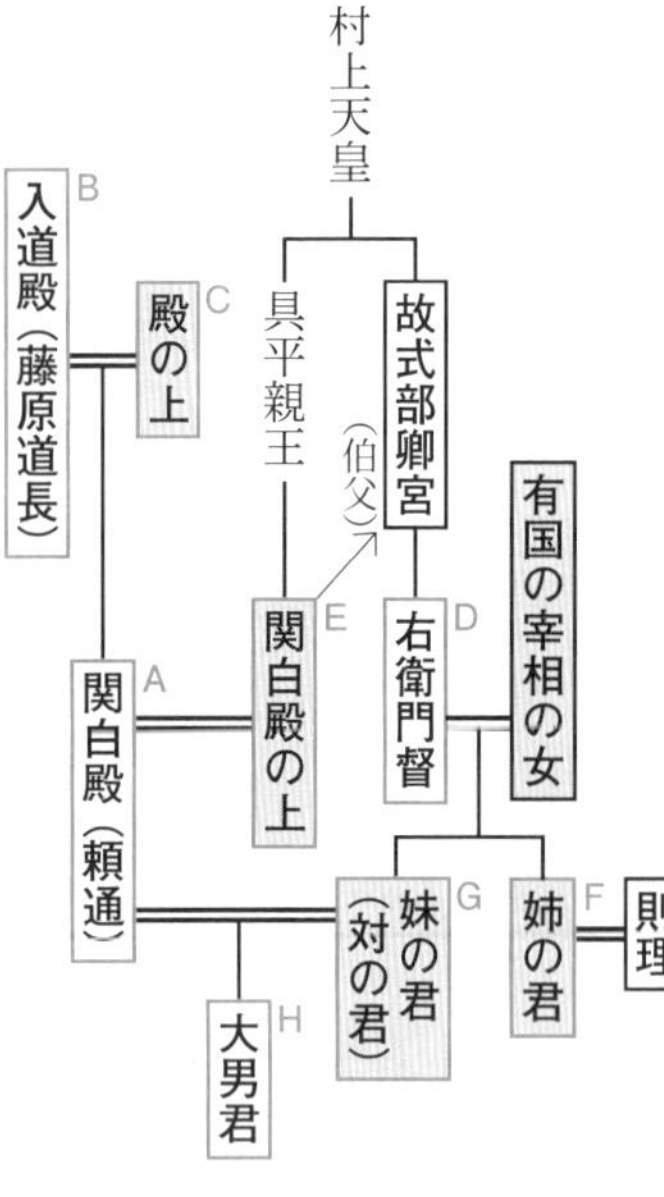

※1…正妻ではない、他に愛し養っている女性のこと。

3 全文解釈

（重要語／助動詞／接続助詞／尊敬語／謙譲語／丁寧語）

1

関白殿 年ごろ 御子 と いふ もの 持た せ たまは ぬ 嘆き を、入道殿、上 までに

関白殿（＝藤原頼通）が長年お子様というものをお持ちにならない悲嘆を、入道殿（＝藤原道長）、妻の北の方（＝倫子）

思しめし たる に、故式部卿宮 の 御子 の 右衛門督 は、関白殿 の 上 の 御伯父 の 子 に

までお思いになっていたが、故式部卿宮の子供の右衛門督（＝源憲定）は、関白殿の北の方（降姫）の御伯父の子で

こそ は おはし けめ、その 君 人 に 女しき さま に ぞ おぼえ たまへ り し、有国 の 宰相 の

いらっしゃったのだろう、その右衛門督は周囲から女々しい様子であると思われていた人で、有国の宰相の

女 の 腹 に 女子 二人 生ませ たまへ り し を、母 も 失せ たまひ けれ ば、父君 は 年ごろ

娘に女の子を二人生ませなさったのを、母もお亡くなりになったので、父君（＝憲定）は数年の間あ

とかく し 歩き たまひ て、それ も 失せ たまひ に しか ば、その 女君 たち 今 は むげに

れやこれやとお通い（＝FとGの）世話をしなさって、その父もお亡くなりになったので、その二人の女君たちも今はずいぶん

大人 に なり たまひ て、「いとほしげに て あり」と 聞か せ たまひ て、関白殿 の 上、(1)「知ら

大人におなりなさって、「気の毒そうな様子でいる」と（Eが）お聞きになって、関白殿の北の方は、「（FとGは）

ぬ 人 かは」とて、迎へ させ たまひ て、殿 の 御まかなひ、御髪まゐり など に ❶二所 ながら

知らない人であろうか、いやそうではない」と言って、お迎えになって、関白殿のお食事の準備や、整髪のご用事など（のた

さぶらは せ たまふ ほどに、姉君 は 致仕 の 大納言 の 御子 の 則理 を❷ (ア)語らひ たり ける

め）にお二方をお仕えさせなさるうちに、姉君は致仕の大納言（源重光）のご子息の則理と（夫婦の）契りを結んだ

単語・文法・解説

□うす【失す】動サ下二
①死ぬ ②無くなる

□としごろ【年頃】名
①長年 ②数年の間

□とかく【と斯く】副
①全く（↑打消） ②あれやこれや

□むげに【無下に】副
①むやみに・ひどく ②全く（↑打消） ③はなはだ

□いとほ《オ》しげなり 形動ナリ
①気の毒そうだ・不憫に思う ②いじらしい様子

□かたらふ《ウ》【語らふ】動ハ四
①親しく交際する ②契りを結ぶ

❶…「所」は、貴人の人数を数えるために用いられる場合がある。ここでは「お二方」と訳す。

❷…【助詞】一覧表には記載されていないが、動作の相手を示す用法として「〜を」と訳す。

2

ほどに、尾張守になりにければ、尾張へいにけり。妹の君はわざと名もつけ

ときに、（則理が）尾張の国司になったので、（Fは）（一緒に）尾張に行った。（Eは）妹の君にはわざわざ名をおつけ

させたまはで、ただ住みたまふままに、対の君とぞ召しける、この君に殿

なさらないで、ただお住みになっている住居（＝対の屋）そのままに、対の君と名付けてお召しになった、この君に関白殿は

おのづから睦まじくならせたまひにけり。

自然と**親しく**おなりになった。

御心ざしのあるさまに、めざましきことどもありければ、上、「異人よりはさ

（AがGに）御**愛情**があるという様子で、**目障り**なこともあったので、北の方が、「他人ならともかく私の夫と深い関係にな

やは」など、めざましげなる御気色かたはらいたくて、やうやう里がちになりゆけば、

ることがあろうか」など、気にくわない（Eの）様子が**気の毒**で、（Gは）**だんだん実家にいることが多く**なっていくので、

さるべきにやありけむ、異事は上の御気色にしたがひきこえさせたまふ

そうなるはず（の運命）だったのだろうか、（Aは）他のことは北の方のご意向に従い申し上げなさった

に、このことばかりはそれに障らぬさまに、ともすれば御歩きのついでにも

が、この妹君の関係だけは妨げられはしないといった様子で、（Aは）どうかするとお出かけの際にも

立ち寄りたまふ。昼などもかき紛れおはしますほどに、ただにもあらずなり

（Gのもとに）立ち寄りなさる。日中も**人目につかない**ようになさっているうちに、（Gが）妊娠している様子におなりに

たまひにけるを、世の人いとめでたき幸ひ人にいひ思ひけり。

なったのを、世間の人は**すばらしい**幸運な人だと言ったり思ったりした。

- □★★★ **わざと**【態と】副 ①わざわざ ②特に・格別に
- □★★★ **おのづから**【自ら】副 ①たまたま ②ひょっとして・もしも〈↔仮定〉 ③自然に
- □★★ **むつまし**【睦まし】形シク ①親しい
- □ **こころざし**【志】名 ①お礼 ②愛情 ③意向
- □★★★ **めざまし**【目覚まし】形シク ①興ざめだ・気にくわない ②思いのほか立派だ
- □★★★ **かたは《ワ》らいたし**【傍ら痛し】形ク ①気の毒だ ②きまりが悪い
- □★★★ **やう《ヨ》やう《ヨ》**【漸う】副 ①だんだん
- □ **さとがちなり**【里がちなり】形動ナリ ①（宮仕えの女性などが）実家に帰っていることが多い様子
- □ **かきまぎる**【掻き紛る】動ラ下二 ①人目につかないこと
- □★★ **ただなり**【徒〔只〕なり】形動ナリ ①なんでもない・普通だ ②むなしい
- □★★ **めでたし**【愛でたし】形ク ①すばらしい

3

このごろぞ子生むべかりければ、関白殿さるべきことなど思しおきてさせたまひ
(Gは)出産するはずだったので、関白殿はしかるべき心の準備などをなさっ

けるほどに、「君生れたまひぬべし」と言ひののしれば、殿はかたはらいたく
たときに、「君が(今にも)お生まれになるだろう」と大声で騒ぐので、関白殿は(Eに)きまりが悪くなっ

て、御みづからはえおはしまさねど、❹おぼつかなさの御使しきりなりけり。
て、(関白殿)自らはいらっしゃらないでいるが、気がかりさゆえのお使いの者をしきりに送ったのであった。

かかるほどに、いと平らかに大男君ぞ生れたまへりける。殿聞しめすに、
こうしているうちに、きわめて無事に男の子がお生まれになられた。関白殿がお聞きになると、

あさましきまで思されて、御剣など遣はすほどぞめでたきや。大殿もうれしき
驚くほど(嬉しく)思いなさって、(お守りの)御剣などおやりになる様子は非常にすばらしい。大殿(道長)も嬉しい

ことに思しめして、七日だに過ぎなば、殿のうちに迎へさせたまひて、そこにて
ことにお思いになって、「せめて七日経ったならば、(自分の)邸に迎えなさって、そこで

養ひたてまつらせたまふべく思しめしける。産屋のほどのことどもは、さるべき国
養い申し上げなさろう」とお思いになった。産屋の間のことのいくつか、しかるべき国

の守どもにおほせられて、みなそこよりしののしりたり。さは(イ)「世にかかる
の守たちに命じなさって、すべてそこから大騒ぎしてお世話した。そんな風に「この世にはこんな

幸ひ人もあり❺けり」とののしるも、げにと見えたり。入道殿よりかくのたまはせ
幸運な人もいたのだなあ」と大声で騒ぐにも、なるほどその通りだと思われた。入道殿(道長)からこのように歌でご連絡

★★★ □**ののしる**【罵る】動ラ四
①大声で騒ぐ ②評判になる

□たひらかなり【平らかなり】形動ナリ
①平らだ ②無事だ・穏やかだ

★★★ □**あさまし**【浅まし】形シク
①(意外なことに)驚きあきれたことだ ②情けない・興ざめだ

★★ □**げに**【実に】副
①なるほど ②本当に

❸…「ただならず【徒ならず】」は「普通でない/妊娠している様子だ」という意味。「ただにもあらず」はさらにそれを強調した表現と考える。

❹…「おぼつかなさ」は「おぼつかなし【覚束なし】」の語幹に、接尾語の「さ」を接続して名詞になる語。

❺…和歌や会話文にある助動詞「けり」は、過去ではなく**詠嘆**の意。

たり、

があった。

(3) 年を経て待ちつる松のわかばえにうれしくあへる春のみどり子

長い年月待った松の新芽に、嬉しくも一緒（同時）になった春の新緑のような幼子（との出会い）であることよ。

御返し聞えず、おぼつかなし。御乳母「われもわれも」と望む人ありけれど、

（この歌の）ご返歌は世に知られず、はっきりしない。御乳母は「私も私も（やりたい）」と望む人がいたが、

故伊賀守橘輔成といひし人の女、遠江守忠重が女、紀伊前司成章が妻ぞただ今は参りたなる。

故伊賀守橘輔成といった人の娘や、遠江守忠重の娘、紀伊前司成章の妻が今は参上したという。

B殿おはしまして御覧じければ、かぎりなく思されけり。C殿の上は、「宮々の刀自、長女にても、この御子をだに生みたらば。Cわれあるをりに疾く見む」など思しのたまひければ、Gこれはまして卑しからCぬ人なれば、かう思しめすさまなりかし。

入道殿がいらして（Hを）ご覧になったところ、この上もなく（愛しいと）お思いになった。殿の上は、「身分の低い女たちでも、関白殿の子供さえお産みになったなら（とても嬉しい）。私が生きているうちに早く見よう」など思いなさったり口になさったりしたので、この妹君はましてや身分の低くない人であるので、このように（Cは）嬉しくお思いになる様子であるよ。

□わかばえ【若生え】名
①（草木の）新芽・若芽
※幼児のたとえにもいう。

□あふ《ウ》【合ふ】動ハ四
①一緒になる・一致する
②調和する・似合う

□★★おぼつかなし【覚束なし】形ク
①気がかりだ
②はっきりしない

□とく【疾く】副
①早く・急いで
②すでに・とっくに

□★★★いやし【賤し・卑し】形シク
①身分［地位］が低い

❹ 解答・解説

問1（答 (a)ウ 関白殿の上　(b)イ 関白殿　(c)エ 対の君）

傍線部（波線部）に関する問題は、必ず傍線部の前後の文を注視すること。「文脈」にも注意したい。

波線部(a)は次のように単語分けされる。

つけ（下二[未]）／させ（尊敬[未]）／たまは（四[未]〈補〉）／で、

「させ たまは」は「尊敬語＋尊敬語」のように尊敬語が二つ重なった形。これを**最高敬語**（二重敬語）といい、動作主が**最高に身分が高い人**（天皇や中宮など）であるときに用いられる。『栄花物語』は藤原道長の栄華を賛美する歴史物語ということもあり、意図的に道長やその妻子には最高敬語が使われている。

(a)の後に見られる「**対の君**」とは、貴族が住む建物である「**対《たい》の屋《や》**」の**君**ということ。ただ住んでいるだけの場所が呼び名になっていることから、粗末な扱いを受けていたと考えること。

妹の君に名前を付けるのは、妹の君が仕えている「関白殿」または「関白殿の上」のどちらかである。妹の君を「迎え」て（関白殿に）「さぶらはせ」るなどして召し使ったのは、「関白殿の上」とする。よって、(a)の主語はウ。

当時、宮仕えの女性は、実名（本名）で呼ばれることはなく、「相模／伊勢／尾張」などの出身地や、「（清）少納言／（紫）式部」のように親族の官位名を借りて呼ばれていた。また、今回の「対の君」と同様に、「…二条／…三条」などという実家がある大通りの名称で呼ばれる場合もあった。『とはずがたり』という鎌倉時代の日記の筆者「後深草院二条」もその例である。

波線部(b)は次のように単語分けされる。

したがひ（四[用]）／きこえさせ（下二[用]）／たまふ（四[体]〈補〉）

「きこえさせ」は、動作の受け手が絶対的な権力を持つ人物である場合に使われることの多い**絶対敬語**（☞147頁）で、「たまふ」は**尊敬語**。この二語で、「したがひ」という動作の受け手と主語を同時に高めている。

(b)の直前にある「上」とは「関白殿の上」の意で、これが「受け手」にあたる。(b)の直後にも「このことばかりはそれに障らぬさまに」とあり、関白殿は、他のことは「上」に「したがひきこえさせたまふ」が、この対の君との関係だけは例外であったという文脈。よって、(b)の主語はイ。

波線部(c)は次のように単語分けされる。

ただに／も／あら／ず／なり／たまひ／に／ける
（ナリ[用]　係助　ラ変[未]　打消[用]　四[用]　四[用]〈補〉　完了[用]　過去[体]）

「ただならず」や「ただにもあらず」は、「普通（の状態）でない」といった意味だけでなく、そこから転じて「**妊娠している様子だ**」と訳す場合もある。頼通が夜だけでなく昼間も対の君の所に立ち寄っているうちに対の君が身ごもり、それを世間の人が「いとめでたき幸ひ人」と言ったと判断できる文脈なので、正解は(エ)。

問2（答 B）

「ぬ」の識別問題（→144頁）。AとCは**未然形**に接続し、下に**体言**がある（＝「ぬ」は**連体形**である）ため、**打消**の助動詞「ず」の連体形。Bの「ぬ」は、動詞「たまふ【給ふ】」の**連用形**（たまひ）に接続し、下には**終止形**接続の助動詞「べし」がある（＝「ぬ」は**終止形**である）ので、**強意**の助動詞「ぬ」の終止形となる。よって、他と用法が異なるのはB。

問3（答 (ア)（夫婦の）契りを結んでいた　(イ)世の中にはこのような幸運な人もいたのだなあ）

採点基準（(ア)5点満点、(イ)6点満点）

(ア)❶「語らふ」を「（夫婦の）契りを結ぶ」のように訳している……3点
❷「たりける」を「存続＋過去」の助動詞として「…ていた／…でいた」のように訳している……2点
(イ)❶「世」を「世の中／世間」と訳している……1点
❷「かかる」を「このような／こんな」と訳している……1点
❸「幸ひ人」を「幸運な人／幸せな人」などと訳している……1点
❹「けり」を詠嘆の用法で訳している……3点

二重傍線部(ア)の「かたらふ【語らふ】」は「（親しく）語り合う」から発展して「（他の人と）親しく交際する／（夫婦の）契りを結ぶ」などの意味を表す語。特に男女間で「（異性）をかたらふ」という形で使われた場合、「（男女が夫婦の）**契りを結ぶ**」の意であることが多い。「姉君は…則理を語らひたりける」とあるので、「（夫婦の）**契りを結んでいた**／（**夫婦の契りを**）**言いかわしていた**」のように訳すのが正解。

二重傍線部(イ)は直後に「とののしる」が続くので、「　」で区切ることができる**会話文**である。「世」は多義語だが、ここでは「**世の中・世間**」の意が適当。「かかる」は「**このような・こんな**」と訳す連体詞。「幸ひ人」は文字どおり「**幸運な人**」の意味で、特に高貴な人の寵愛を一身に受けている女性に対して使われることが多い。したがって、ここで指しているのは**妹の君**。また、会話文中の「けり」は基本的に**詠嘆（…だなあ／…なことよ）**の用法。よって、正解は「世の中にはこのような幸運な人もいたのだなあ」となる。

問4（答）**関白殿の上が、（いとこにあたる）亡き右衛門督が残した二人の姫君を、赤の他人ではないと言って、引き取ったということ。**）

採点基準（7点満点）

❶「関白殿の上（隆姫）が、（いとこにあたる）亡くなった右衛門督（憲定）の二人の姫君（娘）を」のように、人物関係を明示している……3点
❷赤の（全くの）他人ではない（縁者である）ことから、姉妹を引き取った（自邸に迎え入れた）という内容が含まれている……3点
❸文末が「…ということ。」になっている……1点
※❶や❷を満たさず、❸のみ満たす場合は0点。

設問文には「適宜ことばを補って」とあるので、省略された主語や目的語を明示しなければならない。逐語的に訳す「口語訳」問題ではない点にも注意。

傍線部(1)の直前に「関白殿の上、」とあるのでこれが主語。「知らぬ人」とは「（血縁のない）赤の他人」ということ。「かは」は「…〔だろうか〕、いや…ない」と訳す反語用法。関白殿の上と右衛門督は「いとこ」。右衛門督の二人娘は関白殿の上にとって赤の他人ではない（「従姪《いとこめい》」にあたる）ため、不憫な二人を自邸に引き取ったのである。

問5（答）**(1)対の君が、だんだん実家に帰ることが多くなっていくということ。(2)関白殿の寵愛を身内である対の君が受けているのを関白殿の上が気にくわないと思っている様子が、対の君にとってきまりが悪かったから。**）

採点基準（(1)5点満点、(2)6点満点）

(1)
❶「対の君が、」と主語が明示されている……1点
❷「やうやう（＝だんだん）」や「里がち（＝実家に帰っている〔下がる〕ことが多い様子）」の意味を正しく解釈できている……3点
❸文末が「…ということ。」になっている……1点
(2)
❶関白殿の寵愛を身内である対の君が受けているのを「気にくわない／不快だ」と思っている関白殿の上の心情が説明されている……3点
❷不快そうな関白殿の上の様子（態度）に対する、対の君の心情（きまりが悪かった／いたたまれなかった）を説明している……2点
❸文末が「…から。／…ため。」になっている……1点
※❶や❷を満たさず、❸のみ満たす場合は0点。

傍線部(1)の「里がち」とは宮仕えをしている女性が実家に帰っていることが多い様子のこと。「里」とは実家のこと。「…がち」とは「とかく…が多い」の意である。

傍線部(2)は、前文に「御心ざしのあるさまに、**めざまし**

きこともありければ、**上**、異人《ことひと》よりはさやはなど、**めざましげなる**御気色**かたはらいたくて**、」と、対の君が「里がち」になった事情が記されている。この「**上**」は、文脈から(「殿の上」ではなく)「関白殿の上」であると判断すること。理由説明の設問なので、「**めざまし**」「**かたはらいたく**」といった心情を表す語に注目し、**誰のどのような心情なのか**を明記することが重要。また、文末を「…から…ので」のようにして答えること。

問6(答 **長い年月待った松の新芽(の芽吹き)に、嬉しくも一緒になった春の新緑のような幼子(との出会い)であることよ。**)

採点基準(8点満点)

❶「長い年月待った松の新芽」に重ねて「長年待った幼子」の誕生を嬉しく思う入道殿の心情が解釈に生かされている……4点

❷「松の新芽」の芽吹きと「幼子(孫)」の誕生が「合った」(=一緒〔同時〕になった/時を同じくして起こった)ことが表現されている……3点

※「あへ」を【会へ】に限定して、「…松の新芽に**出会う**ように、嬉しくも幼子に**出会えた**ことよ」のように解釈してもよい。

❸掛詞とたとえ(見立て)を生かして、「みどり子」を「新緑(緑色の新芽)のような幼子(みどり子)」のように解釈している……1点

傍線部(3)の歌は次のように単語分けされる。

年〔名〕/を〔格助〕/経〔下二[用]〕/て↓/待ち〔四[用]〕/つる〔完了[体]〕/松〔名〕/の〔格助〕/わかばえ〔名〕/に〔格助〕/うれしく〔シク[用]〕/あへ〔四[已]〕/る〔完了[体]〕/春〔名〕/の〔格助〕/みどり〔名〕/子〔名〕

傍線部(3)の直前に「入道殿よりかくのたまはせたり、」とあるので、孫の誕生に歓喜している道長の歌だとわかる。

「年を経て待ちつる松のわかばえに」は、長い間人々が待ち望んでいた松の新芽(=春の到来〔寒い冬の終わり〕)に、長年自分が待ち望んでいた幼児(孫)を重ねた表現。「あへ」は「あふ【合う】」※1(=一緒になる)の已然形で、松の新芽が芽吹くのと孫が誕生するのが一緒になった(同時に起こった)ということ。

「みどり子」は、頼通と対の君の間に生まれた若君のたとえ※2で、「みどり【緑・翠】」(=緑色/新芽)と「みどりこ【嬰児】」(=幼子《おさなご》・乳児)が掛けられていると考えられる。ここの解釈は様々に考えられるが、「**新緑のような幼子**(みどり子)」のように解釈すればよい。

このように、和歌の用言の平仮名部分は「掛詞」になっていることが多いので要注意。

※1…この「あふ【合う】」には「あふ【会ふ】」(=出会う)が掛けられているとも考えられる。
※2…この「みどり子」のように、あるものを他のものにたとえる比喩の技法を「見立て」という。

作品紹介

『栄花物語』（作者未詳／平安時代後期）

～人間みちなが～

『栄花物語』は平安後期（一〇二八年～一〇九二年頃）に成立した歴史物語。別称「世継（物語）」とも。正編と続編合わせて四十巻あり、正編の作者が赤染衛門《あかぞめえもん》、続編の作者が出羽《ではの》弁《べん》とされていますが、本当のところは未詳です。宇多天皇から堀河天皇に至るまでの一五代、約二百年間の歴史を、藤原道長の栄華を中心に仮名文で物語風に描いています。赤染衛門も出羽弁も藤原道長の娘・彰子に仕える女房なので、主家の繁栄を後世に残す意図があったのでしょう。

本文には嫡男の頼通に息子が誕生した際の道長の様子が描かれています。頼通にやっと授かった息子のことを「春の緑子（＝春の新緑のように生き生きとした幼子）が生まれた」と詠んで喜びを爆発させています。道長に野心家で粗暴で尊大なイメージがつきまとうのは、四人の娘を強引に天皇や皇太子に送り込み、自分の子息をすべて高位につけたことに理由があります。極めつけは道長作と伝えられる次の歌のせいでしょう。この歌は様々な解釈があるようですが、ひとまず通説に従って訳しておくことにします。

この世をば　わが世とぞ思ふ　望月の
欠けたることも　なしと思へば

【訳】この世は自分の世の中であるように思う。満月のように全く欠けたところがないように思うので。

道長は五男坊でたくさんの兄がいたため、出世は絶望的でした。しかし兄たちが次々と亡くなり、兄の子も失脚し、奇跡的に出世の道が開けていくのです。いわゆる「持っている人」だったのですね。文学における功績も並々ならぬものがあります。また、細かな配慮のできる人物であったとも記されており、女性を政治の道具としか見ていなかった人物と決めつけてしまうのもどうかと感じます。相当な負けず嫌いだったようですけどね。敵とみなす者は徹底的に負かし、助けようと思った人は全力で助けようとする人物であったみたいですね。

第4回

解説
EXPLANATION

物語『大和物語』

語数
297語
得点
50点
問題頁
P.16
古文音声

❶ 読解のポイント

亭子の帝（宇多天皇）のみ尊敬語が使用されている文章であり、天皇の会話文の中に自敬表現（自らに対する敬語）が使用されていることに気づくこと。大江の玉淵の娘が当意即妙に詠んだ「あさみどり…」の歌に使用されている巧みな修辞法（隠題・物名など）について考察し、なぜこの歌が絶賛されたのかを考察しながら読解を進めること。

〈あらすじ〉　帝が鳥飼院にいらっしゃるときのこと。お仕えしている遊女の中に、伝説の歌人・大江の玉淵の娘がいると言う。興味を抱いた帝が大江の玉淵の娘を側に呼び寄せると、容姿端麗、歌を詠ませれば即座に詠む。感動した帝は褒美として衣を与え、周りの人にも「褒美を与えよ」と命じ、そして近くに住む七郎君に、大江の玉淵の娘の世話を託すのであった。

❷ 登場人物

A **亭子の帝**…第五十九代宇多天皇。遊女の中に伝説の歌人である大江の玉淵の娘がいるとを聞いて興味を抱き、歌を詠ませる。見事な歌を詠んだ褒美として、Bに御衣を与える。臣下たちにも衣類を与えよと命じ、Cにその後の世話を託す。

B **大江の玉淵がむすめ**…伝説の歌人・大江の玉淵の娘といわれる。見事な歌を詠み、Aを感動させ、以後庇護を受けることになる。

C **南院の七郎君**…Bの世話をするようにとAから命じられ、ずっと世話を続けることになった。

3 全文解釈

（■重要語／■助動詞／■接続助詞／■尊敬語／■謙譲語／■丁寧語）

A 亭子の帝、鳥飼院におはしましにけり。例のごと、御遊びあり。❶「この

亭子の帝（＝宇多天皇）が、（離宮の）鳥飼院においでになった。いつものように、**詩歌管弦の催し**がある。（Aが）「この

わたりのうかれめども、あまたまゐりてさぶらふなかに、声おもしろく、

あたりの遊女たちが、**たくさん**参上してお仕え申し上げる中に、声が**美しく**、

よしあるものは侍りや」と問はせたまふに、うかれめばらの申すやう、

風情がある者は控えているか」とお尋ねになられると、遊女たちが申し上げることには、

B「大江の玉淵がむすめと申す者、めづらしうまゐりて侍り」と申しければ、

「（歌人の）大江の玉淵の娘と申し上げる者が、珍しく参っております」と申し上げたので、

見せたまふに、さまかたちも清げなりければ、あはれがりたまうて、うへに

（Aが）御覧になられると、（Bは）**容姿容貌**も美しかったので、（Aは）**感慨深く思い**なさって、殿上に

召しあげたまふ。「そもそもまことか」など問はせたまふに、鳥飼といふ題を、

お呼びになる。（Aは）「**一体**大江の玉淵の娘とは）本当か」などとお尋ねになられると、（Aは）鳥飼という題を、

みなみな人々によませたまひにけり。おほせたまふやう、❶「玉淵はいと

そこにいるすべての人々に（歌を）詠ませなさった。（Aが）おっしゃることには、「大江の玉淵はたいそう

らうありて、歌などよくよみき。この鳥飼といふ題をよくつかうまつり

物事によく通じていて、歌など非常にうまく詠んだ。（Bが）この鳥飼という題でうまく歌をお詠み申し上げ

単語・文法・解説

□あそび【遊び】名
①詩歌管弦の催し

□あまた【数多】副
①たいして〈↔打消〉
②たくさん

□おもしろし【面白し】形ク
①風情がある・趣深い・美しい

□よしあり【由有り】連
①由緒がある ②風情がある

□さまかたち【様貌・様形】名
①容姿と容貌

□あは《わ》れがる【哀れがる・憐れがる】動ラ四
①感慨深く思う・感動する
②悲しがる

□そもそも【抑】接
①一体・さて

□らう《ろ》あり【労あり】連
①物事によく通じている

❶…カギ括弧内の言葉は帝の会話文であり、すべて会話主の帝に対する敬意と考えられる。このような敬語のパターンを自敬表現と呼ぶ。

たらむ に したがひ て、 まこと の 子 と は おもほさ む」(iv) と おほせ たまひ けり。

たとしたら応じて、 (AはBを)本当の子とお認めしよう」とおっしゃった。

(c) うけたまはり て、 すなはち、

(Bは)(題を)お受けして、 すぐに、

❷ あさみどり かひ ある 春 に あひ ぬれ ば かすみ ならね ど たち のぼり けり

薄緑色(にかすむ見る)価値のある春に出会えましたので かすみではありませんが(身分の低い私も御殿に)立ち上れたことよ。

と よむ 時 に、 帝、 ののしり あはれがり たま て、 御しほたれ たまふ。 人々 も よく

と詠むときに、 帝は、大声で騒ぎ感動なさって、 お泣きなさる。 人々もたいそう

酔ひたる ほど (v) に て、 酔ひ 泣き いと になくす。 帝、 御袿 ひとかさね、はかま たまふ。

酔っているときであって、 酔い泣きをこの上なくする。 帝は、(褒美に)御袿を一重ね、袴をお与えになる。

「ありとある 上達部、 みこたち、 四位五位、 これ に 物 ぬぎ て とらせ ざら む 者 は、

(Aが)「すべての上達部、 皇子たち、 四位五位(の者)、この女に衣を脱いで与えさせないような者は、

座 より 立ち ね」と のたまひ けれ ば、 かたはし より、 上下 みな ❸ かづけ たれ ば、

席から離れてしまえ」とおっしゃったところ、 片端から、(身分が)上位の者と下位の者もみな**褒美を与え**たので、

(Ⅱ) ❸ かづき あまり て、 ふた間 ばかり 積み て ぞ おき たり ける。 かくて、 (d) かへり たまふ

(Bは)衣服を**いただき**すぎてしまい、二間ほど積んで置いてあったそうだ。 こうして、(Aが)お帰りになろう

と て、 南院 の 七郎君 と いふ 人 あり けり、 ❹ それ なむ、 このうかれめ の すむ

として、 南院の七郎君というが人いたが、 その人が、 この遊女の住む

□しほ《オ》たる【潮垂る】動ラ下二
①涙にくれる ②ぬれる

□ありとある【在りと有る・有りと有る】連
①すべての

★★□かづく【被く】動カ下二
①褒美を与える ②かぶせる

□かづく【被く】動カ四
①かぶる
②(衣服などを)褒美としていただく

❷…この歌に見られる「たちのぼり」は、霞が立ち上ることと玉淵の娘が帝のもとに参上するという掛詞になっている。加えて初句と二句「どりかひ」に離宮の名の「鳥飼」が隠題として詠みこまれていることに注意する。

❸…カ行下二段活用「かづく」とカ行四段活用「かづく」(意:褒美をいただく)では、動作の方向が異なる。注意して見分けること。

❹…「これ・それ・この・かれ」の示す人物をしっかりと理解して読み進めること。

あたりに、(3)家つくりてすむと聞こしめして、それになむ、のたまひあづけ

近くに、家を造って住んでいると（Aが）お聞きになって、その人に（Bを）世話をするようおっしゃっ

たる。❶「かれが申さむこと、院に奏せよ。院よりたまはせむ物も、かの七郎君

た。（Aは）「あの女が申し上げるようなことは、（この）院（＝私）に申し上げよ。院からお与えになるような物も、この七郎君

につかはさむ。(4)すべてかれにわびしきめな見せそ」とおほせたまうければ、

に遣わそう。**決して**あの女に**つらい**目に合わせるな」❺とおっしゃったので、

つねになむ(e)とぶらひかへりみける。

（CはBを）いつも**訪れて世話をした**。

□すべて【総て】副
①全部まとめて　②総じて
③全く・決して〈↓打消〉

★★★
□**わびし**【侘し】形シク
①さびしい　②つらい

★
□とぶらふ《ウ》【訪ふ】動八四
①見舞う・訪問する
②死をいたむ・弔問する

□かへ《エ》りみる【顧みる】動マ上一
①心にかける
②振り返って見る
③世話をする

❺…「な…そ」は「…するな／してくれるな」と訳す、呼応の副詞の禁止表現。

❹ 解答・解説

問1 答 (1)声が美しく、風情がある者は控えているか
(2)鳥飼という題でうまく歌をお詠み申し上げたとしたら (3)家を造って住んでいると帝はお聞きになって (4)決して大江の玉淵の娘をつらい目に合わせるな

採点基準（各4点満点）

(1) ❶「声おもしろく」が「声が美しく」と訳してある……2点
❷「よしある」が「風情がある／奥ゆかしい」と訳してある……1点
❸「侍り」が「お仕えする／控える」となっている……1点

(2) ❶「よく」が「うまく」と訳してある……1点
❷「つかうまつり」が「歌をお詠み申し上げる」と謙譲の意である……2点
❸「…むにしたがひて」が「…としたら」と仮定の意である……1点

(3) ❶「聞こしめして」の主体が「帝」になっている……2点
❷「聞こしめして」が「お聞きになって」と訳してある……2点

(4) ❶「すべて」が「決して」と訳してある……1点
❷「かれ」が「大江の玉淵の娘」になっている……1点
❸「わびしき」が「つらい／ひどい」になっている……1点
❹「な見せそ」が「あわせるな／見せるな」になっている……1点

※(1)は、❶や❷を満たさず❸のみ満たす場合は0点。

波線部(1)は、亭子の帝（宇多天皇）が遊女たちに問いかけている箇所。この「声」は遊女たちの歌声のこと。また、「おもしろく」は普段「趣深い」などと訳すが、ここでは「声」を形容しているので、「**美しい／きれいだ**」と訳す。「よし」は多義の名詞「由」と「有り」を合わせた連語。上品なニュアンスを表す「**風情がある／奥ゆかしい**」と答えても可。また「風流」は、一風変わった／おしゃれな」という意味があるので、文脈と合わず不可。「侍り」は丁寧語で訳されることが多いが、もし「丁寧語」と判断すると、最高権力者の帝から卑賎の遊女に対する敬意が生じてしまう。そのため、ここは帝自身に対する敬意（自敬）を示す謙譲語とし、「居り」の意味の「**お仕えする／控える**」と訳す。

波線部(2)は、「鳥飼」という語を使用して歌を詠むという意。娘は帝の課題通り、初句と二句の「あさみどり／かひある春に」に「**鳥飼**」を読み込み喝采を浴びた。「つかうまつり」は「**お仕え申し上げる**」と訳す謙譲語。大江の玉淵の娘が帝に仕えて歌を詠んだ場面であるため、「**歌をお詠み申し上げる**」と訳すこと。

波線部(3)は、前文から南院の七郎君が主体なので、「家つくりてすむ」は**南院の七郎君**。「聞こしめす」は非常に敬意の高い尊敬語で、主体は**帝**。

波線部(4)は帝が臣下たちに言った言葉。「すべて」は「総じて」と訳す副詞であるが、下に打消語や禁止表現を伴うと「決して」などと訳す。「かれ」は「**大江の玉淵の娘**」を指

す名詞。「な」は禁止の終助詞「そ」と呼応し、「…するな」と訳す副詞。以上を踏まえて解答する。

問2（答 (v)㋓ **断定**）(i)㋔ **完了** (ii)㋒ **使役** (iii)㋖ **過去** (iv)㋕ **意志**

(i)…連用形に接続し、過去の助動詞が後に続く「に」は完了の助動詞「ぬ」の連用形。正解は㋔。

(ii)…未然形に接続し、尊敬の補助動詞「たまひ」が続くので、使役か尊敬の助動詞「す」の連用形と判断できる。直前に「人々に」という使役の対象があることから、正解は㋒。

(iii)…「き」は連用形に接続する過去の助動詞「き」の終止形。正解は㋖。

(iv)…「おもほさむ」の主体が帝自身、つまり一人称であると捉えて、意志の助動詞「む」の終止形であると判断する。正解は㋕。

(v)…「ほどにて」で「ときであって」と訳す。名詞に接続し「…であって」と訳す「に」は、断定の助動詞「なり」の連用形。正解は㋓。

問3（答 (a)Ⓑ **うかれめばら** (b)Ⓔ **大江の玉淵がむすめ** (c)Ⓔ **大江の玉淵がむすめ** (d)Ⓐ **亭子の帝** (e)Ⓕ **南院の七郎君**）

読解法と敬語法を駆使し主語を補足すること。

(a)…直前の会話文「大江の玉淵……まゐりて侍り」は遊女が帝の問いかけに答えた箇所である。正解はⒷ。

(b)…帝が大江の玉淵の娘をご覧になると、彼女の容姿が美しかったという筋書きになっている。正解はⒺ。

(c)…「鳥飼」という題で歌を詠むようにという帝の要請を承って、見事な歌を詠んだのはⒺ。

(d)…帝が、遊女の住む場所の近くに南院の七郎君が住居を構えていることを耳にし、帰り際に南院の七郎君へ大江の玉淵の娘の加護を依頼した。正解はⒶ。

(e)…(d)の後、会話文で「かれが……見せそ」と帝が南院の七郎君におっしゃったので、玉淵の娘の世話をしたのはⒻ。

問4（答 **大江の玉淵の娘が風情があるだけでなく容貌が美しいことにしみじみと（感慨深く）お思いになり興味を抱いたから。**）

採点基準（7点満点）

❶「大江の玉淵の娘」のように対象が示されている……2点
❷「容姿の美しさにしみじみと／感慨深くお思いになり興味を抱く」のような表現がある……4点
❸文末が「…から。／…ため。」のようになっている……1点
※❶や❷を満たさず❸のみ満たす場合は0点。

前文の「さまかたちも……あはれがりたまうて」の箇所をまとめ、帝は、**大江の玉淵の娘が風情があるだけでなく容姿も美しい容姿とところに惹かれた**ということを含める。「あはれがる」は、「しみじみと感動する」という四段活用動詞。

問5（答）**帝が大江の玉淵の娘に褒美として衣類を与えたことに加えて臣下たちも同様に衣を与えたから。**）

採点基準（7点満点）

❶「大江の玉淵の娘に」のように対象が示されている……2点
❷「帝が褒美として衣類を与えたことに加えて臣下たちも同様に衣を与えた」などという内容が含まれている……4点
❸文末が「…から。／…ため。」のようになっている……1点
※❶や❷を満たさず❸のみ満たす場合は0点。

古文の時代には**褒美として上着を脱いで与える**という習慣がある。「かづく【被く】」はカ行四段活用の場合は「褒美をもらう」、カ行下二段活用動詞の場合は「褒美を与える」の意になるため、訳す際は気をつけること。(Ⅱ)の前文の「被く」はカ行下二段活用動詞であるため、玉淵の娘の歌に感動した帝がまず自らの衣を与え、臣下にも同様に与えよと命じたと解釈できる。

問6（答）**鳥飼院での詩歌管弦の催しの折、大江の玉淵の娘と名乗る遊女が帝の御前で「鳥飼」という言葉を隠題とし、晴れやかな場所に参ることができた喜びを表わした歌を即座に詠んだことに宇多帝が感動したため。**〔九四字〕）

採点基準（10点満点）

❶「大江の玉淵の娘と名乗る遊女が…帝に」と対象が示されている……1点
❷「鳥飼院での詩歌管弦の催しの折」のように時と場所が示されている……1点
❸「隠題（物名）」のように修辞技法について触れてある……3点
❹「即座」のように素早く上手く詠んだと説明してある……2点
❺「晴れやかな場所に参ることができた喜び」のように和歌の内容がまとめられ、光栄というニュアンスが含まれている……2点
❻文末が「…から。／…ため。」のようになっている……1点
※八〇字以下は2点減点。❻のみ満たす場合は0点。

帝が涙を流し感動した理由は、大江の玉淵の娘が隠題（物名）の手法を用いた上手な歌を**即座に**詠んだから。「いつ・どこで・だれが・何を・どうした」を明示して解答すること。

作品紹介

『大和物語』

（作者未詳／平安時代中期）

～実子ですが、何か…～

『大和物語』は平安中期（九五一年）に成立した作者未詳の歌物語。一七三編で集成されています。同系列の歌物語である『伊勢物語』が在原業平の一代記風に仕上がっているのとは異なり、主人公や内容の構成に統一性がありません。後半の三十段では伝説的な人物が取り上げられており、本文もそれに属するものです。

伝説の歌人・大江の玉淵の娘と名乗る遊女がいる。噂を聞いた宇多の帝が側に召し上げると噂にたがわず清楚で上品、歌を詠ませたところ当意即妙に見事な歌を詠む。感動した帝は以後この娘を大切にするように命じたというお話でしたね。

現在だったらＤＮＡ鑑定があるので、実子かどうかはすぐに判明しますよね。そんな方法のない古代のことですから、歌をうまく詠むことができたなら伝説の歌人の娘と認めようなどと考えるしかないわけです。そして彼女は見事な歌才を披露し実子であることを証明しました。胸を張って「あの方の子供ですが。何か文句あります?」って言っているような感じですよね。

そういえば、『源氏物語』にも興味深い箇所があります。光源氏の妻である女三宮が柏木と密通してできたのが薫ですが、この物語の中に薫は光源氏の子供ではないとはっきりとは示されてはいないのですね。となると薫が光源氏の子供であるという可能性も一方では残されているわけです。ここで柏木が笛の名手で、光源氏は琴の名手で絵画の名人であったというのが決め手になってきます。薫は笛ばかりに興味を持ってしまうのですね。父である柏木のＤＮＡを受け継ぎ、薫も笛に興味を持ったのだと暗示している箇所と考えられています。『源氏物語』の表現力ってまさしく神だなと感じると共に、『大和物語』との間に何か通じるものを感じてしまう瞬間でもあります。

第5回 解説 EXPLANATION

日記『土佐日記』

語数
400語
得点
/50点
問題頁
P.20
古文音声

❶読解のポイント

作者自身を女性に仮託して書いた日記であることと、地の文の心情語の主語は筆者自身として読解すること。「浅茅生の」「行く人も」の歌について筆者はどのようなところに好感を持ち、対して「行く先に」の歌についてどのようなところが不満なのかを考察すること。「行く人も」の歌が「行く先に」の歌の返歌だという二首の内容のつながりについても考察してみよう。

〈あらすじ〉 一月七日になった。まだ同じ港に留まっている。宮中では今頃、白馬の節会が行われていると思うが、ここでは白い波が見えるのみ。ああ、やりきれない。風情のある人が詠んだ「浅茅生の」の歌には心惹かれた。それと比べて差し入れを持ってきた人の歌「行く先に」はいただけない。誰一人返歌をしないでいると、そこにいた幼子の詠んだ「行く人も」の歌はなかなか見事だった。このようにいろんな身分の人がそれぞれの気持ちを素直に表現するものが歌なのだ。

❷登場人物

私 **筆者**…紀貫之のことであるが、自身を女性として登場させている。土佐から都への帰路の途中で体験したことを記す。

A **よき人**…最初に筆者たちに差し入れと歌を贈った人物。高貴な生まれであるが、夫と一緒にこの地にやってきたという。

B **破籠持たせて来たる人**…二番目に筆者たちに差し入れをした人。歌を詠んだが、誰も相手にしてくれないので、最後には立ち去ってしまう。

C **ある人の子なる童**…Bの歌に返歌しようとした子供。

3 全文解釈

（重要語／助動詞／接続助詞／尊敬語／謙譲語／丁寧語）

1

七日になりぬ。同じ湊にあり。今日は白馬を思へど、かひなし。ただ波の白きのみぞ見ゆる。

（一月）七日になった。❶まだ同じ港にいる。（私は）今日は（宮中行事である）白馬（の節会）を思うが、**無駄だ**。ただ（白は白でも）波が白いのだけが見える。

2

かかる間に、人の家の、池と名あるところより、鯉はなくて、鮒よりはじめて、川のも海のも、他物ども、長櫃に担ひつづけておこせたり。若菜ぞ今日をば知らせたる。歌あり。その歌、

こうしているうちに、人の家で、「池」という名がある土地から、鯉はなくて、鮒から始まって、川のものも海のものも、それ以外の食べ物なども、長櫃に（入れて）担ぎ続けて（Aが）**よこした**。若菜が今日を（一月七日であると）知らせてくれた。（若菜に添えた）歌がある。その歌は、

3

浅茅生の野辺にしあれば水もなき池に摘みつる若菜なりけり

（この地には「池」という名がつきますが、）❷浅茅が生えている野辺なので、水もない池で摘んだ若菜であるよ。

(ア)いとをかしかし。この池といふは、ところの名なり。よき人の、男につきて下りて、住みけるなり。この長櫃のものは、みな人、童までにくれたれば、

たいそう**趣がある**よ。この池というのは、土地の名である。**身分の高い**人が、夫に従って（京から）下って、（ここに移り）住んだのである。この長櫃の食べ物は、（Aが）すべての人、子供にまで与えたので、

単語・文法・解説

□かひなし【甲斐無し】形ク (イ)
①無駄だ ②弱々しい

□★★おこす【遣す】動サ四／サ下二
①よこす ②こちらに…する

□★★★をかし【招かし】形シク (オ)
①趣がある ②かわいい ③妙だ

□★★よし【良し】形ク
①身分が高い ②とても良い

❶…シク活用の形容詞「おなじ【同じ】」は体言が続くと、「同じ人」のように連体形ではなく終止形の続く場合が多い。

❷…副助詞「し」は識別の設問で頻出しやすい。用言の上に位置し、係助詞「いとしもなし」の「し」のように係助詞「も」と併用されることも多い。本文「浅茅生の」の歌にも使用されている。「し」の箇所を除いても解釈には何も影響を与えないというのも見極める条件である。

4

飽き満ちて、船子どもは、腹鼓を打ちて、海をさへ驚かして、波立てつべし。

十分に満足して、❸水夫たちは、腹鼓を打って、海までも驚かして、（きっとその振動が）波を立てるのだろう。

かくて、この間にこと多かり。今日、破籠持たせて来たる人、その名など

こうして、この間に出来事が多くある。❹本日、（女性に）弁当を持たせてやって来た人、その名はなんで

ぞや、いま思ひ出でむ。この人、「歌詠まむ」と思ふ心ありてなりけり。

あったろうか、じきに思い出すだろう。この人は、「歌を詠もう」と思う心があってのことだった。

とかく言ひ言ひて、「波の立つなること」と憂へ言ひて、詠める歌、

（Bが）あれやこれやと**繰り返し言って**、「波が立つ音がすごいようだ」と**心配して**言って、詠んだ歌は、

(I) 行く先に立つ白波の声よりも遅れて泣かむ我やまさらむ

（あなた様の）行先に立つ白波の音よりも、（この地に）取り残されて泣くだろう私の声がまさっているのではないだろうか。

とぞ詠める。(イ)いと大声なるべし。持て来たるものよりは、歌はいかがあらむ。

と詠んだ。（白波よりも）たいそうな大声であるだろう。持ってきた食べ物に比べて、（Bの）詠んだ歌はどうだろうか。

この歌をこれかれあはれがれども、ひとりも返しせず。しつべき人も交じれれど、これをのみいたがり、ものをのみ食ひて、夜ふけぬ。この歌主、

この歌をあの人もこの人も感心してみせるが、一人も**返歌**をしない。（返歌を）することができる人も交じれ[四已]れ[存続・已]ど[接助]、[逆接]これを[格助]のみ[副助]いたがり、[四用]ものを[格助]のみ[副助]食ひ[四用]て、夜[下二用]ふけ[完了・終]ぬ。この[格助]歌主、[B]

混ざっているが、この歌ばかりを**感心し**、食べ物だけを（ひたすら）食べて、夜が更けた。この歌の作者は、

「(ウ)まだ罷らず」と言ひて立ちぬ。ある人の子の童なる、ひそかに言ふ。

「まだ帰りません」と言って立った。ある人の子でまだ幼い子が、こっそりと言う。

□あきみつ【飽き満つ】動タ四
①十分に満足する

□いひ《イ》いひ《イ》て【言ひ言ひて】連
①繰り返し言って

□うるふ《ウ》【憂ふ】動ハ下二
①心配する

□★★かへ《エ》し【返し】名
①返歌 ②返事

□いたがる【甚がる】動ラ四
①褒める ②感心する

❸…「船子どもは、……波立てつべし」とは、満腹になったお腹を叩いたところ、その振動で波が立つだろう、という一種のジョーク（誇張表現）である。

❹…形容詞の終止形は「〜し」である場合がほとんどであるが、ク活用の形容詞「多し」のみ「多かり」という終止形があることに注意する。

「まろ、この歌の返しせむ」と言ふ。驚きて、「いとをかしきことかな。詠みてむ

「私が、この歌の返事をしよう」と言う。(私は)驚いて、「たいそう面白いことだよ。詠めるだろう

やは。詠みつべくは、はや言へかし」といふ。「『罷らず』とて立ちぬる人を

か、いや無理だろう。詠むことができるのならば、早く言えよ」と言う。(Cは)「『まだ帰りません』と言って立った人を待っ

まちて詠まむ」とて求めけるを、(夜ふけぬとにやありけむ、)やがて往に

て詠もう」と言って(Bを)探したが、(Bは)夜が更けてしまったせいであろうか、❺ **そのまま**帰ってし

けり。「そもそもいかが詠んだる」と、いぶかしがりて問ふ。この童、さすがに

まった。(ある者が)「一体どのように歌を詠んだのか」と、**気がかりになって**尋ねる。この子供は、**とはいってもやはり**

恥ぢて言はず。しひて問へば、言へる歌、

恥ずかしがって言わない。**無理に**尋ねたところ、(Cが)言った歌は、

(Ⅱ) 行く人も留まるも袖の涙川汀のみこそ濡れまさりけれ

(都に帰って)行く人も留まる人も袖に涙をにじませる。その涙で水かさを増した川は水際ばかりがいちだんとぬれまさるこ

となむ詠める。かくは言ふものか。(うつくしければにやあらむ)、いと

とよ。と詠んだ。このように詠むことができるものだ。(Cが)(幼くて)**かわいい**からであろうか、全く

思はずなり。

意外なことだ。

□**やがて**【軈て】副
①すぐに ②そのまま

□**いぶかし**【訝し】形シク
①気がかりだ
②はっきりしない

□**さすがに** 副
①とはいってもやはり

□しひ《イ》て【強ひて】副
①無理に ②むやみに

□**うつくし**【愛し・美し】形シク
①かわいい ②きれいだ

□おもは《ワ》ずなり【思はずなり】
形動ナリ
①意外だ ②期待外れだ

❺…本文の「けむ」は過去の原因推量の用法であり、「夜ふけぬとにやありけむ、」の箇所が挿入句になっている。筆者の紀貫之は「破籠持たせて来たる人」が姿を消した理由を夜が更けたためだと考え、挿入しているのである。

❹ 解答・解説

問1（答 **船旅の続く一行に若菜を贈って節句のお祝いをし、地名の一部である「池」にちなんだ歌を寄こした点に非常に趣を感じたから。**）

採点基準（8点満点）
❶ 紀貫之一行のために節句のお祝いをすると書かれている……………3点
❷「地名の一部である「池」にちなんだ歌を寄こした」と書いている……2点
❸「をかし」の解釈が記されている……………………2点
❹ 文末が「…から。／…ため。」になっている……………………1点
※❶から❸を満たさず、❹のみ満たす場合は0点。

「をかし」とは「趣がある／かわいい／きれいだ」のシク活用の形容詞。ここでは風情のある歌に感心している場面であることから「**趣がある**」と訳す。

一月七日は五節句[※1]のうちの**若菜の節句**。七種の若草を入れた七草粥を食べて無病息災を祈る日に関する話である。ここでは、よき人が節句のお祝いの印として、筆者たちに若菜を添えて魚と歌の贈り物をしたという場面。

船旅で充分に若菜の節句を祝うことのできない筆者たちに、「**池**」にゆかりのある地に住むよき人は、贈り物に若菜を添えて歌を詠み差し出した。このような配慮に対して筆者は非常に風情を感じているのである。これらを踏まえて説明する。

問2（答 **船旅を続ける筆者一行に「行く先に立つ白波」「遅れて泣かむ」のような不吉なイメージを想起させる表現を用いて、波の音の高さより別れ際に泣く声の方が大きいなどと誇張して、自慢げに歌を詠んだことに対する皮肉。**）

採点基準（8点満点）
❶ 不吉なイメージを想起させる言葉（縁起が悪い／不吉な予感　など）を用いている……………………2点
❷ 波の音の高さと泣き声の高さとの対比は大げさだという説明……………2点
❸「自慢げで」という表現がある（2点）、自慢げな態度であることに触れている（1点）……………………計3点
❹ 文末が「…ことに対する皮肉。」となっている……………………1点
※❶から❸を満たさず、❹のみ満たす場合は0点。

波線部(イ)は、「破籠持たせて来たる人」が詠んだ(I)の歌に対する筆者の評価である。

(I)では、「取り残されるつらさのために発する自らの泣き声は行く先に立つ白波の音よりもまさっている」と詠んだ。だが筆者は、「白波より大きいとはなんと大きな泣き

※1…五節句とは、現在日本に残っている五つの年中行事。一月七日（人日）の若菜の節句、三月三日（上巳）の桃の節句、五月五日の端午の節句、七月七日の七夕の節句、九月九日の重陽の節句を指す。

声だ」と評している。

また、「行く先に立つ白波」の「先に立つ」は「後に残して死ぬ」、「遅れて泣かむ」の「遅れ」は「先立たれる」の意味を連想させる不吉な[※2]言い回しである。これから旅を続ける筆者たちにとって**不謹慎な歌**であったため、後文の「持て来たるものよりは、歌はいかがあらむ」において「差し入れの食べ物は気に入ったが、歌はいかがなものか」と酷評しているのである。以上のポイントをすべて含め、文末を「…皮肉。」という形にして答える。

問3（答 **自らが詠んだ歌に誰かが返歌をしてほしいと思ったが、褒めるだけで誰も返歌をしてくれない気まずさからこのままでは帰れないと感じたから。**）

採点基準（9点満点）
❶「自分の歌に誰かが返歌をしてほしいと思ったが、褒めるだけで誰も返歌をしない」などという内容が含まれている……4点
❷返歌してくれない「気まずさ／恥ずかしさ」があったとある……2点
❸「このままでは帰れないと思った」のような記載がある……2点
❹文末が「…から。／…ため。」になっている……1点
※❶から❸を満たさず、❹のみ満たす場合は0点。

「歌主」とは「破籠持たせて来たる人」のこと。筆者はこの人物に対して、我々をねぎらうよりも、歌を披露するためにやってきたのだとしている。波線部(イ)の後文に「この歌をこれかれ……ものをのみ食ひて、夜ふけぬ。」とあるように、筆者たちはその人物を誰も相手にせず適当にあしらった。人前で歌を詠んだ場合、**周りの誰かが歌を返すのが一種のマナー**であるため、**返歌をもらわずに帰るのは不名誉**である認識があるから「このままでは帰れない」と感じたのである。文末を「…から。／…ため。」にして答えること。

問4（答 **(1)歌を詠めるのならば、早く言えよ。(2)そのまま帰ってしまった。(3)（歌が上手いと思うのは）かわいい子供だからだろうか**）

採点基準（各5点満点）
(1)❶「べし」の可能表現が使われている……2点
❷「ならば」という仮定表現が使われている……2点
❸「言へ」の活用形が命令形であることに気づき訳している……1点
(2)❶「やがて」の意を「そのまま」と捉えている……4点
❷帰る＋過去の意で「帰ってしまった」と訳せている……1点
(3)❶「うつくし」を「かわいい」と訳してある……4点
❷疑問の意の係助詞と推量を反映して訳されている……1点

※2…古代には不吉な言い回しを避けるという言霊信仰がある。

傍線部(1)の「つべく」の「つ」は「完了／強意」の意の助動詞。「つ」は基本的に完了の意で用いられるが、推量の意の助動詞が下に接続する場合は**確述用法**から強意になる。また、この場合は仮定条件を表す「べし」であるため、推量ではなく可能の意でとる。そこに、副詞「はや」や命令形、念押しの終助詞「かし」を反映して「早く言えよ」のように訳す。

傍線部(2)は、「破籠持たせて来たる人」が主体である。この人は辛抱強く誰かが返歌をしてくれるのを待っていたが、その気配がないので、いたたまれなくなりいつの間にかいなくなっていたと考えること。したがって、「やがて」は「すぐに／そのまま」と訳す副詞だが、ここでは「そのまま」と訳す。

傍線部(3)の「うつくしけれ」は「**かわいい／きれいだ**」の意を持つ。文脈から童に向けて思った感情であると判断できるため「**かわいい**」と訳し、筆者自身の心情が挿入された箇所である。童の詠んだ歌に意外なくらい感動したのは、この子供がかわいらしく**ひいきめに見てしまったせい**ではないのだろうかとしている。

問5 (答) **(I)の歌は詠み手の一方的な感情が多く、不用意に不吉な言葉を使用したせいで送り手の共感を得ることができなかったが、(II)の歌は、子供の歌でありながら別れの悲しさを流れる涙で水際がまさると表現することで、送り手の共感を得ることができた点。）**

採点基準 (10点満点)

❶ (I)の歌は、詠み手側の一方的な思いで詠まれているという内容が含まれている……3点

❷ (I)の歌は、不吉で不用意な言葉を使用しているという内容が含まれている……2点

❸ (II)の歌は、旅立つ人と見送る人の両者に配慮した歌を詠み、流れる涙で水際がまさると表現したという内容が含まれている……4点

❹ 文末が「…という点。」となっている……1点

※❶から❸を満たさず、❹のみ満たす場合は0点。

(I)の歌について、筆者は大げさで情趣のない表現を用いているとし、贈られた食べ物に比べて歌は良くないなどと非難している。一方、ある童が詠んだ(II)の歌は、非常に好意的に受け止めている。(I)を大げさで独りよがりな歌であると断じているのに対し、水際がぬれまさっているのは旅立つ人と見送る人の双方の涙のせいだと詠んだ(II)の歌に対しては、子供が詠んでいるという可愛らしさも相まって意外に思うほど感心したとしている。以上の内容をまとめること。

作品紹介

『土佐日記』

～バタフライエフェクト～

（紀貫之／平安時代中期）

『土佐日記』は平安中期（九三五年）に成立したとされる旅日記です。作者は歌人で有名な紀貫之。九三四年十二月に土佐の国（今の高知県）の国司の任期が終了し、翌年帰京するまでの五十余日間の見聞を女性に見せかけて仮名で記しています。なぜ彼は女性になりきって、この日記を書かなければならなかったのでしょうか。

当時、男性の日記とは政務などの公的な内容の実録を漢字で書くものと決まっていました。男性が気ままに自分の体験を仮名で書くことは「女々しい」とされていたのです。けれども彼は、常々「きめ細かな心情や人間の弱さを表現するには、漢字ではなく仮名だ」と思っていました。彼が（老後に及んで恵まれた）自らの命よりも大切に思う女児を離任の直前に亡くしたとき、「女性に仮託して仮名を使って日記を書けば、その女々しさや弱さやエゴなどを書いても許容されるのではないか」と考え、その張り裂けんばかりの私的感情を『土佐日記』に吐露したのでした。

こうして完成したこの作品の波紋は、『蜻蛉日記』『紫式部日記』などというような女流日記文学を誘発し、現在の私小説にもつながっていくことになります。このような事情も踏まえて、この作品の冒頭の部分を味わってみましょう。

男もすなる日記といふものを女もしてみむとてするなり。

【訳】男も書くものだと（前々から）聞いている日記というものを、女（の私）もしてみようと思ってするのだ。

そういえば、自分に起こった耐え難い出来事を人に相談するときに、「これは他の人の話だけど」などと偽って語ることってありますよね。（ボクはあります。結局、バレバレでしたがね…笑）時代は異なりますが、貫之の場合もそれとよく似た事情があるように思います。

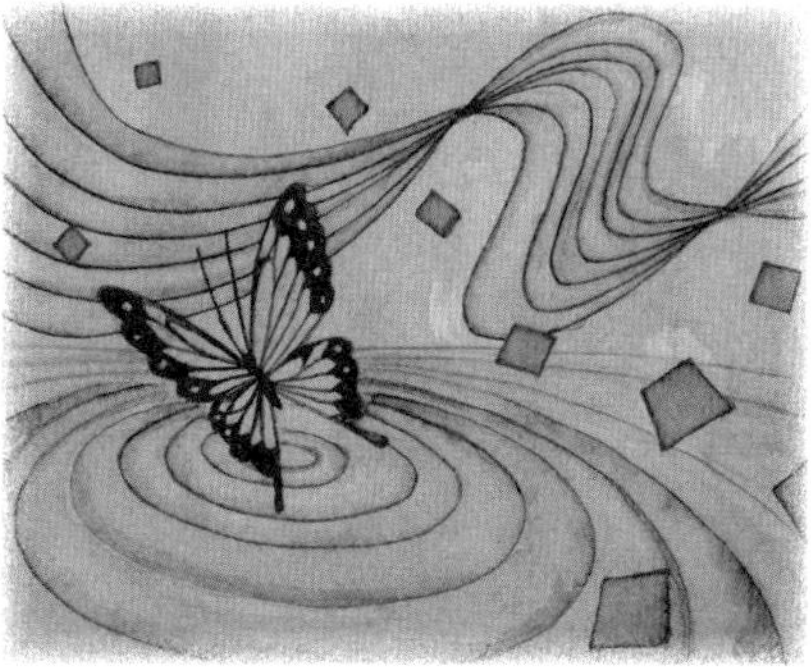

第6回 解説 EXPLANATION

日記『うたたね』

語数 389語
得点 /50点
問題頁 P.24
古文音声

❶読解のポイント

日記のため主語が明示されていないので、心情語や謙譲語の主語を筆者と判断して読解する。「もの恐ろしう／危うく／むつかしく／苦しく／たへがたき」などのマイナスイメージの形容詞に筆者のその折の心情があらわされていることを押さえること。最後に見られる「伊勢の海人」が、筆者のどのような心境を表した比喩表現かを考察すること。

〈あらすじ〉　恋に破れた私は俗世を捨て、尼になることを決意した。出家の日は雨雲が空を覆い、恐ろしげな夜だった。同僚もぐっすり眠っているとき、夜勤の人が門を開けるのを待って出ていくことにする。山道をたった一人で歩いて行くのは非常に危険で恐ろしい。夜が明けて自分の姿があらわになると具合が悪いので、いち早く山の中に身を隠してしまいたいと思った私は、涙と雨でびしょぬれになりながらも歩みを止めなかった。

❷登場人物

私　阿仏尼…女房名は、安嘉門院四条。失恋のつらさから出家の決意をする。人目を気にしながら主人の邸を出奔する。雨の中、西山を目指し、山路を歩くのを非常に恐ろしく感じている。

A　宿直人…夜、貴人の家の警固や見回りをする人物。

B　傍らなる人…筆者と同様、安嘉門院に仕えている女房。

1

❸全文解釈

（重要語／助動詞／接続助詞／尊敬語／謙譲語／丁寧語）

ただ今も出でぬべき心地して、やをら端を開けたれば、(Ⅰ)つごもりごろの

たった今でも（私は）出て行ってしまいたい気持ちがして、そっと端（の戸）を開けると、月末頃の

月なき空に雨雲さへたち重なりて、いとものの恐ろしう暗きに、夜もまだ深き

月がない空に（加えて）雨雲までも幾重にも重なって、たいそうなんとなく恐ろしく暗いうえに、夜もまだ深いとき

に、A宿直人さへ折しもうち声づくろふも「むつかし」と聞きゐたるに、「かくて

に、夜の警固をする人までもがふと咳払いをするのも「不快だ」と（思って）聞いていると、（私は）「こうして

も人にや見つけられむ」とそら恐ろしければ、もとのやうに入りてふし

いても人に見つけられるだろうか」となんとなく恐ろしいので、もとのように（部屋に）入って横になっ

ぬれど、B傍らなる人うちみじろきだにせず。さきざきもA宿直人の夜深く門を

たが、側にいる人（同僚の女房）は身体を動かしさえしない。前々から警固の人が夜更けに門を

開けて出づるならひなりければ、(1)その程を人知れず待つに、今宵しも

開けて出る習慣があったので、そのときを人に知られないように（私が）待っていると、今夜も

とく開けて出でぬる音すれば。さるは(ア)心ざす道もはかばかしくも覚えず。

（Aが）（門を）早くも開けて出ていった音がするので（私も外に出た）。そうはいうものの目指す場所もはっきりわからない。

ここも都にはあらず、北山の麓といふ所なれば、人目しげからず、

ここも都ではなく、北山の麓という所であるので、人目も多くはなく、

単語・文法・解説

□やを《ォ》ら　副　①そっと

□つごもり【晦日】名　①月の終わり・月末

□むつかし【難し】形シク　①不快だ　②気味が悪い

□みじろく【身動く】動カ四　①身体を動かす

□ならひ《ィ》【慣らひ・習ひ】名　①習慣　②定め　③言い伝え

□とし【疾し】形ク　①早い　②速い

□はかばかし【果果し】形シク　①しっかりしている　②はっきりしている

❶…「さへ」は「…までも」という意の添加の用法。月が見えない空模様に雨雲が加わったわけである。

❷…「だに」は希望の最小と類推の用法がある。希望の最小の用法は「だに」の後に願望・仮定・命令・意志の表現が続くものであるので、ここでは「…さえ」と訳す類推の用法。

(Ⅱ)木の葉の陰につきて、夢のやうに見置きし山路をただ一人行く心地、

(私が)木の葉の陰に沿って、夢のように見覚えのあった山道をたった一人で行く気持ちは、

いといたく危ふくもの恐ろしかりける。山人の目にも咎めぬままに、

とてもひどく危うくなんとなく恐ろしかった。山に住む人の目にも怪しまれないくらい、

あやしくもの狂ほしき姿したるも、すべてうつつのこととも覚えず。さても

みすぼらしく愚かしい姿をしているのも、全く**現実**のことだと思えない。それにしても

(イ)かの所西山の麓なれば、いと遥かなるに、夜中より降り出でつる雨の

あの所(=目的地の寺)は西山の麓なので、とても遠く離れているが、夜中から降り出した雨が

明くるままに、(2)しほしほと濡るる程になりぬ。(ウ)ふるさとより嵯峨のわたり

夜が明けるにつれて、(衣が)**湿って**ぬれるくらいになった。(前に住んでいた)**なじみの土地**から嵯峨のあたり

までは、少しも隔たらず見渡さるる程の道なれば、さはりなく行き着きぬ。

までは、全く遮るものがなく見渡すことができるくらいの道なので、差し障りなく行き着いた。

(3)夜もやうやうほのぼのとする程になりぬれば、道行き人も、ここもとは

夜もだんだんと**ほのかに**明けてゆく頃になったところ、道を行く人も、この周辺では

いとあやしと咎むる人もあれば、ものむつかしく恐ろしき事、この世には

とても**不審だ**と怪しむ人もいるので、(私は)なんとなく不快で恐ろしいことは、この世で一度でも感じた

いつかは覚えむ。(a)ただ一筋になきになし果てつる身なれば、足の行くに

ことがあろうか、いやない。ただ一途にないものにしてしまったこの自分の身であるので、足が行くのに

□★★★ **いたく【甚く】** 副
①ひどく・はなはだしく ②たいして・それほど〈↓打消〉

□ **とがむ【咎む】** 動マ下二
①怪しむ ②非難する ③問いただす

□★★★ **あやし【賤し・怪し】** 形シク
①みすぼらしい ②不思議だ ③身分が低い ④不審だ

□★★ **ものぐるほし【物狂ほし】** 形シク
①気がおかしくなりそうだ ②馬鹿げている・愚かしい

□★★★ **うつつ【現】** 名
①現実 ②正気

□ しほしほと 副
①涙・雨にぬれる様子 ②しょんぼりすること

□★ ふるさと【古里・故郷】 名
①旧都 ②なじみの土地・生まれ故郷

□ ほのぼの【仄仄】 副
①ほのかに

まかせて、「はや山深く入りなむ」と、うちも休まぬままに、苦しくたへがたきこと、死ぬばかりなり。入る嵐の山の麓に近づく程、雨ゆゆしく降りまさりて、向かへの山を見れば、雲の幾重ともなく折り重なりて、行く先も見えず。〈中略〉いとどかきくらす涙の雨さへ降り添ひて、来し方行先も見えず、思ふにも言ふにも足らず。今閉ぢめ果てつる命なれば、身の濡れ通りたること伊勢の海人にも越えたり。

まかせて、「早く山深く入ってしまおう」と、❸ 全く休まないので、差し障りがあり耐え難いことは、死ぬくらいである。入る嵐山の麓に近づく頃、雨が恐ろしく多く降って、向かいの山を見ると、雲が何重ともなく折り重なって、行き先も見えない。（雨が降るだけではなく）ますます悲しみにくれる涙の雨まで降り加わって、来た方向や（これからの）行先も見えず、思うにも言うにも足りない。今はなき者として終わらせてしまった（ような）命であるので、（私の）身がずぶぬれになったことは（海に潜ったりする）伊勢の漁師も越えている。

★★ □くるし【苦し】形シク
①差し障りがある

★★★ □ゆゆし【忌々し】形シク
①不吉だ ②恐ろしい ③すばらしい

★★★ □いとど 副
①ますます ②そのうえさらに

★★ □かきくらす【掻き暗す】動サ四
①悲しみにくれる
②辺り一面を暗くする

□あま【海人】名
①漁師・海で魚介類を採ったり、塩を作ることを仕事とする人
②海に潜って貝や海藻を採る女性

❸…「早く山深く入ってしまおう」と訳すので、完了の助動詞「ぬ」の未然形「な」に意志の助動詞「む」の終止形が接続した形であると考えること。

6

❹ 解答・解説

問1 （答）(1)警固の役人が夜更けに門を開けて出るのを私が人に知られないように待っていると　(2)筆者の衣が雨でしっとりとぬれるくらいになった。　(3)夜もだんだんとほのかに明けてゆく頃になったところ）

採点基準（各5点満点）

(1) ❶「宿直人」を警固の役人と訳し、その警固の人が門をあけるという内容が含まれている……2点
❷「人に知られず待つ」という内容が含まれている……1点
❸主語の「私が」と、接続助詞「に」の単純接続の用法が用いられている……2点

(2) ❶何がぬれたか明示している。「衣が」だけでも良い……2点
❷「しほしほと」を「しっとりと」「湿って」と訳している……1点
❸「雨で」を補足し、意味通りに訳している……2点

(3) ❶「やうやう」を「だんだんと／次第に」と訳している……2点
❷「ほのぼの」を「ほのかに」と訳している……1点
❸「なりぬれば」が「…たところ」のように、「完了＋偶然」で訳している……2点

傍線部(1)は次のように単語分けされる。

そ（代名）／の（格助）／程（名）／を（格助）／人（名）／知れ（下二［未］）／ず（打消［用］）／待つ（四［体］）／に（接助《単接》）

指示代名詞「そ」は、前文の「さきざきも宿直人の夜深く門を開けて出づるならひなりければ」の箇所を指している。

筆者は、宿直人が門を開けるときを見計らって出家しようとしている。「人知れず」は、「人に知られないように／ひそかに」の意。「に」は、「…すると」と訳す接続助詞「に」の単純接続の用法（142頁）。

傍線部(2)は次のように単語分けされる。

しほしほと（副）／濡るる（下二［体］）／程（名）／に（格助）／なり（四［用］）／ぬ（完了［終］）

主語・指示語を明らかにする。日記の主体は筆者であることから、主語は「（筆者の・私の）衣」のように補足する。「しほしほと」は、「**涙・雨にぬれる様子**／しょんぼりすること」の意。前後の文に「雨」や「ぬれる」と単語があることから前者の意であるが、副詞としての状態を表す言葉として「**しっとりと・湿って**」と訳す。「なりぬ」の「なり」は「成る」と訳すラ行四段活用動詞「なる【成る】」の連用形、「ぬ」は上に連用形が接続することから、完了の助動詞「ぬ」の終止形であるため「なった」のようにすること。

傍線部(3)は次のように単語分けされる。

夜（名）／も（格助）／やうやう（副）／ほのぼの（副）／と（格助）／する（サ変［体］）／程（名）／に（格助）／なり（四［用］）／ぬれ（完了［已］）／ば（接助《偶然》）

「やうやう」は「だんだん」と訳す副詞、「ほのぼのとする」は「ほのかに」の意。「ば」は「…したところ」と訳す接続助詞「ば」の偶然の用法。

問2 答 **(ア)目指す道／目的地へ向かう道　(イ)目的地の寺　(ウ)筆者のお仕えしていた安嘉門院の邸宅）**

(ア)…「心ざす」は「志す」と同義で、「**目指す**／思い立つ」の意。心情を表す語で、ここでは日記における心情なので、主体は筆者自身。「道」とは**目的地までの道のり**と判断する。「仏道・出家」では不正解。

(イ)…前書きにある「恋に破れて出家を決意し」がヒント。「出家」とは、家を出て（世俗を離れて）仏門に入る（僧になる）こと。「出家を決意」した作者が目指すのは「**目的地の（西山の麓にある）寺**」であると考えること。「目的地」のような具体性のない解答は1点の減点。

(ウ)…「ふるさと【古里・故郷】」は「故郷」の意だけではなく、「なじみの土地／古い都」を指す重要古語。ここでの「ふるさと」はなじみの土地である**安嘉門院の御所**であると考えること。「宮仕えしていた場所」のように具体性のないものは1点の減点。本文だけでなく、前書きのあらすじもしっかり読んで解答すること。

問3 答 **(I)月末頃の月が出ていない空に、雨雲までも幾重にも重なっているという内容。(II)山道を木の葉の陰に沿って歩いているという内容。(III)雨に涙が加わって身体がずぶぬれになっている自分の様子は、海に潜る伊勢の海人にもまさるぐらいであるという内容。）**

採点基準（各5点満点）

(I) ❶「つごもり」を、「月末」と訳している……2点
❷「さへ」の添加用法「…までも」が用いられている……2点
❸文末が、「…という内容。／…ということ。」となっている……1点

(II) ❶「山道を歩いている」という内容が含まれている……2点
❷「木の葉の陰に隠れて」という内容が含まれている……2点
❸文末が、「…という内容。／…ということ。」となっている……1点

(III) ❶雨と涙とでずぶぬれの身体という内容が含まれている……2点
❷伊勢の海人にもまさるくらいずぶぬれであるという内容が含まれている……2点
❸文末が、「…という内容。／…ということ。」となっている……1点

※いずれも❶や❷を満たさず、❸のみ満たす場合は0点。

二重傍線部(I)の「つごもり[※1]【晦日】」は、「月末」の意の名詞。「さへ」は、「…までも」と訳す添加用法。「立ち重なり」は波やかすみなどが幾重にも重なるという意。「**何重に**／**いくつも**」という訳でも可。「どのような内容か」という問

※1…「月の初旬」をあらわす「つひたち【朔日】」と共に覚えておく。陰暦の月末は全く月が見えない日であったことに由来する。

いかけであるので、文末を「…という内容。／…ということ。」のようにする。(Ⅱ)も(Ⅲ)も同様の答え方をすること。

二重傍線部(Ⅱ)の後文に、「**夢のやうに見置きし山路をただ一人行く心地**」とあることがヒント。筆者は人目をはばかり木の葉の陰に沿って目的地に向かったと考えること。

二重傍線部(Ⅲ)は、恋に破れたことで出家した筆者は、中略後の「涙の雨さへ降り添ひて」とあるように、雨に涙が加わってぬれまさった自らの様子を、**海に潜る伊勢の海人よりもぬれているほど**だと表現した。

問4 （答 **恋に破れたせいで、自分は死んだも同然の身であり、ひたすら出家するしかないと思い込んでしまっているという心境。**）

採点基準（8点満点）

❶「恋に破れたせい」という内容が含まれている……2点
❷「なしに果てつる身」の解釈で、「死んだも同然の身体・ないのも同然の身」という内容が含まれている……3点
❸「出家するしかない」という内容が含まれている……2点
❹文末が、「…という心境。」となっている……1点
※❶から❸を満たさず、❹のみ満たす場合は0点。

点線部(a)に見られる「身」は、恋に破れて絶望している作者自身の身の上を表している。「なきになし果てつる身」は、本文の最後の方にある「今閉ぢめ果てつる命」と同様の表現である。「命」を「閉じる」というニュアンスから「このまま生きていてもどうしようもない、死んだほうがましだ」などという筆者の**自暴自棄な気持ち**を感じとること。失恋の痛手のせいで死んだほうがましだと考えるほど追い詰められた筆者は、宮仕え先の安嘉門院の邸宅から出家し、僧になることを決意するのである。以上の内容を踏まえて説明すること。作者の心境について説明せよという問いかけであるから、文末を「…という心境。」のようにすること。

作品紹介

『うたたね』

～三寒四温～

（阿仏尼／鎌倉時代中期）

『うたたね』は『十六夜日記』で有名な鎌倉中期の女流歌人である阿仏尼が、うら若き乙女のときに体験したある貴公子との大失恋を十八歳のときにつづった日記です。『十六夜日記』についてはレベル⑤第6回「中世の女性阿仏尼」でも触れましたので、確認してくださいね。訴訟のために鎌倉へ下るという、当時としては類まれなる行動に至った女性、いわば「炎の女」とでも呼ぶような人なのです。本文は失望のあまり出奔する直前の彼女が描かれています。

阿仏尼という名は、夫が死去して出家した後の名だといわれています。女房名は安嘉門院四条と言います。少女の頃、彼女はある貴公子と恋に落ちますが、一年半ほどではかなく終わってしまいます。裏切られたと絶望した彼女は衝動的に髪をおろし雨夜にまぎれて失踪するのです。相手との間に身分の差があったこと、彼女がまだ純情であったことが破局の主因でした。各所を漂泊し再び都に帰るところでこの日記は終わっています。死にたい気持ちに支配されていた彼女でしたが、帰京を決意したときには以下のような歌を詠むまでになっています。未練を残しながらも旅によって心は癒され、自らを客観的に見るようになってきていますね。いとわしく思って離れた都をいつのまにか懐かしく思っているのがわかります。

君もさは　よそのながめや　通ふらん
都の山に　かかる白雲

【訳】あの愛しい人も、都であの雲を眺めているのかもしれないな。（そう考えると）よその場所からみても心惹かれてしまうそんな都の山にかかる白雲であることよ。

「三寒四温《さんかんしおん》」という言葉をご存じですか。一週のうち三日ほど寒い日が続いた後に四日ほど暖かい日が続く時期のことです。そんなふうにして必ず春はやってくるという言葉でもあるのですね。耐え難い悲しみも、閉塞的な挫折感も、凍るような冬の寒さと同じく永遠に続くことはないと信じることにしませんか。

6

第7回

解説
EXPLANATION

日記『とはずがたり』

語数
335語
得点
/50点
問題頁
P.28
古文音声

❶読解のポイント

心情語、謙譲語の主語を私（筆者の二条）、尊敬語の主語は後深草院であると判断して読解する。御所を追われる筆者とひたすら彼女を追放しようとする院。理由が分からず、嘆かわしく思う筆者と冷たくあたる院というように各々の心模様を推し量りながら読解すること。有名な古歌を引用し、自らの気持ちを表現するという手法（引き歌）にも留意したい。

〈あらすじ〉（私が宮中を）退出する日がやってきた。どうしてこんなふうに宮中を追われるのか、その理由をはっきりと告げられないままだった。間際になって四歳の頃から今までずっとお仕えしたこの場所に対する名残は尽きず、泣くよりほかに術はない。最後にもう一度拝謁しようと考えて院のもとに向かったが、非常に冷たい態度で立ち去ってしまった。

❷登場人物

私 筆者…後深草院二条。Aに恨まれ、御所を追放される。事情もわからず困惑している。

A 院…後深草院。筆者を寵愛していたが、あることをきっかけに筆者に冷たくあたることになる。

B 恨みの人…西園寺実兼。筆者の恋人であった。すれ違うことがあったため、筆者は恨んでいる。

C 女院…後深草院妃。Aの妻。

3 全文解釈

（重要語／助動詞／接続助詞／尊敬語／謙譲語／丁寧語）

1

されば とて、「出で じ」と 言ふ べき に あら ね ば、出で な む と する したため を

そうだからといって、（宮中を）「退出するつもりはない」と言うこともできないので、出てしまおうと準備を

する に、四つ と いひ ける 長月 の ころ より 参り 初め て、(1)時々 の 里居 の ほど

するが、（私が）四歳と言った九月のころから（院の御所に）初めて参上して、時々実家に帰っているとき

だに 心もとなく おぼえ つる 御所 の 内、「今日 や 限り」と 思へ ば、よろづ の 草木

❶《類推》でさえ気がかりに思われた（後深草院の）御所の中も、「今日で最後か」と思うと、すべての草木

も 目 に とどまら ぬ も なく、涙 に くれ て はべる に、をりふし 恨み の 人 B 参る 音 し

にも目にとまらないものがなく、（私は）涙にくれておりますと、ちょうどそのとき恨みに思う人が参る音がし

て、「下 の ほど か」と 言は るる ❷ も あはれ に 悲しけれ ば、ちと さし出で たる に、

て、（Bが）「（あなたは）自分の部屋に下がっておられますか」とおっしゃるのもしみじみと悲しいので、少し外に出ると、

（泣き 濡らし たる 袖 の 色 も よそ に しるかり ける に や）、❸「いかなる こと ぞ」など

（私の）泣き濡らしている袖の様子も他人にはっきりしていたのだろうか、（Bが）「どういうことですか」などとお

尋ね らるる ❷ も、「問ふ に つらさ」と か や おぼえ て、(2)物 も 言は れ ね ば、今朝 の

尋ねになられても、（私は）「尋ねられるとつらさ（が増す）」とか（いう古歌が）思い出されて、何も話すことができないので、

文 取り 出で て、「これ が 心細く て」と ばかり にて、こなた へ 入れ て 泣き 居 たる

今朝の（退去命令の）手紙を取り出して、「これが気がかりで」とだけ言って、（Bを）部屋に招き入れて泣いている

単語・文法・解説

□したため【認め】名 ①整理 ②準備 ③食事をすること

□ながつき【長月】名 ①旧暦の九月

□さとゐ【里居】名 ①宮仕えの人が、自分の家に帰っていること

★★★ □こころもとなし【心許無し】形ク ①じれったい ②気がかりだ

★ □をりふし【折節】名／副 ①ちょうどそのとき ②時節

★★★ □しるし【著し】形ク ①はっきりしている ②予想通りだ・まさにその通りだ

❶…「だに」は願望・仮定・命令・意志の表現が後に続いていないため、類推の用法（…さえ）であると判断する。

❷…西園寺実兼という高貴な人物が主語であるから、この助動詞は尊敬の意。

❸…涙にぬれた筆者の様子に気付いたせいであろうかと言っている。

[2]

に、「されば、何としたることぞ」と、誰も心得ず。

と、（Bは）「一体、どうしたことか」というだけで、（何が起こったのかを）誰も**理解して**いない。

おとなしき女房たちなどもとぶらひ仰せらるれども、知りたりけることが

年配の女房たちなどもお見舞いをおっしゃるけれども、何もわかっていることが

なきままには、ただ泣くよりほかのことなくて、暮れゆけば、(3)A御所ざまの

ないので、（私は）ひたすら泣くよりほかのことはなくて、日も暮れていくので、院の

御気色なればこそかかるらめに、またさし出でむも恐れある心地すれども、

お考えだからこそこのようになったのだろうが、（Aのもとに）再び出るとするのも（私は）恐れ多い気がするが、

(4)「今より後はいかにしてか」と思へば、「今は限りの御面影も今一度

「今後どのようにして院にお目にかかることができようか」と思うので、「（Aの）最後のをお姿を今一度

見まゐらせむ」と思ふばかりに、迷ひ出でて御前に参りたれば、御前には

拝見しよう」と（私は）思うだけに困惑しながらも御前に参上すると、（Aの）御前には

公卿二三人ばかりして、何となき御物語のほどなり。

公卿二、三人ほどと共に、たわいもないお話をされているときである。

[3]

練薄物の生絹の衣に、薄に葛を青き糸にて縫ひ物にしたるに、赤色の

（私が）絹糸で織った薄い衣に、薄に葛（の模様）を青い糸で縫いつけた衣に（加えて）、赤色の

唐衣を着たりしに、きと御覧じおこせて、「今宵はいかに、御出でか」と仰せ言

唐衣を着ていたところ、（Aが）**ちょっと（こちらを）**御覧になって、「今夜はどうするのか、ご退出か」とのお言葉が

□こころう【心得】動ア下二 ①理解する ②引き受ける ③精通する

□★★★おとなし【大人し】形シク ①分別がある ②大人びている ③年配だ

□きと 副 ①すぐに ②ちょっと ③たしかに

□★★おこす【遣す】動サ四／サ下二 ①よこす ②こちらに…する

❹…「らめ（と思ふ）に」の（ ）が省略された形と理解すること。

❺…副詞「いかに【如何に】」＋サ行変格活用動詞「す」の連用形「し」＋接続助詞「て」で、「どのようにして」と訳す。

あり。▶何と申すべき言の葉なくてさぶらふに、❻「くる山人の便りには訪れむ

ある。(私は)どう申し上げるべきか言葉もなくてお仕えしていると、(Aは)「山に住む人が葛の模様にちなんで葛をたぐり

とにや。青葛こそうれしくもなけれ」とばかり御口ずさみつつ、(C)女院の御方へ

寄せながらやってきたとでも言いたいのか。青い葛草など喜ばしくもないよ」とだけお口ずさみながら、(奥様の)女院の方に

なりぬるにや)、立たせおはしましぬるは、▶(5)いかでか御恨めしくも思ひまゐらせざらむ。

おいでになったのだろうか、お立ちになられたのは、(私はAのなさることに)**どうして嘆かわしく思い**

まゐらせ　ざら　む。
下二[末]（補）　打消[末]　推量[体]

申し上げないことがあろうか、いや嘆き申し上げるのだった。

★★★
□**いかで【如何で】** 副
①なんとかして〈↔願望〉
②どうして〈↔推量〉

□うらめし【恨めし】 形シク
①残念に思われる・悲しく思われる

❻…「くる」は「来る」と「葛」の縁語とされる「繰る」の掛詞である。

7

◆4 解答・解説

問1（答）時々実家に帰るときでさえ気がかりに思われた後深草院の御所の中も、今日で最後だと思うと、〔四三字〕）

採点基準（10点満点）四〇字未満は2点の減点。
❶「里居」が「実家に下がっている間」の意になっている……2点
❷「だに」を類推の意として捉え、「…でさえ」の意になっている……3点
❸「心もとなく」が「気がかりだ」の意になっている……2点
❹「御所」が「後深草院の御所」のように具体的に説明できている……1点
❺「限り」が「最後」の意になっており、接続助詞「ば」を活かして「…思うと、」のように解釈されている……2点

里居は、「**宮仕えの人が自分の家に帰っていること**」の意。よって、「里居のほど」とは「**実家にいる間**」となる。筆者の二条が後深草院の御所から実家に下がっている期間のことである。「心もとなし**【心許無し】**」は「**じれったい／気がかりだ**」の意の形容詞。退出するのが寂しくなるほど思い入れのある場所であることを読み取れるため、ここでは「**気がかりだ**」と訳す。したがって、今日を最後に永遠に御所を離れねばならない**筆者のやるせない思い**が吐露された箇所である。「思へば」は「…と思うと」と偶然の意に訳したが、「…思うので」のように原因・理由の意でもよい。

問2（答）泣いている理由を西園寺実兼に尋ねられても何も答えられず、尋ねられたことによりかえってつらさが増す心情。〔五一字〕）

採点基準（10点満点）四〇字未満は2点の減点。
❶泣く理由を実兼に告げられないという内容が明示されている……4点
❷実兼の問いかけが、かえって自分を切なくさせたという内容が明示されている……5点
❸文末が、「…心情。」となっている……1点
※❶や❷を満たさず、❸のみ満たす場合は0点。

傍線部(2)は直前の「**ちとさし出でたるに、……とかやおぼえて、**」の箇所がヒントになっている。筆者の涙を見た西園寺実兼は、「いかなることぞ（＝なぜ泣いているのか）」と尋ね、そのとき筆者は「物も言はれねば」とあるように、何も返答することができないでいる。「問ふにつらさ」の意味は問題編（注）に記載されている二首の歌（双方共『続古今和歌集』に収録）の解釈がポイントになる。**理由を尋ねられるとよりつらくなる**という趣旨の歌である。

古文では自らの気持ちを古歌で表現するケースが多い。

忘れても あるべきものを なかなかに
問ふにつらさを 思ひ出でつる

【訳】あなたが私を忘れて放っておいてくれたならよいのに、どうしているのと尋ねられたことでかえってつらい出来事を思い出してしまったよ。

吹く風も　問ふにつらさの　まさるかな
なぐさめかぬる　秋の山里

【訳】吹く風が訪れることにより辛さがまさることよ。つらい思いを慰めかねる訪れるものもいない秋の山里は。

傍線部(2)の正確な解釈＋和歌を引用した筆者の意図＋文末表現という条件を解答に明確に含ませること。

問3（答）(3)院に何かお考えがあるからこそ私が御所を退出せねばならなくなったのであろう。(4)今後どのようにして院にお目にかかることができようか、いやそうはいかないだろうと思うので、(5)後深草院のなさることにどうして嘆かわしく思い申し上げないことがあろうか、いや嘆き申し上げた。）

採点基準（各10点満点）

(3)
❶「御所ざまの御色」全体で「後深草院のお考え」のように解釈している。後深草院を院と省略してもよい……2点
❷「…から、…なのだろう。」のような原因推量の解釈にしている……4点
❸「かかる」の指示する内容が「私が退出しなければならなくなった」になっている……4点

(4)
❶「今より後」を「今後」と訳している……1点
❷反語の形で「どうして…できようか、いやそうはいかないだろう」のように記載している……2点
❸「院にお目にかかることが」のように、後深草院との再会の内容が補足されている……5点
❹「と思うので、」のような原因・理由の形になっている……2点

(5)
❶「後深草院のなさることを」のように、動作主を明示している……4点
❷「いかでか…ざらむ」を反語＋打消＋推量の形にしている……4点
❸「恨みまゐらす」を、「嘆かわしく／悲しく思い申し上げる」のように「…申し上げる。」といった謙譲の補助動詞を用いている……2点

※(4)は、❶から❸を満たさず、❹のみ満たす場合は0点。

傍線部(3)は次のように単語分けされる。

御所ざま（名）／の（格助）／御気色（名）／なれ（断定［已］）／ば（接助）《原因》／こそ（係助《強意》）／
かかる（ラ変［体］）／らめ（原推［已］）

「御所」とは、「**貴人の住居**」もしくは「**貴人**」を指し、この場合は**後深草院**のこと。「気色」は、「気持ち」などと訳す名詞。したがって、「御所ざまの御気色」で「**後深草院**のお

7

考え」などのように訳す。「かかる」は「**こう・このように**」と訳す指示副詞「かく」に、ラ行変格活用動詞「あり」の連体形「ある」が接続した「かくある」が一語化した形。「かかるらめ」で「**このようになったのであろう**」と訳す。この「このように」は二条の現状、つまり、**御所を退出しなければならなくなった現在の状況**を指し示している。「かかる」が指している部分を明らかにして訳すこと。

傍線部(4)は次のように単語分けされる。

> 今(名)／より(格助〈起点〉)／後(名)／は(係助)／いかに(副)／し(サ変[用])／て(接助)↓／か(係助〈反語〉)／と(格助)／思へ(四[已])／ば(接助〈原因〉)、

「今より後」は「**今後・これから先**」の意。「後深草院のもとを去った後」のように具体的に述べても良い。「いかにして」は「どのようにして」のように訳す副詞。この箇所は疑問形で終わらせるのではなく、「思へば」があるので、決意のニュアンスと取り、反語の意に訳し、「**院にお目にかかること**」のような内容を補足する。一方的に嫌われていながらも、最後にお姿をもう一度見たいと思ってしまう筆者の**やるせない思い**を汲み取ること。

傍線部(5)は次のように単語分けされる。

> いかで(副)／か(係助〈反語〉)／御恨めしく(シク[用])／も(係助)／思ひ(四[用])／まゐらせ(下二[未]〈補〉)／ざら(打消[未])／む(推量[体])。

意を決して面会しようと院のもとに参った筆者だったが、院はまともに話をしてくれないばかりか、「くる山人の便りには訪れむとにや。青葛こそうれしくもなけれ」と**皮肉**を言って筆者のもとを立ち去っている。「恨めしく」は憎悪の感情ではなく、「悲しく思う」のような意味で使われ、その言葉を聞いた後の筆者の悲しく思う気持ちが述べられているのである。よって、「**嘆かわしく思い申し上げる**」のように解釈し、**反語表現**などにも気をつけながら訳すこと。

作品紹介

『とはずがたり』（後深草院二条／鎌倉時代後期）

〜聞かれてもいないんだけど話そうか〜

『とはずがたり』は、「誰が尋ねるわけでもないのに語らずにはいられない（お話）」の意。後深草院二条（以降「二条」）という女性が、赤裸々な愛欲生活について溢れ出す思いをつづった自叙伝で、女流日記文学の傑作と言われています。

二条は一四歳のとき、父の言いつけで後深草院（第八九代天皇）の側室として宮仕えしますが、当時彼女には西園寺実《さね》兼《かね》という恋人がいました（実兼は、作品の中では実名ではなく「雪の曙《あけぼの》」の名で登場します）。二条はこの二人と同時に交際し、それぞれの子供を宿しています。院の子供は死に、実兼の子供はどこかへもらわれていったそうです。

この後深草院は非常にサディスティックな人物であったようです。他の女性との手引きを二条にさせたり、他の男性に二条を紹介したり。こうした院の態度に二条は抗う術もありませんでした。一夫多妻制の時代でもこれは行き過ぎ。院が二条に手引きをさせて、神に仕える女性である斎《さい》宮《ぐう》と契りを交わす場面が二〇二二年の共通テスト本試に出題されました。「皇室に関することだからきっと模範的な内容に違いない」と思って臨んだ受験生の目には意外な展開だったと思います。「いやあ、こんなやばいシーンを共通テストに出すんだ」と内心びっくりした次第であります（笑）。

二条を中傷する噂が広まったことがありました。すると院は手のひらを返すように冷たく当たるようになってしまいます。本文はこのシーン。この後、傷ついた二条は永久に御所を去り、各地を漂泊したのでした。院が亡くなっても行脚を続けます。

『とはずがたり』は彼女の晩年にまとめられたもの。人は過去を美化してしまうものだし、記憶の誤りもあるかもしれません。ですが、おばあちゃんの二条が少し眼を伏せながら微笑し、「今はこんなおばあちゃんだけど若い頃にはいろんなことがあったのよ。聞かれてもいないんだけど話そうか」などとことわって語り始めたようなイメージの日記なんですね。

今は亡き瀬戸内寂聴《せとうちじゃくちょう》さんに『中世炎上』という作品があります。二条を題材にした必見の作品ですよ。

第8回

解説
EXPLANATION

日記『紫式部日記』

語数 370語
得点 ／50点
問題頁 P.32
古文音声

❶読解のポイント

宮仕えを終え、自宅に下がっても癒されることのない筆者（紫式部）の心情を読み取ること。主語のない心情語・謙譲語の主語は基本的に私（筆者の紫式部）ととらえる。気心が知れた元同僚の大納言の君に贈った「浮き寝せし」の歌に込められた筆者の心情、大納言の君の「うちはらふ」の返歌に込められた気配り。「水の上」「つがひし鴛鴦」がそれぞれ何のたとえであるかを本文の内容と照らし合わせながら考察すること。

〈あらすじ〉　久しぶりに自宅に戻った。自宅に戻れば少しは癒されると思っていたが、物語を見ても以前ほどおもしろいとも思わないし、人は私のことをさぞ浅はかに思っているだろうと考えてしまう。出仕しているので、この自宅に訪れてくる人もなく孤独感にさいなまれてしまう。切なくなって一緒に宮仕えをしている大納言の君と和歌のやりとりをするのであった。

❷登場人物

私　筆者…紫式部。中宮彰子に仕えていた。宮仕えを終え、自宅での手持ち無沙汰さに孤独感を抱く。

A　大納言の君…筆者と共に宮仕えをしていた友人。和歌を詠み交わしている。

1

3 全文解釈

（重要語／助動詞／接続助詞／尊敬語／謙譲語／丁寧語）

見どころもなき古里の木立を見るにも、(a)ものむつかしう思ひみだれて、

見どころもないなじみの土地の木立を見るにつけても、（私は）なんとなく不快で思い乱れて、

年ごろ、つれづれにながめ明かし暮らしつつ、花鳥の色をも音をも、春秋に

長年、退屈でもの思いにふけながら**日々を過ごして**は、花の色や鳥の音をも、春や秋に

行きかふ空のけしき、月の影、霜・雪を見て、❶「その時来にけり」とばかり

移っていく空模様、月の光、霜・雪を見て、（私は）「その時節がやってきたのだなあ」とだけ

思ひ分きつつ、❶「いかにやいかに」とばかり、A行く末の心細さはやるかたなき

判断しながらも、（私は）「（これから）どのように（なることだろう）」とだけ、**将来の心細さは晴れようもない**

ものから、はかなき物語などにつけてうち語らふ人、❷同じ心なるはあはれに

が、**つまらない**物語などにつけて話をする人で、同じような心を持っている人とはしみじみと手紙を書いてや

書き交はし、少しけ遠き、たよりどもをたづねてもいひけるを、ただこれを

りとりをし、（また）少し遠慮されて近づきにくい人とは、**縁故**（の知り合い）などを求めてやりとりしたものだが、ただこ

さまざまにあへしらひ、❸(b)そぞろごとにつれづれをば慰めつつ、B世にあるべき

れ（＝つまらない物語）を様々にもてなし、**とりとめのない話**に退屈さを慰めながら、（私は）この世に生きるべき

人かずとは思はずながら、さしあたりて、「恥づかし、いみじ」と思ひ知るかた

一人前の人とは思わないが、**現に**、「恥ずかしい、**恐ろしい**」と思い知ること

単語・文法・解説

□あかしくらす【明かし暮らす】動サ四
①日々を過ごす

□ゆくすゑ《エ》【行く末】名
①遠い行き先 ②将来 ③余命

□やるかたなし【遣る方無し】形ク
①心を晴らす方法がない
②とてつもない

□★★★はかなし【果無し】形ク
①つまらない・はかない
②頼りにならない

□★★★たより【頼り・便り】名
①機会・ついで
②縁故・よりどころ ③手紙・音信

□そぞろごと【漫ろ言】副
①とりとめのない話

□ひとかず【人数】名
①人の数 ②一人前の人

□さしあたりて【差しあたりて】副
①当面 ②現に

□★★★いみじ【忌みじ】形シク
①非常に ②恐ろしい ③すばらしい

❶…紫式部の心中表現。

❷…「気心の合う人」という意。

❸…「あへしらふ」は「あしらふ」の古形。「もてなす」の意。

8

ばかり のがれ たりし を、さも 残る こと なく 思ひ 知る (I)身 の 憂さ かな。

だけは逃れてきたが、(宮仕えの後は)全く(身を)余すところなく思い知る(私の)身の**思慮の浅さ**であることよ。

(私が)試しに物語を取り出して見るけれど、

こころみ に 物語 を 取り て 見れ ど、見 し やう に も おぼえ ず あさましく、

(以前)見たように(面白いと)も思われず驚きあきれるほどで、

(ア)あはれなり し 人 の 語らひ し あたり も、❶「われ を いかに おもなく 心浅き もの

(かつて)しみじみと心惹かれた人で親しく話し合った人なども、「私(のこと)をどれほど**恥知らず**で**思慮が浅い**人

と 思ひおとす らむ」と おしはかる に、それ さへ いと 恥づかしく て、え おとづれ

と**見下している**だろう」と推測されると、そのことまでたいそう恥ずかしくて、**手紙を出す**こと

やら ず。(イ)心にくから む と 思ひ たる 人 は、「おほぞうに て は 文 や 散らす らむ」

ができない。(日頃から)**奥ゆかしく**しようと思っている人は、「大ざっぱでは手紙をあちこち広めているだろうか」

など、うたがは る べかめれ ば、「いかで かは、わが 心 の うち、ある さま を も、

など、自然と疑われるに違いないので、(私は)「どうして、私の心の中や有り様をも、深く推し量ってくれるだろうか、

深う おしはから む」と、ことわり に て、いと (ウ)あいなけれ ば、中 絶ゆ と なけれ

いやそうはしてくれないだろう」と、(思うのも)**道理**であって、とても**つまらない**ので、仲が絶えるということではない

ど、おのづから かき絶ゆる も あり。また、住み 定まら ず なり に たり と も 思ひや

けれど、**自然**と連絡がなくなってしまう人もいる。また、いつも実家にいるわけでもなくなったとも推測し

つつ おとなひ 来る 人 も、難う など し つつ、すべて、はかなき 事 に ふれ て も、

ながら、**訪問して**来る人も、めったにいないなどしていて、すべて、とるにたりないことにつけても、

□うさ【憂さ】名
①思慮が浅い ②情が薄い

□★おもなし【面無し】形ク
①恥知らずだ ②面目ない

□こころあさし【心浅し】形シク
①思慮が浅い ②情が薄い

□おもひおとす【思ひ落とす】動サ四
①心の中で見下す

□おとづる【訪る】動ラ下二
①訪問する ②手紙を出す ③声や音をたてる

□★★★こころにくし【心憎し】形ク
①奥ゆかしい・心ひかれる

□★★★ことわり【理】名
①道理 ②理由

□★★★あいなし【愛無し・合無し】形ク
①つまらない ②道理に合わない

□★★★おのづから【自ら】副
①たまたま ②ひょっとして・もしも〈↓仮定〉③自然に

□★★おとなふ【音なふ・訪ふ】動ハ四
①音を出す ②訪問する

3

あらぬ世に来たる心地ぞ、ここにてしもうちまさり、物あはれなりける。

別世界に来ている気持ちは、ここ（＝実家）で強くなり、（私は）しみじみと切なくなるのであった。

ただ、(d)❹えさらずうち語らひ、少しも心とめて思ふ、こまやかに物を言ひかよふ、さしあたりておのづからむつび語らふ人ばかりを、少しもなつかしく思ふぞ、ものはかなきや。

ただ、やむを得ず語らい、少しでも興味を持ってくれる人や、親しく物を語らい合う人や、現に自然と仲良く話をするような人だけを、少しでも**親しみやすく**思うのは、なんとなく頼りないことだよ。

4

A 大納言の君の、夜々は御前にいと近う臥したまひつつ、物語したまひしけはひの恋しきも、なほ世に従ひぬる心か。

（共に宮仕えをしていた）大納言の君が、毎夜毎夜中宮の前のとても近くにお眠りになりながら、何か話しをなさった様子が恋しいのも、**やはり**世間に順応した（私の）心によるものなのか。

(1) 浮き寝せし水の上のみ恋しくて❺鴨の上毛にさえぞおとらぬ

（水の上で水鳥たちが）浮いたまま寝たようにあなたと共に宮中でつらい日々を送った日々が懐かしくて、自宅で独りで寝ている我が身にしみる冷たさは鴨の上毛におりる霜の冷たさにも劣らないほどであるよ。返歌

かへし

うちはらふ友なきころの寝覚めにはつがひし❺鴛鴦ぞ夜半に恋しき

上毛に降りた霜を打ち払う友がいない頃の寝覚めは鴛鴦のように共にいたあなたのことが夜半になると恋しくなることです。

8

☐★★★ **なつかし**【懐かし】形シク
①親しみやすい ②心がひかれる

☐★★★ **なほ**【猶・尚】副
①やはり ②まるで〈→ごとし〉

❹…打消語と呼応する副詞「え」と、避けるの意の「さる【避る】」、打消の「ず」で「避けることができない」「やむを得ず」と訳す。連語として考える。

❺…二首の歌における「鴨」「鴛鴦」は筆者（紫式部）と大納言の君を喩えている。このような比喩表現を見立てと呼ぶ。

❹ 解答・解説

問1（答 **(a)なんとなく不快で／なんとなく憂鬱で　(b)とりとめのない話／くだらない話　(c)つまらないので　(d)やむを得ず**）

(a)…「ものむつかしう」の「もの」は、形容詞の頭に付いて「何となく…」などの意を持たせる接頭語。我が身の上のつらさを感じ、気分が晴れない状況を表している。したがって、**なんとなく不快で**くらいに訳す。**憂鬱**といった表現を用いても可。

(b)…「そぞろごと／すずろごと【漫ろ言】」は「**とりとめのない話／くだらない話**」の意の名詞。現在筆者の日常的に行う会話について、あまり価値のないものであると表現しているのである。

(c)…「あいなけれ」の「けれ」は形容詞の已然形活用語尾であり、過去の助動詞ではないことに注意する。そのため、過去形で訳していたら1点の減点。「あいなし」は「**つまらない**／**道理に合わない**」の二つの意味がある。筆者が宮仕えに出たことで、これまで繋がりを持っていた人たちとの関係が冷え切ってしまうかもしれない状況に対して不快感を示している箇所であるため、つまらないのでと訳す。

(d)…「え」は打消語と呼応し、「…できない」と訳す副詞。「さら」は「避る」の未然形で、直訳すると全体で「避けることができず」となり、これでも正解となるが「どうしても避けられない」という意味が転じて「**やむを得ず**」という言い回しで訳されることもあるので、覚えておく。

問2（答 **筆者の、自分の将来が何かと不安で、この世に生きている人として一人前とは言えないのがつらいという心情。**〔五〇字〕）

採点基準（8点満点）

❶「筆者の…（という）心情。」のように、設問に応じた解答形式で解答している……2点
❷将来に対する漠然とした不安を抱えながらの意が含まれている……2点
❸半人前であると自覚しているという内容……2点
❹「つらい／いたたまれない」などの心情が明記されている……2点
※❷から❹を満たさず、❶のみ満たす場合は0点。

傍線部A・Bに共通することをまとめ、筆者の心情について記述する問題。Aの「心細さ」、Bの「思は」ともども**心情**を表す言葉であるから、主体は筆者であると考えること。「どのような心情が記されているか」という問いかけで

あるから、「…（という）心情」のような形にして答える。

傍線部Aは以下のように単語分けされる。

行く末〔名〕／**の**〔格助〕／**心細さ**〔名〕／**は**〔係助〕／**やるかたなき**〔ク(体)〕／**ものから**〔接助《逆接》〕、

「行く末」とは「**将来・未来**」などと訳す名詞。「過去」を意味する「来し方」という名詞と共に覚えておきたい。「やるかたなき」とは「**心を晴らす方法がない**／**とてつもない**」の意の「やるかたなし【遣る方無し】」であるが、ここは筆者自らの将来についての不安を語った箇所であるため、**心を晴らす方法がない**と訳す。

傍線部Bは以下のように単語分けされる。

世〔名〕／**に**〔格助〕／**ある**〔ラ変(体)〕／**べき**〔可能(体)〕／**人かず**〔名〕／**と**〔格助〕／**は**〔係助〕／**思は**〔四(未)〕／**ず**〔打消(用)〕／**ながら**〔接助《逆接》〕、

「世にあり」は「**生きている**／**栄えている**」などと訳す表現。「人かず」とは「一人前」の意の名詞。この箇所には、俗世を生きる人間として半人前であることを情けなく思う**筆者の心情**が吐露されている。

傍線部A・Bに見られる「**不安・半人前・つらさ**」などの言葉（キーワード）をもれなく使用し、「筆者の…（という）心情」のような問いかけに応じた形にして答える。

問3（答）**出仕する以前は、とりとめのない物語などをお互いに話したり、手紙などで言い交したりして気を紛らわしていたが、出仕した後はそのような人間関係もなくなり、自分の未熟さを思い知っていたたまれなくなったから。**（九九字）

採点基準（9点満点）

❶「出仕する前は…／出仕後は…」など宮仕えの前後の比較がある……2点
❷出仕前の筆者に関する描写が具体的に書かれている……3点
❸出仕後の描写として、無力さを思い知り、つらさを感じたとある……3点
❹文末が「…から。」になっている……1点
※八〇字未満の場合は2点減点。❶から❸を満たさず、❹のみ満たす場合は0点。

前半部「はかなき物語……のがれたりしを」までは宮仕えする前の実家での筆者の様子の描写で、後半部「さも残ることなく思ひ知る」は宮仕え後の筆者の様子の描写である。宮仕えする前は実家にいて、物語などについて同じ考えを持つような人とやりとりをして気晴らしをすることで自

分が半人前であると痛感せずに済んでいた。だが、宮仕え後は自分の能力の無さを思い知ることとなってしまったと嘆いている。これらを**比較**させ、「心憂さ」の訳である「つらさ」を含め文末を「…から。」の形にして説明すること。

問4 〔答〕 **(ア)かつてしみじみと心惹かれた人で親しく話し合った人なども、私のことをどれほど恥知らずで思慮が浅い人と見下しているだろう。**〔五九字〕 **(イ)日頃から奥ゆかしくありたいと思っている人は、私のような大ざっぱでは手紙をあちこち広めているだろうなどと疑われるに違いないので、**〔六三字〕

採点基準（各8点満点） ※四〇字未満は2点減点。

(ア)
❶「あはれなりし人の語らひしあたり」が「(以前)親しかった人」のような解釈になっており、「の」が同格用法と捉えられている……2点
❷「いかに…らむ。」を「どれほど…いるだろう。」と訳している……1点
❸「おもなく」を「厚かましく／恥じ知らずで」と訳している……2点
❹「心浅き」を「軽薄な／思慮が浅い」と訳している……1点
❺「思ひおとす」を「見下している／蔑んでいる」と訳している……2点

(イ)
❶「心にくから」を「奥ゆかしく」と訳してあり、「む」を意志の解釈にしている……3点
❷「おほぞう」を問題編の(注)のように「大ざっぱな」と訳しており、「文」を「手紙」に、「散らす」を「広めている」と訳している……3点
❸「疑われるに違いないので」のように、「べし」を当然、「已然形＋ば」を原因・理由の解釈にしている……2点

傍線部(ア)は以下のように単語分けされる。

あはれなり（ナリ[用]）／し（過去[体]）／人（名）／の（格助《同格》）／語らひ（四[用]）／し（過去[体]）／あたり（名）／も（係助）、／われ（名）／を（格助）／いかに（副）／おもなく（ク[用]）／心浅き（ク[体]）／もの（名）／と（格助）／思ひおとす（四[終]）／らむ（現推[体]）

「あはれなりし人の語らひしあたり」とは①段落に登場した「**はかなき物語などにつけてうち語らふ人**」のことである。「の」が同格用法であることを踏まえて、「**親しく交際したような人々**」くらいに解釈しておく。

昔と今を比較している文章なので、「**以前・かつて**」のような語を付け足しているとなおよい。「われ」とは筆者自身のこと。「おもなく」は、前後で軽蔑の表現が用いられているため、「**恥知らずで・厚かましく**」とのように訳す。細部にわたって正確に訳し、少しでも減点されないように心がけること。

傍線部(イ)は以下のように単語分けされる。

心にくから〔ク[未]〕／む〔意志[終]〕／と〔格助〕／思ひ〔四[用]〕／たる〔存続[体]〕／人〔名〕／は〔係助〕、／
おほぞうに〔ナリ[用]〕／て↓／は〔係助〕／文〔名〕／や〔係助《疑問》〕／散らす〔四[終]〕／らむ〔現推[体]〕／
など〔副助〕、／うたがは〔四[未]〕／る〔自発[終]〕／べかめれ〔当然[已]〕／ば〔接助《原因》〕、／

「心にくからむ」の「む」は、下に「と思ふ」の形が続き、「…しよう」と訳すことから意志の意である。「おほぞうに」は、問題編の（注）にあるように「**いい加減**」と訳す。前文に「**手紙をやる**」と訳す「おとづれ」があることから、「文」は「**手紙**」と訳す。「散らす」は「**言い広める**」と訳すサ行四段活用動詞「ちらす【**散らす**】」の終止形。そして、「已然形＋ば」を原因・理由の解釈、「べかめれ」を下に続く語が助詞であることから当然の意と判断して「**疑っているはずなので**」と訳す。「生半可な気持ちであちこちに手紙を書いている私のことをさぞや人は蔑んでいることだろう」と筆者が半ば**自虐的**に語っている箇所である。

問5 (答) **水の上で水鳥たちが浮いたまま寝ているようにあなたと共に宮中でつらい日々を送ったときのことが懐かしくて、自宅で独り寝をしている我が身にしみる冷たさは鴨の上毛におりる霜の冷たさにも劣らないほどであるよ。**〔九九字〕

採点基準（9点満点）　※八〇字未満は2点減点。
❶ 水鳥（鴨）の様子を自らの宮仕えの様子にたとえている……………4点
❷ 大納言の君と離れ離れになって、自宅で独り寝をする寂しさと水鳥の過酷な環境を比較して解釈している……………5点

傍線部(1)の歌は以下のように単語分けされる。

浮き寝〔名〕／せ〔サ変[用]〕／し〔過去[体]〕／水〔名〕／の〔格助〕／上〔名〕／のみ〔副助〕／恋しく〔シク[用]〕／
て↓／鴨〔名〕／の〔格助〕／上毛〔名〕／に〔格助〕／さえ〔副助《添加》〕／ぞ〔係助〕／
おとら〔四[未]〕／ぬ〔打消[体]〕

この歌が筆者から以前の友人である**大納言の君に贈られた歌**であるということを考慮しつつ、問題編の（注）をヒントにして解答を導く必要がある。

「浮き寝せし水の上」は、冷たい水の上に浮かびながら眠っている鴨の様子、「鴨の上毛」は**冷たい霜が上毛におりている鴨の様子**を描いている。筆者は大納言の君に対して、「寒い水の上に浮かんでいる鴨が身体の上に降りた霜も払い合うように、助け合いながら宮仕えをしたことが懐かし

く思い出される。今は冷たい霜を払ってくれるあなたのような人がいないのが鴨にも劣らないくらいつらいことよ」と自身の気持ちを歌にこめて伝えているのである。そして、大納言の君も自らの気持ちを「うちはらふ」の歌にこめて返歌した。

つらさに耐えながら宮仕えをする状況と、上毛に霜が降りながら冷たい水の上に浮かぶ水鳥のイメージを重ね合わせた歌であるため、両者を**対比**することに留意しながら解釈すること。

作品紹介

『紫式部日記』

〜紫式部雑感〜

（紫式部／平安時代中期）

内容は彼女が一条天皇の中宮彰子に宮仕えした一〇〇八年〜一〇一〇年までの約一年半の間に体験したことをつづっています。式部が彰子に宮仕えをしたのは、夫・藤原宣《のぶ》孝《たか》を亡くした後のことでした。中宮の出産やそれを喜ぶ父・藤原道長の様子が非常にリアルに描かれています。

これらの宮仕えの描写に加えて、清少納言や和泉式部に対する批評なども見られます。清少納言を痛烈に非難したのは、夫のことを「派手好きで少し軽薄な人」と『枕草子』に書いたことに原因があると言われています。

自らについては、幼少の期に傍で漢文を聞いていた式部が兄の惟規《のぶのり》よりも先に漢文を覚えてしまい、学者であった父が「もしも男として生まれていたらどんなによかったろうか」などと嘆息したという記載があります。

紫式部は『源氏物語』に空蝉《うつせみ》という自らを投影させた人物を登場させています。空蝉は年の離れた夫に先立たれ悲嘆にくれる女性ですが、紫式部自身も亡き夫の宣孝と親子ほど年が離れています。言いたいことを自由に言えなかった当時の差別的な社会だからこそ、式部は自身のことを作中人物に語らせるという手法を用いたと考えられます。「紫式部は頭が良すぎるから幸福になれないのだ」などと周りの人が噂するのを聞くと、わざと愚か者のふりをします。学問が出来ないのも悲しいけれど、できすぎるのも切ないものなのですね。才女の名を欲しいままにした彼女ですが、始終、孤独感や劣等感に苛《さいな》まれ、出家を望んでいたようです。この日記に以下のような歌を残しています。

年暮れて　我が世ふけゆく　風の音に
心のうちの　すさまじきかな

【訳】年が暮れると我が身も老いていく、夜更けの風の音を聞くにつけても私の心中は荒涼としている。

彼女の境地に思いをはせるとき、『源氏物語』の各所が今まで以上に身近にせまってくることがあります。この人があってこその物語なんだなというように。

8

第9回 解説 EXPLANATION

随筆『枕草子』

❶読解のポイント

筆者（清少納言）・中宮定子・兄の伊周・筆者以外の女房などが主な登場人物。それぞれの立場、使用されている敬語に注意しながら読解すること。地の文の敬語、会話文の中の敬語それぞれに気を配る必要がある。詳細は以下の段を参照。

〈あらすじ〉　中宮様が詠んだ和歌の下の句（七七）に合う上の句（五七五）を続ける遊びをしていたときのこと、たわいもない話のついでに、「歌人の父である元輔の名をけがさないためにも人前で歌を詠むことなどいたしません」と言うと、「お前の気の済むようにせよ」と認めてくださった。庚申待ちの日、寝ないで歌を詠み合っているときも私は歌の席から離れて座っている。内大臣様が不審に感じて「歌を詠め」と言うが、私は「中宮様に許可をもらっておりますので」と言ってとりあわない。私的に中宮様が私に歌をお詠みになったときにだけ、返歌をする私であった。

❷登場人物

私　筆者…『枕草子』の筆者である清少納言。

A　宮（の御前）…筆者がお仕えしている中宮定子（一条天皇后）。筆者と個人的に歌のやりとりをしている。

B　宰相の君…Aに仕える筆者の同僚。

C　内の大臣…Aの兄の伊周。Aに仕えている女房達に題を与え、歌を詠むように命ずる。

※地の文において、中宮や兄の伊周には尊敬語を用い、筆者には使用されていない。筆者から中宮や伊周への会話文には敬語が使用され、中宮や伊周から清少納言への会話文には敬語が使用されていないこと、伊周から中宮の会話文にも敬語が使用されていることに注意する。

語数
503語
得点
/50点
問題頁
P.36
古文音声

1

3 全文解釈

（重要語／助動詞／接続助詞／尊敬語／謙譲語／丁寧語）

二日ばかりありて、その日のことなど言ひ出づるに、宰相の君〔B〕、「❶いかにぞ、手づから折りたりと言ひし下蕨は」とのたまふ〔A〕を聞か(a)せ給ひて、「思ひ出づることのさまよ」と笑はせ給ひて、紙の散りたるに、

二日ほど経って、その日の（郭公の声を聞きに行って下蕨を摘んだ）ことなどを言い出すと、宰相の君が、「どうですか、自らの手で折ったと言った下蕨（の味）は」とおっしゃるのを（Aが）お聞きになって、「思い出したこと（のおかしさったら）よ」とお笑いになって、散らかっている紙に、

❷下蕨こそ恋しかりけれ

下蕨の味が恋しかったことよ

と書かせ給ひて、「本言へ」と仰せらるるも、いとをかし。

と（下の句に）お書きになって、（私に）「（これに）上の句をつけなさい」とおっしゃるのも、たいそう趣がある。

郭公たづねて聞きし声よりも

郭公（の声）を求めて聞いた（その）声よりも

と書きて参らせ(b)たれば、「いみじううけばりけり。かうだにいかで郭公のことをかけつらむ」とて笑は(c)せ給ふもはづかしながら、「何か。この歌よみ

と（私が）書いて差し上げたところ、（Aは）「たいそう出しゃばって言ったものだなあ。どうして郭公（と下蕨）のことを比べてしまったのだろうか」と言ってお笑いになるのも気が引けるが、（私が）「何か。（私は人前で）歌を詠む

単語・文法・解説

□てづから【手づから】名　①自らの手で　②自分自身で

□もと【元・本】名　①元来　②歌の上の句

□★★★をかし【招かし】形シク　①趣がある　②かわいい　③妙だ

□うけばる【受け張る】動ラ四　①出しゃばる

❶…同僚である宰相の君には「のたまふ」、中宮には「聞かせ給ひて」のような尊敬語を使用していることに注意する。

また、「のたまふ」が普通の尊敬語であるのに対し、「せ給ふ」は尊敬の助動詞「す」の連用形「せ」に尊敬の補助動詞「給ふ」が続いた二重尊敬の用法になっている。

清少納言は二人の人物を確実に差別化している。

❷…蕨とは、早春から食用として収穫される、シダ植物の一種。下蕨は、草の下に生えた蕨のことを指す。

9

侍らじとなむ思ひ侍るを。物の折りなど人のよみ侍らむにも『よめ』など

まいと思っておりますのに。何かの折などに他の人が詠むようなときにも（Aが私に）『（歌を）詠め』など

仰せられば、(1)え候ふまじき心ちなむし侍る。(2)いといかがは、文字の数知ら

とおっしゃるならば、（Aに）お仕えすることができそうもない気持ちになります。（歌を詠まない）とは言ってもどうして、和

ず、春は冬の歌、秋は梅花の歌などをよむやうは侍らむ。なれど、歌よむと

歌の文字数を知らないとか、春に冬の歌を、秋に梅の花の歌などを詠むようなことがありましょうか。けれども、歌を詠む

言はれし末々は、少し人よりまさりて、『その折りの歌は、これこそあり

（のが上手だ）と言われた者の子孫は、少し人よりもすぐれていて、『（あの人が詠んだ）その折の歌は、このようであったよ。

けれ。さは言へど、それが子なれば』など言はればこそ、かひある心地もし

そのように（うまい）とは言うけれども、あの（素晴らしい歌人の）子供なので（当たり前だ）』などと言われるのならば、か

侍らめ。つゆ取りわきたる方もなくて、さすがに歌がましう、『我は』と思へる

いがあるように思われます。**少しも際立って**いることもなくて、といってもやはり**すぐれた歌らしく**、「私こそは」と思って

さまに、最初によみ出で侍らむ、(3)亡き人のためにもいとほしう侍る」と

いる様子で、我先にと歌を詠み出すようなことは、亡き父のためにも**気の毒です**」と

まめやかにB啓すれば、笑はせ給ひて、「さらば、ただ心にまかす。我らAはよめ

❸**誠実**に申し上げると、（Aは）お笑いになって、「それならば、ただ（あなたの）気持ちに任せることにする。私（から）

とも言はじ」とのたまはすれば、「いと心やすくなり侍りぬ。(4)今は歌のこと

は歌を詠めとは言うまい」とおっしゃるので、（私は）「非常に**気楽**になりました。これから先は歌のことは

□すえずえ【末々】名
①将来 ②子孫

□★★★つゆ 副
①全く〈↔打消〉

□とりわく【取りわく】動カ四
①他より特別な人 ②際立っている人

□うたがまし【歌がまし】形シク
①すぐれた歌らしい

□★★いとほ《オ》し 形シク
①気の毒だ ②愛しい

□まめやかなり【忠実やかなり・実やかなり】形動ナリ
①誠実だ
②実用的だ・本格的だ

□★★こころやすし【心安し】形ク
①安心だ・気楽だ ②親しい

❸…「奏す」「啓す」のような天皇・中宮・皇后に対して使用する謙譲語を「絶対敬語」と呼ぶ。一方、絶対敬語の後に尊敬語がくると、絶対敬語の目的語（…に／…を）が最高敬語（二重尊敬）の主語になっていることが多い。

2

思ひかけじ」など言ひてあるころ、庚申せさせ給ふとて、内の大臣殿いみじう

気にもかけるつもりはない」などと言っているころ、庚申待ちをなさるということで、内大臣様がたいそう

心まうけせさせ給へり。

気配りをさせなさっていらっしゃった。

夜うち更くる程に、題出だして女房も歌よませ給ふ。皆けしきばみ、ゆるがし

夜が更ける頃に、（Cが）題を出して女房に歌を詠ませなさる。（苦心している様子が）**顔色に表れて**、歌をひねり出

出だすも、宮の御前近く候ひて、物啓しなど、異事をのみ言ふを、大臣御覧じ

そうとするが、（私は）中宮様の近くにお仕えして、（Aに）何か申し上げるなど、**他のこと**ばかり話しているのを、内大臣が御覧

て、❹「など歌はよまで、むげに離れ居たる。題取れ」とて給ふを、

になって、「どうして歌も詠まないで、**ひどく**離れて座っているのか。題を受けよ」と言って（紙を）お与えになるが、

(5)「❺さること承りて、歌よみ侍るまじうなりて侍れば、思ひかけ侍らず」と申す。

「そのようなことをうかがっていて、歌を詠む必要がなくなっておりますので、気にもかけていません」と申し上げる。

「異様なること。まことにさることやは侍る。などかさは許させ(d)給ふ。いと

（Cは）「おかしなことだ。本当にそんなことがあるのか。どうして（Aは）お許しになったのでしょうか。

あるまじきことなり。よし、異時は知らず、今宵はよめ」などせめさせ給へど、

絶対にあってはならないことだ。まあよい、他のときなら知らないが、今宵（だけ）は詠みなさい」などと**催促**なさるが、

け清う聞きも入れで候ふに、皆人々詠み出だして、よしあしなど定めらるる

（私は）きっぱりと聞き入れもせずにお仕えしていると、皆人が詠みだして、是非などをお定めになる

□こころまう《モ》け【心設け】名
①気配り・配慮 ②準備

□★★けしきばむ【気色ばむ】動マ四
①兆しが見える
②顔色に表れる

□ことごと【異事】名
①他のこと

□★★★むげに【無下に】副
①むやみに・ひどく
②全く〈↔打消〉

□ことざま【異様】名
①変わった様子 ②別の方面

□せむ【責む】動マ下二
①催促する ②求める
③責め立てる

❹…などは疑問の意の副詞であるため、間に係助詞がなくても文末は連体形になる。

❺…「そのようなこと」とは、歌を詠まなくていいということである。

程に、いささかなる御文を書きて、投げ給はせたり。見れば、

ときに、（Aが）ちょっとした手紙を書いて、投げてくださった。（私が）（その手紙を）見ると、

元輔が後と言はるる君しもや今宵の歌にはづれては居る

（歌人として有名な）清原元輔の子と言われるあなたが今宵の歌詠みの席から外れて座っているのですね

とあるを見るに、をかしきことぞたぐひなきや。いみじう笑へば、「何事ぞ、

とあるのを（私が）見ると、風情を感じることといったら**この上もないこと**であるよ。ひどく笑うと、「何事か、

何事ぞ」と大臣も問ひ給ふ。

何事か」と内大臣もお尋ねになる。

「その人の後と言はれぬ身なりせば今宵の歌をまづぞよままし

（私はAに）「元輔の子供と言われない身の上であったのなら今宵の歌を真っ先に詠んだだろうに

(6) つつむこと候はずは、千の歌なりとこれよりなむ出でまうで来まし」と

遠慮することがありませんなら、たとえ幾千の歌であっても私の口から出て参ることでしょう」と

啓しつ。

（Aに）申し上げた。

□たぐひ《ィ》なし【類無し】形ク
①この上ない

□つつむ【慎む】動マ四
①遠慮する ②気がねする

❹ 解答・解説

問1（答 A㋒ 宰相の君　B㋐ 作者　C㋑ 宮）

A…会話文「いかにぞ……下蕨は」の直前にある「**宰相の君**」が主体と捉えること。

B…「啓すれ」は中宮に対して用いる謙譲語（＝絶対敬語）。随筆の地の文における謙譲語の主体は**作者**（＝**清少納言**）が基本。

C…「元輔が」は女房たちがそれぞれ歌を詠む中で、一人だけ歌を詠まずにいる清少納言に対して、**中宮**が書いて投げて寄こされた手紙（御文）の中の和歌である。

問2（答 (b)）

二重傍線部(a)・(c)・(d)の「せ」はすべて直後に「給ふ・給ひ」が続いており、使役の対象が見られないことから、尊敬の助動詞「す」の連用形「せ」と判断する。

二重傍線部(b)は「**差し上げる・献上する**」と訳すサ行下二段活用動詞「参らす」[※1]の連用形活用語尾で、一語の謙譲語と捉えること。よって、正解は(b)。

問3（答 (1)中宮様のもとにお仕えすることができそうにもない気持ち。(4)これから先は歌のことを気にかけるつもりはありません。）

採点基準（各6点満点）

(1) ❶「候ふ」の対象である「中宮」の補足がある……2点
❷「候ふ」の正しい解釈がある……2点
❸不可能の意の助動詞「まじ」の訳が、陳述の副詞「え」と呼応して「…できそうもない」になっている。「…できない」は1点……2点

(4) ❶「今は」の意訳が「これから先は／今後は」になっている……2点
❷「思ひかけ」の解釈を「気にかける／気にする」のように、歌を詠まねばならないと苦しむというニュアンスになっている……2点
❸打消意志の意の助動詞「じ」の訳が、「…するつもりはない（ありません）」になっている……2点

傍線部(1)は以下のように単語分けされる。

え〔副〕／候ふ〔四［終］〕／まじき〔不可能［体］〕／心ち〔名〕

「え候ふまじき」は、前文の「何か……仰られば」に対して、そのときの**清少納言の心持ち**を表した箇所。「人前で歌を得意げに詠みたくないと思っている清少納言に対して、もし中宮が詠めと言った場合」という意味である。

「え」は打消語と呼応し、不可能の意になる副詞。不可能の助動詞「まじ」の連体形「まじき」と呼応しているので、

※1…「参らす」には「…申し上げる・お…する」などと訳す謙譲の補助動詞の用法、謙譲語「参る」の未然形「参ら」に使役の助動詞「す」が付いて「参上させる・…して差し上げる」などと訳すケースもある。

「**…できそうもない**」と訳す。「候ふ」は「お仕えする」と訳す謙譲語。「**中宮様に**」という対象を補足する。「心ち」は「気持ち」と訳す名詞「ここち【心地】」。

傍線部(4)は以下のように単語分けされる。

> 今《副》／は《係助》／歌《名》／の《格助》／こと《名》／思ひ《四[用]》／かけ《下二[未]》／じ《打意[終]》

「今」は「もう」と訳す副詞、「は」は強意の係助詞。中宮からこれからは人前で歌を詠まなくてもよいというお墨付きをもらったという前文の内容から考えて、「今は」全体で「**これから(先)は**／**今後は**」くらいに訳すこと。「歌のこと」はそのまま訳してもよいし、「**歌については**」のように訳してもよい。

清少納言は前半の「何か。……思ひ侍るを。」にも見られるように、人前で歌を詠まないようにしたいと思っており、人から歌を詠めと言われることが嫌だった。「思ひかけじ」の「思いかけ」は歌を詠まねばならないと気にかけることの意になり、「じ」は清少納言自身が主語であるから、「…つもりはない」と訳す打消意志の助動詞「じ」の終止形となる。**中宮に対する返答**ということを加味して、「思いかけじ」全体で「気にかけるつもりはありません」と訳すこと。

問4（答 **清少納言は、歌の文字数や季語に対して知らないほど無知ではないということ。**）

採点基準（6点満点）

❶「清少納言は…」と、誰について述べた箇所かを明示する……1点
❷「歌の文字数や季語に対して」のように、五七五七七や季語など和歌の基本についての内容であることに触れている……2点
❸「無知ではない」のように、「和歌のことが苦手なわけではない／何も理解していないわけではない」といった内容になっている……2点
❹文末が「…ということ。」になっている……1点
※❶から❸を満たさず、❹のみ満たす場合は0点。

清少納言が自らの考えを中宮に告げた箇所であるため、「清少納言が」という主体を補足すること。「文字の数知らず」は、前に和歌の話をしていることから、**五七五七七**や**季語**について触れている。清少納言は、歌を詠まない理由に対して和歌のルールを知らないからではないと否定していることが反語表現からみられる。これを簡潔にまとめて解答する。

問5（答 **今は亡き「梨壺の五人」の一人として数えられるような有名な歌人の父元輔や曾祖父の深養父という人。**）

採点基準（6点満点）

❶「今は亡き「梨壺の五人」の一人として数えられるような有名な歌人である」のように、問題文にある（注）がまとめられている……2点
❷「父元輔や曾祖父の深養父」と具体的な人物名が使われている……3点
❸文末が「…という人。」になっている……1点
※❶や❷を満たさず、❸のみ満たす場合は0点。

前文の「歌よむと言はれし末々」が歌人の家系である**清少納言**自身のことを指していることに気付くこと。清少納言は、36頁9行目から37頁1行目の「歌よむと言はれし……いとほしう侍る」に見られるように、歌詠みの子孫はそうでない人よりも歌を上手に詠めなければならないとしている。また、上手でないくせに人前で歌をひけらかしたとしたら、それは亡き人（先祖）に対して失礼だと言い及んでいる。亡き人とは、問題編の（注）にもある「元輔」の説明にあるように、**清少納言の父と曾祖父の深養父**のことであると判断することができる。この箇所を引用し、文末を「…という人。」という形にして説明すること。

問6（答）**中宮から人前で歌を詠むかどうかは清少納言本人の気持ちにまかせると許可されているということ。）**

採点基準（6点満点）

❶「人前で歌を詠むかどうか」のように、どこで歌を詠むかを書いている。歌を詠むかどうかのみは不得点……2点
❷清少納言の意志を尊重するという内容になっている……2点
❸中宮から許可をもらっていると書かれている……1点
❹文末が「…ということ。」になっている……1点
※❶から❸を満たさず、❹のみ満たす場合は0点。

「さること承りて……思ひかけ侍らず」は歌を詠めと催促された後の内の大臣に対する清少納言の返答である。「承り」の主体は清少納言本人であり、「さること」とは「さらば、ただ心にまかす。我らはよめとも言はじ」という中宮の言葉を指している。よって筆者は内の大臣に「中宮から**無理に人前で歌を詠めと言うつもりはない**という言葉を承っているから歌を詠むつもりはないのです」と告げたと考えることができる。解答欄の大きさから考えて五〇〜六〇字程度で文末を「…ということ。」のようにして答えること。

問7（答）**(Ⅰ)人前で下手な歌を詠んでも気にならないような歌人の家系ではない身の上であること。(Ⅱ)たとえ幾千の**

歌であっても、きっと私の口から出て参る事でしょう。）

採点基準（各6点満点）

(Ⅰ) ❶「人前で下手な歌を詠んでも気にならない」のように、どんなことを遠慮しないのか書かれている……2点

❷「歌人の家系ではない身の上」と、どんな立場かが書かれている……3点

❸ 文末が「…であること。」になっている……1点

(Ⅱ) ❶「たとえ幾千の歌であっても」と、仮定の解釈になっている……2点

❷「私の口から…」のように「これ」が、清少納言であることが明示されている……2点

❸「なむ」が「きっと…だろう。」という解釈になっている……2点

※(Ⅰ)は、❶や❷を満たさず、❸のみ満たす場合は0点。

傍線部(6)は以下のように単語分けされる。

つつむ［四[体]］／こと［名］／候は［四[未]〈補〉］／ず［打消[用]］

(Ⅰ)「つつむ」とは「**遠慮する**」と訳す「つつむ【慎む】」の連体形である。「つつむこと」とは、**人前で歌を詠むことを遠慮することである**と考えられるのである。「どのようなことを言ったものか」という問いかけになっているので、文末を「…ということ。」のようにして答えること。

千［名］／の［格助］／歌［名］／なり［断定[終]］／と［格助〈引用〉］／これ［名］／より［格助〈起点〉］／なむ［係助］／出で［下二[用]］／まうで［下二[未]］／来［カ変[未]］／まし［反仮[体]］

(Ⅱ)「千の歌なりとこれよりなむ出でまうで来まし」の「これ」が清少納言自身を指していることに注意すれば、以下のように解釈することができる。

傍線部(6)の直前の「その人の…」は、中宮定子の「元輔が後と言はるる君しもや今宵の歌にはづれては居る」の歌に対する返歌であり、(6)はその返歌に添えられた清少納言の言葉である。よって、(6)の内容を考察するには「元輔が後と言はるる君しもや今宵の歌にはづれては居る」の歌の意味を理解する必要がある。「元輔が後」は有名な歌人である清原元輔を父に持つ**清少納言**のこと。この歌は「有名な歌人を父に持つあなたが今夜の歌会に参加せず離れているよ」くらいの意味。

そしてその歌に対して「その人の後と言はれぬ身なりせば今宵の歌をまづぞよままし」のように返歌しているのである。この歌に「…せば、…まし」という**反実仮想**が用いられていることに注意する。彼女は「有名な父を持っていると言われなければ、今夜の歌会で真っ先に歌を詠みますものを」と詠んだのである。ここに見られる「…ずは、…まし」も同じく反実仮想である。

作品紹介

『枕草子』（清少納言／平安時代中期）

～清少納言雑感～

彼女は幼い頃から和歌と漢学の教育を受けるような家庭で育ちました。父の清原元輔は村上天皇によって特別に選ばれた識者「梨壺の五人」の一人であり、勅撰集には百首以上が入集されている当代を代表する歌人でした。曽祖父の清原深養父《ふかやぶ》も『古今和歌集』以下の勅撰和歌集に四〇首以上を入集し、中古三十六歌仙に選ばれるような歌人なのでした。これらを父や曽祖父にもつ清少納言ですから、さぞ歌が上手だっただろうと思うかもしれませんが、彼らほどではなかったようです。百人一首に撰集されている次の歌はボーイフレンドであった藤原行成との私的なやりとりの中で詠まれた歌とされています。

夜をこめて 鳥の空音は はかるとも
よに逢坂の 関はゆるさじ

【訳】まだ夜が明けないうちに、鶏の声を真似てだまそうとしても、逢坂《おうさか》の関の番人は（二人が逢うことなど）決して許さないだろう。

孟嘗君《もうしょうくん》が部下に命じて鶏の声を真似させて函谷関《かんこくかん》という関所を開けさせることによって無事逃げることができたという『史記』の故事を引用しています。清少納言は行成に「函谷関は開くことができても、私とあなたの間にある『逢坂の関』は決して開くことはないですからね」のように伝えたのです。

漢文の素養のある清少納言ならではの歌ですね。叙情的な「あはれ」よりも教養的感性「をかし」を感じさせる歌です。

父や曽祖父のことを非常に敬愛していた清少納言は、人前で歌を詠むことを避けていました。得意がってこれ見よがしに歌を詠み、歌詠みの家系の名を汚すことを恐れていたのです。かといって、こんなふうに私的に遊戯として歌を詠むようなことは頻繁にあったみたいですけどね。

9

歌学『俊頼髄脳』

❶ 読解のポイント

「岩橋の」の歌の中の「葛城山の神」が、恥ずかしがって姿を見せない女性に対して使用されるたとえであることを理解する。地の文では、修行者（＝役の行者）には尊敬語がなく、神（＝一言主）及び護法には使用されていること、修行者の会話文には敬語が使用され、神の会話文には使用されていないことに注意する。修行者の会話文の中の尊敬語の主体は神もしくは護法であり、謙譲語の主体は修行者自身になっている。

〈あらすじ〉「岩橋の」の歌の解釈を考察する。この歌は、役の行者が一言主に命じて葛城山と吉野山の間に橋を架けようとしたが、一言主が恥ずかしがって日中に姿を見せないで、夜の間だけ姿を現したために頓挫したという昔話が元となっている。夜しか働かない一言主を役の行者が怒って縛り上げたので、当地には葛がまとわりついた大きな岩があるという。

❷ 登場人物

A 役の行者…修験道の創始者と伝えられる人物。Cを使役し、様々な超自然現象を起こしたという。

B 一言主…葛城山（に住む女）神。とてつもない力を有するが、顔が醜いため人に会う事を拒んでいた。

C 護法…護法鬼神。Aの使役する仏法を守護する鬼神。

語数	得点	問題頁
274語	／50点	P.41

古文音声

3 全文解釈

（重要語／助動詞／接続助詞／尊敬語／謙譲語／丁寧語）

岩橋の夜の契りも絶えぬべし明くるわびしき葛城の神

岩橋の（橋を渡す）夜の約束も絶えてしまうだろう。（私は）夜が明けると醜い姿を見せてしまう葛城山の神（のようだから）。

この歌は、葛城の山、吉野山とのはざまの、はるかなる程をめぐれば、(ア)事のわづらひのあれば、役の行者といへる修行者の、「この山の峰よりかの吉野山の峰に橋を渡したらば、事のわづらひなく人は通ひな❶む」と思ひて、その所に❷おはする一言主と申す神に祈り申しけるやうは、「神の神通は、仏に劣ることなし。(イ)凡夫のえせぬ事をするを、神力とせり。願はくは、この葛城の山のいただきより、かの吉野山のいただきまで、岩をもちて橋を渡し給へ。この願ひをかたじけなくも受け給はば、(ウ)たふるにしたがひ

この歌は、葛城山と、吉野山との谷間の、はるかな道のりを回り歩くと、物事の面倒があるので、役の行者といった修行者が、「この葛城山の山頂からあの吉野山の峰に橋を渡したならば、物事の面倒もなくきっと人は行き来できるだろう」と思って、その場所にいらっしゃる一言主と申し上げる神に（Aが）お祈り申し上げたことには、「神の神通力は、仏の力に劣ることはない。**普通の人間**ができないことをするのを、神通力としている。どうか、この葛城山の頂上から、あの吉野山の頂上まで、岩を用いて橋をお渡しになってください。（Bが）この願いを**恐れ多く**もお受けになるのならば、**能力**に応じ

単語・文法・解説

□わづらひ《イ》【煩ひ】名 ①苦労・心配・面倒 ②病気

□みね【峰】名 ①山頂

□ぼんぷ【凡夫】名 ①悟りに達せない人 ②普通の人

★★□かたじけなし【勝たじ気なし】形ク ①恐れ多い・もったいない ②恥ずかしい

★★□たふ《ウ》【堪ふ・耐ふ】動ハ下二 ①我慢する ②能力がある

❶…強意＋推量の助動詞で「きっと…だろう」と訳す。

❷…地の文の敬語に注意する。一言主の動作には尊敬語「おはす」を用いること。役の行者の動作には尊敬語を用いず、謙譲語「申す」を用いる。

て 法施をたてまつらむ」と申しければ、空に声ありて、「我この事を受け

て(Aは)法文やお経を唱え申し上げよう」と申し上げたところ、大空に声があって、(Bが)「私はこの事を引き受け

つ。❸あひかまへて渡すべし。ただし、(エ)我がかたち醜くして、見る人おぢ恐りを

た。必ず(橋を)渡そう。ただし、私の容貌は醜くて、(私の顔を)見る人は怖がり恐れてし

なす。夜な夜な渡さむ」とのたまへり。「願はくは、すみやかに渡し給へ」とて、

まう。夜ごとに(橋を)渡すことにしよう」とおっしゃった。(Aは)「どうか、早く渡してください」と言って、

心経をよみて祈り申ししに、(オ)その夜のうちに少し渡して、昼渡さず。

般若心経を読んで祈り申し上げたが、(Bは)その夜のうちに少し(橋を)渡して、昼は渡さない。

役の行者それを見ておほきに怒りて、「しからば護法、この神を縛り給へ」と

役の行者はそれを見てひどく怒って、「それならば護法(鬼神)、この(一言主の)神をお縛りください」

申す。護法たちまちに、葛をもちて神を縛りつ。その神はおほきなる巌に

と申し上げる。護法はすぐに、葛を用いて(一言主の)神を縛ってしまった。(護法鬼神に拘束された)その(一言主の)

て見え給へば、葛のまつはれて、掛け袋などに物を入れたるやうに、

神は大きな岩石として見えなさるので、葛がからみついて、(まるで首から)掛ける袋などに物を入れたように、

(カ)ひまもなくまつはれて、今におはすなり。

隙間もなく(葛が)からみついて、今にいらっしゃるという。

□ほふ《ウ》せ【法施】名 ①人に法を説き聞かせること ②仏に向けて経を読み法文を唱えること

□★★★かたち【容貌】名 ①容貌 ②様子・状態

□おほ《オ》きなり【大きなり】形動ナリ ①大きい ②ひどく

□たちまち(に)【忽ち(に)】副 ①すぐに ②突然に ③実際に

□★★★ひま【隙】名 ①隙間 ②絶え間 ③不仲

❸…「(あひ)かまへて」は命令や意志を伴って「必ず／きっと」と訳す副詞。禁止表現を伴って「決して」と訳す場合もある。「あひ」は接頭語である。

❹ 解答・解説

問1 (答) (ア)何かと苦労があるので、(イ)普通の人間ができないことをするのを、神通力としている。(ウ)その成果に応じて（別解）橋を渡すことができたなら）

採点基準（各6点満点）

(ア) ❶「事の」が連体修飾用法になるように「物事の」と訳している……2点
❷「わづらひ」を「苦労／心配／面倒」と訳している……2点
❸接続助詞「ば」を原因理由の意で訳している……2点

(イ) ❶「凡夫」を「普通の人間／並の人間」と訳している……2点
❷「できないことをするのを」のように、不可能＋「の」を補足して解釈している……2点
❸存続の助動詞「り」を活かして「神通力としている／「神の力」と考えられている」と訳している……2点

(ウ) ❶「その成果／その結果」と訳している。「橋を渡せたこと」などのように具体的に訳してもよい……3点
❷「したがひ」を「…に応じて／…にまかせて」と訳している……3点

傍線部(ア)は以下のように単語分けされる。

事(名)／の(格助)／わづらひ(名)／の(格助)／あれ(ラ変[已])／ば♻〈原因〉

「事の」の「事」は名詞。「の」は「～の」と訳す格助詞「の」の連体修飾用法であるため、下に続く名詞を修飾するように「物事の」と訳す。「わづらひ」は「**苦労・心配・面倒**」などと訳す名詞。「あれば」は接続助詞「ば」が已然形に接続しているので「…あるので」と訳す。葛城山から吉野山までは道のりが遠いので、非常に不便であると言っているのである。

傍線部(イ)は以下のように単語分けされる。

凡夫(名)／の(格助《主格》)／え(副)／せ(サ変[未])／ぬ(打消[体])／事(名)／を(格助)／する(サ変[体])／を、(格助)／
神力(名)／と(格助)／せ(サ変[未])／り(存続[終])

「凡夫」は「**普通の人**／**悟りに達せない人**」などと訳す名詞。神通力という超人が成せる能力についての場面であるため、ここは「**普通の人間**」と訳しておく。「の」は「～が」と訳す格助詞「の」の主格用法。副詞「え」は打消の助動詞「ず」の連体形「ぬ」と呼応しているので、「…できない」と不可能の意にすること。「凡夫のえせぬ事」とは、後文の「この葛城の山のいただき……橋を渡し給へ」に見られるように、**石橋を二つの山の間に架けるということ**を指している。

サ行変格活用動詞の「す」の連体形「する」の後に「の」を補足すること。「神力」は「**神の力**」の意の名詞、「**神通力**」と訳した。「り」は完了・存続の助動詞「り」の終止形であり、太古からずっと人間のできない仕業は神の手によるものと

されていると判断し、存続の意とする。

傍線部(ウ)は以下のように単語分けされる。

たふる（下二〔体〕）／に（格助）／したがひ（四〔用〕）／て⬇

「たふる」は「**我慢する／能力がある**」と訳すハ行下二段活用動詞「たふ【堪ふ／耐ふ】」の連体形で、前文からの、役の行者が一言主に対して、葛城山と吉野山の間に石橋を渡すようにお願いするという内容に続いているので、「(橋を渡すことが)できたなら」のように訳す。

「したがひ」は「**服従する／後からついて行く／応じる**」と訳すハ行四段活用動詞「したがふ【従ふ】」の連用形。「て」は「…して」と訳す単純接続の接続助詞。前文との繫がりから「…に応じて」「…にまかせて」などと仮定に訳すこと。

問2（答）**一言主は容姿が醜いので、見る人が恐怖心を抱くということ。**）

採点基準（8点満点）

❶「一言主は容姿が醜いので」のように、一言主が自らの容貌の醜さを恥じているという内容がある……4点

❷「おぢ恐り」を、「見る人が恐怖心を抱く」のように解釈している……3点

❸文末を「…ということ。」にしている……1点

※❶や❷を満たさず、❸のみ満たす場合は0点。

傍線部(エ)は以下のように単語分けされる。

我（代名）／が（格助）／かたち（名）／醜く（ク〔用〕）／して（接助〈単接〉）、／見る（上一〔体〕）／人（名）／おぢ恐り（名）／を（格助）／なす（四〔終〕）。

「我この事を……夜な夜な渡さむ」の箇所は、前文に「空に声ありて」とあるように、傍線部(エ)の「我」は一言主を指すことが分かる。したがって、ここでは一言主のことについて話している場面であるとわかる。

「かたち」は「**容姿・容貌**」の意の名詞。「おぢ」は「恐れる」の意のダ行上二段活用動詞「怖づ」の連用形「怖ぢ」が名詞化したもので、同じく「恐り」もラ行四段活用動詞「恐る」の連用形「恐り」が名詞化したもの。「して」は、単純接続の接続助詞であるが、前後のつながりから原因理由の文と読み取ってほしい。**醜い顔を人に見られれば恐怖心を与**

えてしまうと、一言主が役の行者に向けて告げている箇所。問いかけが「どういうことか」となっているので、解答例のように文末を「…ということ。」のようにして答えること。

問3 (答) 昼間だと自分の醜い姿を見られてしまうが、夜の間だと見られずに済むから。)

採点基準 (8点満点)
❶「昼間だと自分の醜い姿を見られてしまう」のような内容になっている……3点
❷「夜の間だと見られずに済む」のような内容になっている……4点
❸文末が「…から。／…ため。」になっている……1点
※❶や❷を満たさず、❸のみ満たす場合は0点。

橋を架けることを承諾した後、「夜な夜な渡さむ」と、一言主は夜間だけ作業をすることを条件としている。一言主は容貌が醜い神であることから、顔を見られることを恐れ、姿が隠れる夜だけしか働きたくないと考えたからだと推察する。「**なぜそのようにしたのか**」という問いかけなので、文末を「…から。／…ため。」のようにして答えること。

問4 (答) 一言主の神が護法鬼神のせいで隙間もなく葛に縛られた岩となったという状況。)

採点基準 (8点満点)
❶「一言主の神が（役の行者に命ぜられた）護法鬼神のせいで」のように、主体と客体が明示されている……3点
❷「隙間もなく葛に縛られた岩となった」のように、葛で縛られた岩と化したという内容がある……4点
❸文末が「…という状況。」になっている……1点
※❶や❷を満たさず、❸のみ満たす場合は0点。

「その夜のうちに……と申す。」より、一言主の仕事ぶりは夜の少しの間だけだったので、作業は遅々として進まなかった。その状況に業を煮やした役の行者は護法を召喚し、一言主を葛で縛れと命令する。その結果、一言主の神は、41頁9～10行目の「護法たちまちに……見え給へば」とあるように、葛でがんじがらめにされた岩石となってしまったのである。したがって傍線部(カ)は、護法童子という鬼神によって縛られた**一言主の姿**を現した箇所なのである。問いかけに「主語を補って」とあるから「一言主が（役の行者に命ぜられた）護法鬼神のせいで」という主体と客体を補足し、設問の問いかけに応じて、文末を「…という状況。」のようにして答えること。

10

問5（㊟ 自分の見苦しい容姿を見せたくないので、夜が明ける前に帰ってほしいということ。）

採点基準（8点満点）

❶「自分の見苦しい容姿を見せたくないので」のように、男性に容姿を見られたくないという内容がある……3点

❷「夜が明ける前に帰ってほしい」という内容がある……4点

❸ 文末が「…ということ。」になっている……1点

※❶や❷を満たさず、❸のみ満たす場合は0点。

この一言主（＝葛城の神）という言葉はよく用いられる比喩表現である。「葛城の神」は、自分の顔が醜いことから夜だけ活動するため、**日中や明るいことを拒むたとえ**などで用いられていた。

通い婚の際、**夜が明ける前に女のもとを去るというのは交際の決まりである**。つまり、日が出てくる前に帰ってほしいと伝えるために、夜明けが近づいてきたときに、女性から男性にむかって「私はいわば容姿の醜い葛城の神、だからお願い。夜が明ける前に帰ってほしいのよ」と詠んでいる。問いかけが「わかりやすく説明せよ」となっているので、「…ということ。」のような文末表現にすること。

作品紹介

『俊頼髄脳』

～ねえ、もう少しだけ～

（源俊頼／平安時代後期）

「葛城（山）の神」とはよく古文、特に和歌などに用いられる比喩表現です。本文の和歌の結句も「葛城の神」となっていますね。この神様について少し考察してみましょう。

葛城山とは大阪府と奈良県との境にある山で、この山の神様が「葛城の神」なのですね。別名「一言主神《ひとことぬしのかみ》」とも呼ばれます。容貌が醜いので顔を隠して、なかなか姿を現さない神様なんです。『古事記』に石長比売《いわながひめ》という容貌の醜い女神が登場しますが、その化身と言われることもあります。とてつもない力を持った神様で、他の神々からも一目置かれていたのでした。ちなみに、奈良の御所市には葛城の神が祀られている葛城《かつらぎ》坐《にいます》一言主《ひとことぬし》神社《じんじゃ》という名の社があります。

奈良時代の終わりごろ、役《えん》の行者という呪術者がいました。鬼神（式神）を使役し、家事を手伝わせていたと伝えられています。山岳仏教である修験道の祖とされる実在の人物でもあります。この人が民のために葛城山と吉野金峰山の間に岩橋を架けようと考えました。人力ではとてもこの業はなしえないということで、葛城の神を呪文により従わせようとしたのです。けれども葛城の神が昼間に姿を見られることを極端に嫌がったため、遅々として業は進まず、結局は頓挫してしまったというのが今回のお話。

恥ずかしがって夜だけ出仕し、隠れてばかりいる清少納言を中宮が葛城の神にたとえる場面が有名です。『枕草子』に収録されている「宮にはじめてまゐりたるころ」にも、「葛城の神」を用いた箇所があります。

暁には、とくおりなむいそがるる。「葛城の神もしばし」など仰せらるるを、

【訳】まだ夜が明けていない暁になると、早く自分の局に下がってしまおうなどと急いでいる。（中宮様が）「葛城の神様も、もう少しいなさいな」などとおっしゃるが、

このように「葛城の神」は、恥ずかしがって姿を隠そうとする女性に対して男性が「ねえ、もう少しだけ」などと誘う場合に使用されることが多いのです。

歌学『奥義抄』

❶ 読解のポイント

『橋姫物語』の伝説を引いた歌を紹介した後、筆者（藤原清輔）が説明を加えている。「をとこ」「もとの妻」「今の妻」の、それぞれの立場を理解・整理しながら読解をする。筆者が「さむしろに」及び「千はやぶる」の歌の内容をどのようにとらえているかを本文を読解しながら明らかにしていくこと。

〈あらすじ〉　昔二人の妻を持つ男が龍王に奪われて、元の妻が男を探して再会した。歌を歌いながらやってきて夜が明けると去っていく。今の妻が「元の妻のことを思って詠むのだろう」と男にすがりつくと男も家も消えてしまった。「さむしろに」や「千はやぶる」の歌以外にも橋姫の物語は様々な歌に引用されている。長年連れ添った妻の話や、橋を守る神様の話など様々である。

❷ 登場人物

A **をとこ**…BとCの二人を妻に持つ男性。Bのために七色の海布を探しにいくが、龍王にとらわれ、帰ってこなくなる。

B **もとの妻**…Aのもとからの妻、Aを探しに行き、逢えたが、夜が明けたらAがいなくなったので、泣く泣く帰ってくる。

C **今の妻**…BからAに逢ったことを聞き、逢いに行ったが、Bに嫉妬したために、Aに逃げられてしまう。

D **橋姫**…橋を守る神様。古文では男性を待つ女性のたとえとされる。

語数
354語
得点
50点
問題頁
P.44
古文音声

3 全文解釈

（重要語／助動詞／接続助詞／尊敬語／謙譲語／丁寧語）

❶さむしろに❷衣かたしきこよひもやわれをまつらむ宇治の橋姫

狭い敷物（の上）に（自らの）着物の片袖だけを敷いて独り寝をし、今夜も私を待つのだろうか宇治の橋姫は

此の歌、橋姫の物語と云ふものにあり。昔、妻ふたり持たりけるをとこ、

この歌は、橋姫の物語というものにある。（その話とは）昔、妻を二人持っていた男が、

もとの妻のさはりして七いろの海布をねがひける、求めに海辺にゆきて

元の妻が月経で七色の海藻を食べたいと願った（とき）、（海藻を）探し求めに（Aは）海辺に行って

龍王にとられて失せにけるを、もとの妻尋ねありきけるほどに、浜辺なる

龍王に捕えられていなくなってしまったので、元の妻があちこちで探し求めたときに、浜辺にある

庵にやどりたりける夜、おのづから此のをとこにあひにけり。此の歌を

粗末な仮小屋に泊まっていた夜、たまたまこの（夫である）男に出逢った。（Aは）この歌を

うたひて海辺より来たれりけるなり。さてことのありやういひて、明くれば

歌って海辺からやってきたということだ。（Aは）そうして事の実態を（Bに）話して、夜が明けると

失せぬ。この妻、泣く泣くかへりにけり。今の妻この事をききて、はじめの

またいなくなった。この元の妻は、泣きながら帰った。今の妻は（Bから）この事を聞いて、最初（もとの妻がした

ごとくゆきて此の男を待つに、又この歌をうたひて来ければ、われを

とき）のように（浜辺に）行ってこの男を待っていると再び（Aが）この歌を歌ってやって来たので、（Cは）「私を

単語・文法・解説

- さは《ワ》り【障り】名　①邪魔・差し支え　②月経
- ★★うす【失す】動サ下二　①死ぬ・いなくなる　②無くなる
- ★★ありく【歩く】動カ四　①歩きまわる　②ずっと…する・あちこちで…する
- いほ《オ》【庵・廬】名　①粗末な仮小屋　②草庵
- ★★★おのづから【自ら】副　①たまたま　②ひょっとして・もしも〈↓仮定〉

❶…「さ」は狭い、「むしろ」は藁《わら》や竹などで作られる敷物のこと。したがって、「狭い敷物」と訳す。

❷…着物の片袖だけを敷いて独り寝をするという意。

II

ば思ひすててもとの妻を恋ふるにこそ」とねたく思ひて、をとこに
見捨てて元の妻を恋しく思っているのだろう」と**憎らしく**思って、男に

とりかかりたりければ、をとこも家も雪などの消ゆるごとくに失せにけり。
すがりついたところ、男も家も雪などが消えるようにいなくなってしまった。

世のふる物がたりなれば、くはしくかかず。❸集云、
世間の（誰でも知っているような）昔話なので詳しくは（ここに）書かない。『古今和歌集』いわく、

❹千はやぶる宇治の橋姫なれをしもあはれとおもふとしのへぬれば
宇治の橋姫よ、**お前**のことをしみじみと愛しく思う。（逢ってから）年月が過ぎたので。

これも此の事を思ひてよめるにこそ。かのをとこ、もとの妻にしのびたるものなれば、としごろなれける人などを橋姫によそへてよめるとぞみゆる。千はやぶるとはかのをとこ女むかしの世のことなれば、かみにてはべりけるにこそは。又よろづの物にはその物をまもるかみあり。いはゆるたましひ也。されば橋をまもる神を橋姫とはいふとも心得られ
この歌もこの（橋姫物語の）事を思って詠んだのであろう。その男は、元の妻を**恋い慕っ**ていたものなので、長年親しんだ人などを橋姫に**たとえて**詠んだのだと思われる。「千はやぶる」とあるのはこの男と女（のお話）が昔の時代のことなので、（二人とも）神であったのでしょう。またすべての物にはその物を守る神（守護神）が存在する。いわゆる（ずっと朽ちることのない）霊魂である。だから橋を守る神を橋姫というのだと理解することができ

□おもひす《ィ》つ【思ひ捨つ】動タ下二
①見捨てる

□**ねたし**【妬し】形ク
①憎らしい ②ねたましいほどすばらしい

□なれ【汝】名
①お前

□**しのぶ**【偲ぶ】動バ四／バ上二
①恋い慕う ②賞美する

□**よそふ《ぅ》**【比ふ・寄そふ】動ハ下二
①たとえる ②比較する

❸…ここでの「集」とは、後文に『古今和歌集』に収められている歌が引用されていることから、『古今和歌集』を指していることとなる。

❹…「千はやぶる」は、「神」を導く枕詞であり、本文中では「宇治（の橋姫）」を導いている。

たり。神はふるきものなれば としへたる人によそへたるにや。宇治の**橋姫**

た。　神は古いものなので年をとった人にたとえたのであろうか。　宇治の橋姫

とさしたるぞ心得ぬ。神をひめ、守りなどいふことつねのことなり。

と特定したのは理解できない。　神（のこと）を「…姫」「…守」などというのはよくあることである。

❺さほひめ、立田姫、山ひめ、しま守り、みな神なり。

佐保姫、　立田姫、　山姫、　島守、　すべて神である。

❺…「さほひめ【佐保姫】」とは春をつかさどる神、「たつたひめ【立田姫】」は秋をつかさどる神、「やまひめ【山姫】」とは山を守る神、「しまもり【島守】」は島を守る神のこと。

※次の10個の枕詞は頻出であるため覚えておくこと。

重要な枕詞

①ひさかたの→光・天・月
②くさまくら→旅・露
③ぬばたまの→黒・夜
④たらちねの→母・親
⑤からころも→着る・裁つ
⑥あづさゆみ→張る・引く・射る
⑦うつせみの→世・命・人
⑧しろたへの→衣・袖・袂《たもと》
⑨あをによし→奈良
⑩ちはやぶる→神・「うぢ」

II

❹ 解答・解説

問1（答 (イ)たまたま　(ロ)長年）

「おのづから【自ら】」は「**自然と／自分から／たまたま・ひょっとして**」などと訳す副詞。元の妻が行方不明の夫を探していたところ、**偶然**夫に出くわしたという流れになっているので、「たまたま」と訳すこと。「偶然に」でも可とする。

「としごろ【年頃】」は「**長年／数年の間**」の意の名詞。夫と妻は長い間連れ添ってきた夫婦であったということ。第一回の**問1**の解説も参照すると良い。（☞13頁）

問2（答 **元の妻とは親しく過ごし、今の妻とはそうせずすぐに逃亡したことから、愛する元の妻を指すと考えられる。**（四九字））

採点基準（10点満点）

❶元の妻と今の妻の描写を対比して解答している……………5点
❷宇治の橋姫は元の妻のことだと書いている……………3点
❸「…から…と考えられる」のように、問いかけに応じた解答をしている……………2点
※四〇字未満は2点減点。❶や❷を満たさず、❸のみ満たす場合は0点。

「今の妻この事を……待つに」から、今の妻は元の妻のように、いなくなった夫のことを探し回ったわけでもなく、元の妻から夫に会ったという話を聞いて男に逢いに行っている。元の妻に逢った夫は「明くれば失せぬ」とあることからもわかるように、夜明けまでともに過ごし、名残惜しんで別れたと考えられる。ところが今の妻に対しては「をとこも家も雪などの消ゆるごとくに失せにけり」とあるように、言い寄る今の妻を後に忽然と姿を消しているのである。この**対比**から、自分を待っている愛しい妻に当たるのは**元の妻**であることがわかる。

また、二番目の歌の直後に「これも此の事を思ひてよめるにこそ」とあることから、一番目の歌と二番目の歌にある「宇治の橋姫」は、双方とも**同じ対象**を指していると考えられる。二番目の歌の「としのへぬれば」は「（逢ってから）年月が過ぎたので」の意味であるから、二つの歌の「宇治の橋姫」は、両方とも長年連れ添った元の妻を指すと判断すること。二番目の歌の後に「としごろなれける人などを橋姫によそへてよめるとぞみゆる」と書いてあることにも注意する。

問3〔答〕**(1)第一の歌で男が元の妻をたとえたのと同じように、長年連れ添った妻を宇治の橋姫にたとえた。(2)年をとった人と神は同じ古いものであることから、年老いた妻を橋の守り神である宇治の橋姫にたとえた。**

採点基準（各9点満点）
(1) ❶第一の歌で、宇治の橋姫を元の妻にたとえたという内容がある……5点
❷「長年連れ添った妻を宇治の橋姫に、」という比較内容がある……3点
❸文末が問いかけに応じた答え方で「…たとえた。」になっている……1点
(2) ❶年をとった人と神は古くからの存在であるという理由説明がある……5点
❷年老いた妻を宇治の橋姫にたとえたという内容がある……3点
❸文末が問いかけに応じた答え方で「…にたとえた。」のようになっている……1点
※❶や❷を満たさず、❸のみ満たす場合は0点。

二番目の歌の前と後ろには、その歌の説明が記されている。前は物語の内容の説明、後ろは歌の説明である。

まず、第二の和歌の後の「としごろなれける人などを橋姫によそへてよめるともみゆる」における、「としごろなれける人」は、「としごろ」が「長年」という意であることから長年親しんだ人（＝元の妻）を指すとわかる。「よそへ」が「**たとえる／比較する**」と訳す「よそふ【比ふ・寄そふ】」の連用形であるから、物語の中で男が元の妻を橋姫になぞらえたのと同じく、二番目の歌でも妻のことを宇治の橋姫にたとえていることがうかがえる。

次に、「神はふるきものなればとしへたる人によそへたるにや」とあることに注意する。「神」と「としへたる人」は同じ「**ふるきもの**」であることから、長年連れ添い年老いた妻をずっと昔から存在する神にたとえたと著者は考えたのである。「**千はやぶる**」が「**神**」を導く枕詞であることも参考にしてもらいたい。

問4〔答〕**「姫」や「守」を神にたとえることはよくあることだが、数ある神の中でなぜ「宇治の橋姫」を選んだのかが理解できないから。**〔五八字〕

採点基準（10点満点）
❶姫や守を神にたとえることは常識なので理解できるという内容がある……4点
❷宇治の橋姫に限定しているのが理解できないという内容がある……5点
❸文末が「…から。」になっている……1点
※❶や❷を満たさず、❸のみ満たす場合は0点。

二重傍線部は以下のように単語分けされる。

宇治（名）／の（格助）／橋姫（名）／と（格助《引用》）／さし（四[用]）／たる（完了[体]）／ぞ（係助）／心得（下二[用]）／ぬ（打消[体]）。

二重傍線部の後に「神をひめ、守りなどいふことつねのことなり。さほひめ、立田姫、山ひめ、しま守り、みな神なり」とある。このことから、「姫」や「守」は神と同義の**比喩表現**であり、長年連れ添って守ってきた元の妻のことを「**姫**」とたとえたことについて納得している場面であることが分かる。しかし二重傍線部に見られるように、数多くの神々の中でなぜ宇治の橋姫が選ばれたかについては不明であると考えているのである。

日本神道や日本仏教は、八百万《やおよろず》の神々や三世諸仏《さんぜしょぶつ》などの語に見られるように多くの神仏が存在する。そのため、その中で唯一、宇治の橋姫が選ばれた理由がわからないとしているのである。理由説明の設問であるから、文末を「…から／…ため。」のようにして答えること。

作品紹介

『奥義抄』（藤原清輔／平安時代後期）

～橋のたもとで待つ女～

『奥義抄』は平安後期の歌人・藤原清輔の歌学書です。それまでの歌学を集大成した書物として重要視されてきました。今回は『古今和歌集』にある「さむしろに」の歌について考察していましたね。この歌に見られる「宇治の橋姫」はよく歌に詠まれる重要な表現ですので、ここで説明しておくことにします。

「橋姫」というのは洪水から宇治橋を守る神様であったようです。『源氏物語』の四五帖に「橋姫」という巻があり、宇治橋の近くに住む大君、中君という女性が登場します。光源氏の子供（実は柏木の子）の薫が、寂しそうに暮らしている大君のもとを訪れて歌をおくるシーンがあります。

橋姫の 心をくみて 高瀬さす
棹のしづくに 袖ぞぬれぬる

【訳】宇治の橋姫のようなあなたの寂しい心に触れて、浅瀬をさす棹につくしずくが袖を濡らすように、私も涙で袖を濡らしていることよ。

「宇治」は「つらい・憂鬱だ」と訳す「憂し」と掛けられますので、「宇治の橋姫」というのは男性を待ちわびている女性のことを指す言葉でもあるのですね。

一方で、そんな優しい伝説とは真逆の伝説も残っています。嫉妬にとらわれて鬼になった女が、恨んでいた女や交際相手の男を呪い殺したという鬼女伝説です。学問の神様である菅原道真公が祟りを及ぼす雷神でもあったように、日本の神様は守り神と祟り神の両面をもつのが面白いですね。そういえば、かなり昔に「君の名は」というラジオドラマがありました（アニメ映画とは別です）。当時大人気だったと亡き祖母に聞いたことがあります。昔、銀座あたりにあったという数寄屋橋が舞台で、戦争で離れ離れになった男性をひたすら待つ真知子（「待ち」との掛詞…？）という名の女性が登場します。橋のたもとでひっそりと男性を待ち続ける女性というのは、今も昔も非常に魅力的なシチュエーションであるようですね。

第12回

解説
EXPLANATION

随筆『玉勝間』

語数
301語
得点
50点
問題頁
P.47
古文音声

❶ 読解のポイント

冒頭「…ひとしからざるは」の「ざる（＝打消の助動詞『ず』の連体形）」の後に「こと」などの体言を補足しながら、読解する。他の箇所も同様。学説の中に矛盾が生じることは悪いことではないと言い切る筆者（＝本居宣長）の真意を紐解きながら読み進めること。「年をへて学問すすみゆけば、説は必ずかはらでかなはず」「とにかくにえらびは見む人の心になむ」の箇所の内容理解が読解ポイント。

〈あらすじ〉　同じ人の学説があちこちと食い違って矛盾するのは、その人物の研究の過程において出てくる当然のことなのである。だんだん学問が進歩していくと最初に考えたことより後に考えたことの方がよいということは常に起こることなのである。一生の中でもそれは同じ。よってその人の若い頃の説よりも晩年の説の方がすぐれていると考えるべきだが、時には最初の方が良い場合もある。どちらがすぐれているか、それは判断する人の考え方次第である。

▼以下の❶→❷→❸→❹→❺のような論理の進行に注意しながら読解していく。

❶同じ人物の学説に矛盾があることは絶対悪であるとは言えない。

❷それは学説が進歩している証拠。

❸学説は最初にとなえた説よりも最後にとなえた説の方が優れているケースが多い。

❹最後より最初の方が良い場合もあることに注意する。

❺どちらが良いかはそれを読む人の考えによる。

❷ 全文解釈

（■重要語／■助動詞／■接続助詞／■尊敬語／■謙譲語／■丁寧語）

(1)「**同じ**人の説の、ここと**かしこ**と**ゆきちがひて**ひとしからざるは、いづれ

「同じ人物の学説が、こちらとあちらとすれ違って同じでないのは、どちらに

に**よる**べきぞ」とまどはしく**て**、**大かた**その人の説、すべて**うき**たるここち

基づく方がよいか」と紛らわしくて、**おおよそ**（において）その人物の学説が、すべて**あてにならない**気持ち

のせらるる、そは一わたりはさる事なれ**ども**、(2)なほさしもあらず。はじめ

❶がしてしまわれること（は）、それは一応はもっともなことであるけれども、やはりそうとも言えない。はじめ

より終はりまで説のかはれる事なきは、**なかなかに**をかしからぬかたも

から終わりまで学説が変わっていることがないのは、**かえって**良くない点も

あるぞかし。はじめに定めおきつる事の、ほどへ**て**後にまた異なるよき

あることだよ。はじめに（こうだと）決定しておいたことが、時間が経って後にまた別のよい

考への出で来るは、つねにある事なれ**ば**、はじめとかはれる事あるこそ

考えが出てくることは、よくあることなので、（むしろ）はじめ（の説）と（後の説が）変わっていることのあ

よけれ。年をへ**て**学問すすみゆけ**ば**、説は必ずかはら**で**かなはず。また

る方がよい。年を経て学問が進歩していくと、学説は必ず変わらないではいられない。また

おのがはじめの誤りを後にしり**ながら**は、つつみかくさ**で**きよく改めたる

自分の（学説の）最初の誤りを後に気付きながら、包み隠さないで潔く改めた

単語・文法・解説

□よる【因る】動ラ四
①基づく・原因となる　②根拠とする

★★★
□おほ《オ》かた【大方】副
①全く（↔打消）　②普通・おおよそ

□うく【浮く】動カ四
①浮かぶ　②落ち着かない　③あてにならない

□なかなかに【中々に】副
①かえって・むしろ　②なまじっか

❶…日記や随筆の地の文で助動詞「る・らる」が使用された場合、自発の意味になることが多い。その場合の主体は筆者自身であることが多い。

12

も、いとよき事なり。殊にわが古学の道は近きほどよりひらけそめつる事

のも、たいそう立派なことである。特に私の（携わっている）国学という学問の道は最近から起こり始めた事

なれば、すみやかにことごとくは考へつくすべきにあらず。人をへ年をへ

なので、すぐにすべてを考え尽くすことができるものではない。（多くの）人（の手）を経て

てこそ、つぎつぎに明らかにはなりゆくべきわざなれば、一人の説の中に

年を経てこそ、次々に明らかになってゆくはずのことなので、一人の学説の中に

もさきなると後なると異なる事は、もとよりあらではえあらぬわざなり。

も前（の説）と後（の説）が違っている事は、元からなくてはならないことである。

そは一人の生のかぎりのほどにも、つぎつぎに明らかになりゆくなり。

それは一人の（人間の）一生の間にも、次々に明らかになっていくのである。

さればそのさきのと後のとの中には、後の方をぞその人のさだまれる

だからその前（の説）と後（の説）との中では、後の方をその人の定まった

説とはすべかりける。但しまた、みづからこそはじめのをばわろしと思ひ

学説とする方がよい。ただしまた、自分で最初の学説を良くないと思っ

て改めつれ、また後に人の見るには、なほはじめのかたよろしくて後のは

て改めたが、また後に他の人が見るには、やはり最初の方がよくて後の（学説）がかえってよくないと

なかなかにわろきもなきにあらざれば、(3)とにかくにえらびは見む人の心になむ。

いうこともないことはないので、とにかく（どちらが良いかと）選択するのは（それを）見る人の考え方次第である。

□★そむ【初む】動マ下二
①…し始める ②初めて…する

□ことごとく【尽く・悉く】副
①すべて

□★★★わざ【業】名
①法要・仏事 ②加持祈禱
③〜こと

□★★わろし【悪し】形ク
①良くない ②下手だ

❷…係助詞「こそ」は文末を已然形にする強意用法であるが、その已然形に「、」が付き、終止せず続いていくと逆接の用法になる。

❸ 解答・解説

問1 (答) **「同じ人物の学説が、あちこちと矛盾して一貫していないのは、どちらを定説とするのがよいか」と紛らわしくて、だいたいにおいてその人物の学説がすべてあてにならないように思われること(は)。**〔八九字〕

採点基準（15点満点）

❶「同じ人の説の」の「説の」の「の」を主格用法と捉えている……1点
❷「ことかしこ」を「あちこち」と訳している……1点
❸「ゆきちがひ」を「食い違う／矛盾する」と訳している……2点
❹打消の意の「ざる」＋係助詞「は」で「いないのは／いないことは」と訳している……1点
❺「いづれ」を「どちら」と訳し、「どちらが正しいのか」「どちらを定説とするか」のように訳している……2点
❻「べき」を「…がよい」のように、適当の意で訳している……2点
❼「まどはしくて」を「紛らわしくて」と訳している……1点
❽「大かた」を「だいたいにおいて」と訳し、「らるる」を自発の助動詞として捉えている……1点
❾「うきたる」を「あてにならない」と訳している……3点
❿文末が「こと(は)」になっている……1点
※❶から❾を満たさず、❹や❿のみ満たす場合は0点。

傍線部(1)の文章全体の注意点としては、「同じ人の……よるべきぞ」の箇所を**筆者の心の中で考えていること**と捉えること、「ざる」の後には「の」や「こと」を、「説」の後には「が」などの助詞を補足すること。

「いづれ」は、「どちら」と訳す代名詞。「ことかしこ」を言い換えた表現。

「よる」は、同一人物による学説なのにどれも矛盾していることから、何を根拠にすればいいのか分からないと筆者は説いている。したがって、ここでは「**根拠とする**」を用いて訳す。

「まどはしく」は、「以前の学説をとるか後の学説をとるか迷ってしまって」のように訳すから、「**紛らわしくて／はっきりしなくて**」くらいに訳す。

「うき」は、いくつもの学説があるのにどれも言ってることが違うのではその人の説は信用できないとしている。したがって、「**あてにならない**」を用いて訳すこと。

傍線部(1)における「べき」は「…がよい」と訳す適当の助動詞「べし」の連体形。以前の学説と後の学説のどちらが良いのか、などのように二択の意味合いを表す場合の「む」や「べし」は**適当**の意になる。「らるる」は自発の助動詞「らる」の連体形であり、訳す際はここに「のは」のような言葉を補足する。

問2 (答) **同じ人物の学問が進化していくと学説が変わっていくのは当たり前であり、以前の学説と後の学説に違いが生じたときに、以前の学説に固執せず改めた姿勢**

は立派だと考えることができるから。〔八七字〕

採点基準（15点満点）

❶その人の学問が発展すると、説が変わるのは当然だという内容がある……7点

❷学説を攻めることができるのはすばらしいという内容がある……7点

❸文末が「…から」になっている……1点

※❶や❷を満たさず、❸のみ満たす場合は0点。

傍線部(2)の「なほ」は「**やはり／まるで**」、「さ」は「**そう／そのように**」と訳す副詞であり、全体で「**やはりそうではない**」くらいに解釈する。この「さ」は指示副詞であり、本文の「はじめより終はりまで説のかはれる事なきは、……いとよき事なり。」の箇所を示している。

筆者の宣長は、最初に説が全く変化しないのをおかしいとし、研究が進んでいくと学説は変わらないではいられないものだからだと述べている。加えて、説が変わったことを潔く改める態度を非常に素晴らしい行為だと捉えている。これらの内容をしっかりと踏まえて、文末を「…ので・…から・…ため。」のようにして答えること。

問3 (答) **同じ人物の学説の中で以前の学説と後の学説が食い違う場合、後の方が正しいことが多いが、時には前の方が良い場合もあるので、どちらが正しいかは、その学説を読む側の採択によるものであるということ。**〔九四字〕

採点基準（20点満点）

❶「その人物の最初に定めた学説と、後に定めた学説とに矛盾が生じた時」のような内容が含まれている……6点

❷新たな学説を発表する前の方が正しい場合もあるという内容が含まれている……6点

❸最初と後の学説のどちらを正しいとするかは、読む人の採択によるという内容が含まれている……7点

❹文末が「…ということ。」になっている……1点

※❶から❸を満たさず、❹のみ満たす場合は0点。

傍線部(3)の「えらび」とは選択の意の名詞「選び」であり、強意の係助詞「なむ」の後には「あらむ」などの言葉が省略されている。このような用法を(係)結びの省略と呼ぶ。「さればそのさきのと……なかなかにわろきもなきにあらざれば」を踏まえて解説する必要がある。

同じ人の学説で最初と後に食い違いがある折は、後の方が良い場合が多いとし、ただし改める前の方がよい場合もないことはないと付け加えている。最終的には、その学説を読む人の判断が大切だと締めくくっている。

作品紹介

『玉勝間』（本居宣長／江戸時代）

～敷島《しきしま》の大和心《やまとごころ》を人とはば～

『玉勝間』は江戸時代の国学者（歌人でもある）本居宣長が晩年にまとめた学術的随筆。自由気ままに心をとめたものに対する感慨をつづったものも多く、学識だけではなく人間的な豊かさを感じるものも多いのです。千編ほどの文章が収められ、完成には約二〇年の歳月を費やしたそうです。

学問の研究は非常に出費がかさむもの。京都で医者の修行をし、二八歳のときに三重の松阪で開業しました。その頃、医者として春庵《しゅんあん》と名乗っていたそうです。医者として生計を立て、黙々と学問を続けたのでした。

宣長は、雅号《がごう》（＝学者などが本名以外につける風雅な名）を「鈴の屋」と称すほど、鈴が好きだったようです。学問に疲れたとき、お気に入りの鈴の音を楽しみ、癒されていたようですね。宣長の鈴として有名なのは「駅鈴《えきれい》」と「柱掛鈴《はしらかけすず》」でしょう。「柱掛鈴」は宣長の書斎に掛けられていた鈴で、「駅鈴」は石見国《いわみのくに》浜田藩主《はまだはんしゅ》松平康定《まつだいらやすさだ》から贈られた鈴と伝えられています。宣長は山桜もこよなく愛した人物で、以下のような歌も残しています。

敷島の　大和心を　人とはば
朝日ににほふ　山桜花《やまざくらばな》

【訳】古《いにしえ》の日本の心はどのようなものなのかと人が私に尋ねるならば、それは朝日に照り輝く山桜のようなものだと答えたい。

宣長は、こよなくタバコを愛したという言い伝えがあります。その真偽は定かではないのですが、日本で最初に発売されたタバコの銘柄「敷島《しきしま》」「大和《やまと》」「朝日《あさひ》」「山桜《やまざくら》」は、この「敷島の」の歌にちなんで命名されたと言われています。近鉄松阪駅から徒歩十五分前後の場所に本居宣長記念館があり、その傍らには合格祈願の神社が併設されています。大学受験を控えた人や学問を志す人のパワースポット。ぜひ一度参ってみてはいかがでしょうか。

第13回

解説
EXPLANATION

物語『春雨物語』

語数
471語
得点
50点
問題頁
P.50
古文音声

❶読解のポイント

仁明《にんみょう》天皇には尊敬語が使用され、良峰宗貞《よしみねのむねさだ》には使用されていないことに気づくこと。宗貞が宮中の行事に関して口を挟むことがあったという話、色好みの宗貞が帝が女装しているとも気付かずに「山吹の」の歌を詠みかけてしまったというお話を通じて、宗貞がいかに帝の寵愛を受けていたかということを読み取ること。「山吹の」の歌の中の「口なし」が掛詞になっていることを理解することが重要。

〈あらすじ〉　仁明天皇が即位し、承和と改められた。仏教と儒教が混交してまとまりがなく、中国の華美な風潮を模倣していた時代のことである。その当時、良峰宗貞という風流を好む男がいた。この頃から和歌が再び流行し、六歌仙と呼ばれる歌の名人が登場し、その名を後世に轟かせたのだった。彼は仁明天皇のお気に入りの人物なので、宗貞の通っている女のところに帝がおいでになり、女装して宗貞を驚かせた。そのときに宗貞の詠んだ歌が、山吹の花の色を「口なし色」というようになった始めだとか。

❷登場人物

A **皇太子正良**…第五四代帝である仁明天皇。Cを重用した。中国の贅沢な様を好んだ。

B **淳和の帝**…第五三代帝である淳和《じゅんな》天皇。

C **良峰宗貞**…歌人として有名な僧正遍昭《そうじょうへんじょう》。当時の歌の名人とされた六歌仙（小野小町・僧正遍昭・文屋康秀《ふんやのやすひで》・在原業平・大友黒主・喜撰法師）の一人。Aの寵愛を受ける。風流で華やかなことを好んだり、色好みで数々の女性に歌を詠んだりした。

D **清見原の天皇**…第四十代帝である天武天皇。この帝の御代から豊の明かりの舞姫の数を五人に定めさせたという。

3 全文解釈

（■重要語／■助動詞／■接続助詞／■尊敬語／■謙譲語／■丁寧語）

1

今上の皇太子正良、み位(a)受けさせ給ひて、淳和の帝ほどなくおり居させて、

今上帝の皇太子正良親王が、皇位をお受けになって、「ためしなき上皇御ふた方」と申す事、「から国にもきかぬためしなり」と申す。天皇、仁明と尊崇したてまつりて、紀元を、承和と改め給ふ。

（先帝の）淳和の帝がほどなく退位なさって、「前例のない上皇がお二人（いることよ）」と申し上げること（について）、（人々が）「中国においても聞かない例である」と申し上げる。（新しい）天皇は、仁明とお呼び申し上げた方で、元号を、承和と改めなさる。

2

❶仏道はなほさかんなる事、怪しむべし。儒教も相並びて、行はるるに似たれど、車の片輪のいささか欠けそこなひて、足遅きごとし。さて、政令は、唐朝のさかんなるをうらやみ給ひ、❷つひのみ心は、驕りに伏し給ひたりき。

仏道がやはり盛んであるのは、不思議だと思うべきだ。儒教も（仏教と）並行して、**仏道修行されるように見えた**が、（それはまるで）車の片方の車輪がわずかに欠損して、歩みが遅いもののようだ。そうして、政治においては、中国の盛んなことを（Aが）羨みなさり、つまるところ帝のお考えは、ぜいたくな風潮に流されてしまっていた。

3

良峰の宗貞といふ、六位の蔵人なるが、才学ある者にて、帝のみ心にかなひ、ちかう召しまつはさせ、時々「文よめ」「歌よめ」と、(1)御あはれみかうぶり

良峰の宗貞という（者は）、六位の蔵人であるが、学識のある者であって、帝のお気に入りで、（Aは）御身の近くにお呼び寄せになり、時々、「**漢文**をよめ」「和歌をよめ」と、ご寵愛をお受け

単語・文法・解説

□ためし【例し・試し】名
①例

□おこなふ《ウ》【行ふ】動八四
①仏道修行する

□ふみ【文】名
①漢文・学問 ②文字・文書 ③手紙

❶…仏教と儒教の二種類の思想を重んじたが、それは車の両輪の営みがちぐはぐで上手く融合していなかったという意。

❷…天皇が中国の様子を真似て贅沢を好んだと述べている。

しかば、いつとなく朝まつり事もみそかに問ひきき給へるとぞ。宗貞は

したので、いつとはなく政事も内緒で（AはCに）お尋ねになったということである。宗貞は

さかしくて、まつり事はかたはしばかりも御答へ申さず。ただ、御遊びにつき

賢くて、（自分の身分などをわきまえて）政事に対しては一端ばかりも口をはさみ申し上げない。ひたすら、詩歌管弦の催し

し事どもを、「しかせしためし」など、み心をとりて申す。

に関したことなどを、「このような例があります」など、帝がお気に召すように申し上げる。

色このむ男にて、花々しき事をなむ好みける❸が、年毎の豊の明かりの

（Cは）風流を好む男であって、華やかなことを好んだので、毎年の（新嘗祭の関連行事である）豊の明かりの

舞姫の数を、すすめてくはへさせし。❹「これは、清見原の天皇の、吉野に世

（節会の）舞姫の数を、（Aに）勧めて加えさせた。（CはBに）「これは、天武天皇が、吉野に

を避けたまひしが、み国しらすべきさがにて、天女五人天くだりて、舞伎

隠れていらっしゃると、（将来）この国をお治めになるべき運命として、天女が五人空から降りてきて、舞をすること

を、なぐさめ奉りしためしなれば、五人のをとめこそ古き例なれ」と申す。

で、（Dを）お慰め申し上げた前例がありますので、五人の乙女（で行うの）が古くからの例です」と申し上げる。

同じく色このませしかば、ことしの冬を初めに、宣旨くだりて、花さかせ

（Aも）同じように風流をお好みになったので、本年の冬を最初に、（五人の舞姫で行うという）帝のご命令があって、華やか

給へりけり。大臣・納言の人々の御むすめたち、つくりみがかせて、「御目

に催された。大臣や納言の人々が娘たちに、美しく化粧させて、「帝のお目

□いつとなし【何時と無し】連　①際限がない　②いつとはない

□*みそかなり【密かなり】形動ナリ　①内緒である

□**さかし【賢し】形シク　①利口ぶっている　②賢い

□かたはし【片端】名　①片方の端　②物事の一端

□さが【性】名　①性格　②運命　③習慣　④欠点

□つくりみがく【作り磨く】動カ四　①美しく化粧する

❸…係助詞は文末を連体形や已然形にする係結びという働きを持つが、結びの語に助詞などが続いてしまうと結びが消えてしまうことがある。本文の該当箇所も、「なむ」の係り結びとして文末が連体形であるはずが、接続助詞「が」が付いたために結びが流れてしまっている。

❹…「これ」は、豊の明かりの節会を指す。

❺…「未然形＋ばや」の用法は自己の願望の終助詞と識別する。

5

うつらばや」と、しかまへたりき。ながめ捨てさせ給ふはいかにせむ。伊勢・

❺《自願》にとまりたい」とし、（しっかりと）準備なさった。（Aは）お眺めになるだけ（の娘たち）はどうしようもないだろう。（娘たち

加茂のいつきの宮のためしに、老いゆくまでこめられ果てたまひき。

は）伊勢の斎宮や加茂の斎院の例のように年をとるまで（宮の）中にとじこめられ（生涯を）終えられた。

❻国ぶりの歌、この御代よりさかえ出でて、(i)宗貞につぎて、(ii)文屋の康秀・

和歌は、この時代から《起点》（また）繁栄し出して、宗貞に次いで、文屋康秀・

大友の黒主・(iii)喜撰などいふ上手出でて、また女がたにも、(iv)伊勢・(v)小町、

大友黒主・喜撰法師などという名人が現れ、また女性の方にも、伊勢や小野小町が、

いにしへならぬ姿をよみて、名を後にもつたへたりき。〈中略〉

昔とは異なる和歌体で歌を詠んで、（その）名を後世に伝えていた。

6

帝、宗貞が色このみてあざれあるくを、「あらはさむ」とて、後涼殿のはしの

帝は、宗貞が色を好んでふざけ歩いているのを、「はっきり見てみよう」として、後涼殿の端の間の御簾の

間の簾のもとに、(3)衣かづきてしのびやかにあらすを、宗貞、たばかり給ふと

あるところに、女の衣をかぶって隠れておられると、宗貞は、（Aが）だましていらっしゃると

もしらで、御袖ひかへたれば、御こたへなし。歌よみて、しのびに、

も知らないで、（Aの）お袖を引いたところ、お返事がない。（Cが）歌を詠んで、こっそり、

山吹の花色衣ぬしや誰問へどこたへず❼口なしにして

山吹の花の色の衣を着た主はどなたですかと尋ねても答えませんね。クチナシ（口無し）で（山吹色に）染めたのだから。

□うつる【映る・写る】動ラ四
①映る・写る ②よく似合う

□こむ【込む・籠む】動マ下二
①中にとじこめる ②秘密にする

□★★はつ【果つ】動タ下二
①完全に…する・…し終える ②終わる・死ぬ

□さかゆ【栄ゆ】動ヤ下二
①繁栄する ②咲き乱れる

□★★じゃう《ジョウ》ず【上衆・上手】名
①高貴な人 ②名人

□あざる【戯る・狂る】動ラ下二
①ふざける ②くつろぐ
③機転をきかす

□あらは《ワ》す【現す・表す】動サ四
①はっきりする
②打ち明ける

□★たばかる【謀る】動ラ四
①計画を立てる・工夫する
②だます

❻…「国ぶり」は、その国や地方の習慣・民謡という意の名詞。「国ぶりの歌」で「和歌」と訳す。

❼…「口無し」と木の実の「クチナシ【梔子】」がかけられている。梔子の果実は黄色の着色料に用いられることがある。

13

と申す。帝、きぬぬぎて見あひ給へり。おどろきまどひて、逃ぐるを、ただ

と申し上げる。帝が、衣を脱いで**見交わせ**なさった。（Cは）驚きうろたえて、逃げるのを、（Aは）ただ

「参れ」と、召し給ひて、みけしきよし。❽もろこしに、桃の子くひつみしを、

「（こちらに）参りなさい」と、お呼びになって、**ご機嫌**（の様子）である。中国（の故事）に桃の実を食い**かじっ**たのを、

「これめせ。味いとよし」とて奉りしを、忠誠の者に召しまつはせしためし

「これを召し上がれ。とても美味しい」と言って差し上げたことを、（お咎めずにむしろ）忠誠の者としてお側に召し仕えたと

になむ。山吹を口なし色とは、この歌をぞはじめなりける。

いう例に似ている。山吹を口なし色というのは、この歌が最初であった。

□みあふ《ウ》【見合ふ】動ハ四
①見交わす・対面する ②見つける ③全員で見る

□けしき【気色】名
①様子・態度 ②機嫌 ③兆し

□つむ 動マ四
①（前歯で）かじる

❽…「もろこし【唐土】」は、中国の古い名称のことである。

❹ 解答・解説

問1 (答) (1)ご寵愛を受けたので (2)詩歌管弦のお遊びに関したことなど (3)女の衣をかぶって、お隠れになっていると (4)ただ「こちらに参りなさい」と、お呼びなさって)

採点基準（各3点満点）

(1) ❶「(ご)寵愛」のように、天皇からの深い愛情を受けていることを示している。「ご愛情を」では1点 …… 2点

❷「受けたので」のように、「受ける(いただく)」＋過去の意味＋原因理由「…ので」がすべて含まれている …… 1点

(2) ❶「詩歌管弦のお遊び」と訳している。「管弦のお遊び」は1点の減点。尊敬の意味が欠如しているものも1点の減点 …… 2点

❷複数の意味を表す「ども」まですべて細かく訳している …… 1点

(3) ❶「(女の)衣をかぶって」のように、「かづき」を「かぶって」と訳している …… 1点

❷「お隠れになっていると」のように、「隠れる」＋尊敬＋単純接続の意味がすべて含まれている …… 2点

(4) ❶たった一言「こちらに参りなさい」のように、「ただ」を「たった一言…とだけ」と訳し、「(近くに)参りなさい」のように、命令形で訳している …… 2点

❷「お呼びになる」を「お呼びなさって」のように、尊敬語を用いて訳している …… 1点

波線部(1)は以下のように単語分けされる。

御あはれみ(名)／かうぶり(四[用])／しか(過去[已])／ば

「御あはれみ」は「**愛情**／**情趣**／**同情**」の意の名詞に尊敬の意の接頭語「御」が付属したもの。良峰宗貞に対する**仁明天皇の愛情**の意であると考えられるから、「身分が上の人が特定の人を愛する」という意を含む「**御寵愛**」と訳しておく。「かうぶり」は「**受ける**／**いただく**」と訳す「かうぶる**【被る／蒙る】**」の連用形、「しか」は過去の助動詞「き」の已然形、「ば」は已然形について「…ので」と訳す原因理由の意の接続助詞。「かうぶりしかば」全体で「受けたので」の意。したがって、「**(御)寵愛を受けたので**」のように訳す。「**御目をかけていただいたので**」のような解答も良し。

波線部(2)は以下のように単語分けされる。

御遊び(名)／に(格助)／つき(四[用])／し(過去[体])／事(名)／ども(接尾)

「御遊び」は「**詩歌管弦の催し**／**遊び**」の意の名詞「遊び」に尊敬の意の接頭語「御」がついたもの。前文の「『文(＝漢詩)よめ』『歌(＝和歌)よめ』」のように仁明天皇が良峰宗貞に命じている箇所に続いている。「※豊の明かり」の注にも「管弦」とあるので「詩歌管弦」と訳す。第4回の全文解釈(35頁)の脚注には「詩歌管弦の催し」とだけあるが、今回は「御」の意味を生かして答える必要があるため「**詩歌管**

13

弦のお遊び」のように訳す。「つき」は「**関係する**／**気に入る**」などと訳すカ行四段活用動詞「つく【付く】」の連用形であるが、この場合は「…ついての」と訳すのがふさわしい。過去の助動詞「き」の連体形「し」、「…など」と複数の意味合いを付加する接尾語「ども」も解答に生かすこと。
　波線部(3)は以下のように単語分けされる。

衣〔名〕／かづき〔四[用]〕／て↓／しのびやかに〔ナリ[用]〕／あら〔ラ変[未]〕／す〔尊敬[終]〕／を〈単接〉♻

　「衣」は後文に「帝、きぬ脱ぎて見あひ給けり」とあり、「きぬ【衣】」と同様「**着物**」を指すが、女装した仁明天皇が良峰宗貞を驚かそうとしている場面であることを考慮して、「**女の衣**」と訳す。「かづき」は「**かぶる**／**褒美をいただく**」の意のカ行四段活用動詞「かづく【被く】」の連用形、「しのびやかに」が「**人目につかない様子だ**」と訳す「しのびやかなり【忍びやかなり】」の連用形、「す」が尊敬の助動詞であること、「を」が「…していると」と訳す単純接続の接続助詞であることにも注意して解釈すること。
　波線部(4)は以下のように単語分けされる。

ただ〔副〕／「参れ」〔四[命]〕／と、〔格助〕召し〔四[用]〕／給ひ〔四[用]〕〈補〉／て、↓

　「ただ」は「只・唯」と表記する場合、「**ただ…だけ**／**わずかに**／**単に**」と訳す副詞、「徒／常」と表記する場合は「**むなしい**／**世の常だ**」と訳すナリ活用の形容動詞、「直」と表記する場合は「**すぐに**／**まっすぐに**」と訳す副詞（ナリ活用の形容動詞）である。この場合は、後ろに「**参れ**」と一言だけ仁明天皇が発言していることをヒントに、「ただ一言だけ」と副詞の用法で訳す。仁明天皇がお気に入りの宗貞を自分の近くに呼び寄せた場面である。

問2（答 (a)(い) (b)(い) (c)(う) (d)(え) (e)(え)）

(a)…前文の「今上の皇太子正良」が仁明天皇のことであるから、主体は**仁明天皇**の(い)。
(b)…「問いきき」は仁明天皇が良峰宗貞に何でもお尋ねになったわけであるから、主体は**仁明天皇**の(い)。
(c)…前文の「清見原の天皇の」が主体であると考えられるので、**天武天皇**の(う)。
(d)…「申す」は「山吹の」の歌を良峰宗貞が仁明天皇に歌い申し上げたのであるから、主体は**良峰宗貞**の(え)。
(e)…女性だと思っていた相手が仁明天皇であることに気付いて、這う這うの体で逃げる良峰宗貞の様子を描いたものであるため、主体は**良峰宗貞**の(え)。

問3（答 (i)㋓　(ii)㋔　(iii)㋑　(iv)㋐　(v)㋒）

㋐〜㋔の和歌の詠み手と訳を以下にあげておく。すべて百人一首の中に見られる有名な歌なので歌の内容と詠者を確認しておくこと。

㋐ 難波潟《なにはがた》 短き葦《あし》の ふしの間も
逢はでこの世を過ぐしてよとや
（新古今和歌集・恋）

【訳】難波潟に生えている葦は短い蘆《あし》の節と節の間のようなほんの短い間でも、逢うことなくこの世を過ごせというのだろうか。

【作者】**伊勢**…平安前期の女流歌人。『古今和歌集』時代の代表的歌人の一人。宇多帝に深く愛された。

㋑ わが庵《いほ》は 都《みやこ》のたつみ しかぞ住む
世をうぢ山と 人はいふなり
（古今和歌集・雑下）

【訳】私の草庵は都の南東にあり、このように心穏やかに住んでいるが、世の中を憂し（つらい）とする宇治山だと、世間の人は呼んでいるようだが。

【作者】**喜撰法師**…平安前期の歌人・僧。六歌仙の一人である。この「わが庵《いほ》は…」の歌のみが確実に喜撰法師の和歌だと言える唯一の作品だと言われている。

㋒ 花の色は うつりにけりな いたづらに
わが身世にふる ながめせし間に
（古今和歌集・春下）

【訳】花の色ははかなく色あせてしまったなあ。長い雨が降り続いているうちに、同じく私も盛りを過ぎてしまったことよ。むなしくもの思いにふけっているうちに。

【作者】**小野小町**…平安前期の女流歌人であり、六歌仙の一人である。絶世の美人と言われ、その生涯は昔話に多く取り上げられている。

㋓ 天《あま》つ風 雲の通ひ路《ぢ》 吹き閉ぢよ
をとめの姿 しばしとどめむ
（古今和歌集・雑上）

【訳】空を渡って吹く風よ、天女の帰る路を閉じてしまってくれ。この舞が終わってもあの天女のような美しい舞姫の姿をもうしばらくこの地上にとどめ眺めようと思うから。

【作者】**良峰宗貞**…平安前期の僧・歌人。六歌仙の一人である。「良峰宗貞」は俗名である。その後出家して僧正に至り、僧正遍昭と呼ばれる。

㋔吹くからに秋の草木のしをるれば
むべ山風をあらしといふらむ
（古今和歌集・秋下）

【訳】吹き荒れるとすぐに秋の草木がしおれるので、なるほど山風をあらし（嵐／荒らし）というのだろう。

【作者】**文屋康秀**…平安前期の官人・歌人。六歌仙の一人である。清和・陽成の両帝に仕えた下級官吏。

問4 (答) **天武天皇が吉野に逃れていた頃、帝位につく前触れとして天女が五人天から降りて帝をお慰めしたという良い言い伝えにあやかって、豊の明かりの節会にも舞姫を五人参加させるのがよいと考えたから。**〔九一字〕

採点基準（5点満点）
❶五人の天女の言い伝えを参考にしたという内容が含まれている……2点
❷豊の明かりの節会に五人の舞姫を参加させた方がよいと考えたという内容が含まれている……2点
❸文末が「…から。」になっている……1点
※六五字未満は2点減点。❶や❷を満たさず、❸のみ満たす場合は0点。

「すすめてくはへさせし」とは、良峰宗貞が仁明天皇に豊の明かりの節会に舞姫を五人参加させてはどうかと勧めたことを指す。これは、「**年毎の豊の明かりの舞姫の数を**」から続いていることから考えることができる。その内容は、「これは、清見原の天皇の、……五人のをとめこそ古き例なれ」という箇所に具体的に示されている。そこには、天武天皇が吉野に逃れた時、天女五人が降臨し、天皇をお慰めしたという吉兆が引用されている。良峰宗貞はこの前例に従って、豊の明かりの節会に参加する舞姫を五人にしてはどうかと仁明天皇に伝えたのである。この箇所をコンパクトにまとめ、文末を「…から。」のようにして答えること。

問5 (答) **良峰宗貞が色好みである証拠を押さえようとして、仁明天皇は女の衣をかぶって、宗貞が近づいて来るのを**

待っていると、案の定、袖をとらえて歌を詠みかけてきたので、思惑通りになったと満悦したから。（九〇字）

採点基準（6点満点）
❶任明天皇が宗貞は色好みである証拠を掴もうとして女装して隠れていたという内容が含まれている……2点
❷帝の思惑通り、袖を引かれて歌を詠んだという内容がある……2点
❸「と満悦した／と満足した」といったご機嫌である様子を表す語句が含まれている……1点
❹文末が「…から。」になっている……1点
※六五字未満は2点減点。❶から❸を満たさず、❹のみ満たす場合は0点。

傍線部(Ⅱ)の「みけしき」は、「機嫌／様子」の意の名詞「けしき【気色】」に尊敬の意の接頭語「御」がついた形。傍線部全体で「仁明天皇はご機嫌だった」の意。なぜご機嫌であったかは、前文の内容から続いて自らの思惑通りになったからだと判断すること。

まず、「帝、宗貞が色このみてあざれあるくを」という箇所は、仁明天皇が宗貞の色好みを暴露しようとしている場面である。そこで仁明天皇が女性の着る衣を被っていたところ、良峰宗貞が女性と間違えて「山吹の」の歌を詠みかけたのである。そして「きぬぬぎて」で衣を脱いだ正体が仁明天皇と判明するやいなや、良峰宗貞は「おどろきまどひて、逃ぐるを、」にみられるように逃げ出したという出来事が描かれている。自分の思い通りに事が運ぶことができた仁明天皇は、してやったりとご満悦の様子であったということである。機嫌がよいという意の「**みけしきよし**」につながる理由を書いて解答すること。

問6 答 **中国を真似て贅沢を好んだり、華やかさを好む良峰宗貞を側に置き、宗貞の勧めに応じて舞姫の数を五人に増やしたり、自ら女装して宗貞を驚かせたりしたという例を通じて仁明天皇を批判している。**（九〇字）

採点基準（7点満点）※八〇字未満は2点減点。
❶仁明天皇が中国風の贅沢を好んだという内容が含まれている……2点
❷色好みである宗貞を側においたという内容が含まれている……2点
❸宗貞の勧めで、舞姫を五人に増加したという内容が含まれている……1点
❺仁明天皇が女装して臣下を驚かしたという内容が含まれている……1点
❻「例を通じて任明天皇を批判している。」のように、設問の問いかけに応じた文末になっている……1点

1～6段落の中で、どの箇所が仁明天皇に対する批判であるかを冷静に判断しながら抜き出す。

最初の仁明天皇に対する批判は2段落に見られる。「政令は、唐朝のさかんなるをうらやみ給ひ、つひのみ心は、驕

13

りに伏し給ひたりき。」ここには、仁明天皇が**中国の贅沢な様を模倣**しておごっていたと述べられている。

3段落には「帝のみ心にかなひ、ちから召しまつはさせ」とあり、たいして身分の高くない良峰宗貞を近くに仕えさせたと言うことが述べられている。

4段落には「年毎の豊の明かりの舞姫の数を、すすめてくはへさせし。」とし、**良峰宗貞の意見に従って舞姫の人数を増加させたこと、**そして最後には**仁明天皇が女装して良峰宗貞を驚かした**という珍事について触れているのである。仁明天皇は、帝という公平で隠し事がない堂々とした存在であるべき立場の人が一人の臣下を寵愛することに対する批判という点で共通している。

　これらの内容を踏まえながら、設問文の「具体例を挙げながら解答する」に沿って、文末を「…という例を通じて任明天皇を批判している。」のように例を引用したことを示して九〇字以内で解答すること。

作品紹介

『春雨物語』

〜くちなしの花〜

（上田秋成／江戸時代）

『春雨物語』は、江戸時代後期の怪奇小説『雨月物語』の作者、上田秋成の作品です。秋成の底知れない教養を基軸にし、歴史的見地や芸術の見解や人生観などを盛り込んだ十編の小説集。本文は「天津処女」の一節で六歌仙の一人である僧正遍昭（良峰の宗貞）のお話。

最後に掲載されている歌には、「山吹」「口なし」という表現が使用されています。山吹は春の終わり頃に黄金色の花弁をつける花で、「クチナシ【梔子】」は白色の花弁をつける夏の花ですが、その実《み》は熟すと紅黄色となり、ここから黄の染料が採れます。当時、衣類などを黄金色（＝山吹色）に染める際にはこの染料を使っていました。山吹とクチナシにはこんな結び付きがあるんですね。和歌に詠まれるクチナシは「口無し」と掛けられます。あまり話さない、あまり文句を言わないという意味を含ませるんですね。東京都豊島区の面影橋の近くに「山吹の里」と呼ばれる一画があります。江戸城を築城した太田道灌《どうかん》の逸話で有名な場所です。狩りをしていて俄雨にあった彼が村のあばら家で蓑《みの》を借りようとしたところ、応対した少女が無言で山吹の一枝を差し出したのでした。蓑を借りようとしたのに山吹を渡すとは…。道灌は怒ってその場を後にしたのですが、後で家臣から「その少女は古歌を通じて蓑の用意もできない貧しくて情けない気持ちを伝えたかったのですよ」と告げられ、その少女を自邸に招き、歌の友とし以後歌に精進するようになったというお話。その古歌とは平安時代の兼明親王が詠んだとされる次の『後拾遺和歌集』の歌を指します。

七《なな》重《へ》八《や》重《へ》 花は咲けども 山吹の
実のひとつだに なきぞ悲しき

【訳】山吹が幾重にも花は咲くがその実をつけないように蓑の一つもないのが悲しいことです。

少女は雨具の「蓑」がない状況を、実のない山吹のありさまになぞらえ、掛詞を用いて詠んだのですね。この逸話の真偽ははっきりしないようですが…。山吹は桜や梅などと並んでよく歌に詠まれる可憐な花ですよ。

13

第14回

解説
EXPLANATION

物語『源氏物語』―真木柱―

❶読解のポイント

前書きの「光源氏が結婚後の玉鬘に手紙を贈る場面」という一節の内容を読解のヒントにすること。愛する養女の玉鬘を鬚黒《ひげくろ》大将に奪われた光源氏の心情、源氏の詠んだ「かきたれて」の歌にこめられた彼のメッセージ、光源氏からの手紙をもらった玉鬘の心境、玉鬘の詠んだ「ながめする」の歌にこめられた光源氏へのメッセージについて考察しながら読解する。また、双方の歌の「人」が誰を表しているのかをはっきりさせることも重要である。

〈あらすじ〉　光源氏は鬚黒大将に奪われた玉鬘への愛しい気持ちを抑えられないでいる。玉鬘と親しく話をした際のことを思い出しては物思いにふける。そんな最中、周りに気を使いながらも今の気持ちをしたためた歌を侍女《じじょ》の右近に託すのであった。玉鬘も源氏への思いを抑えられない。人妻になったからにはもう逢えないのだと嘆きながら光源氏に当たり障りのない返事をする。受け取った光源氏の心中は穏やかではいられなかった。

❷登場人物

A 大殿…Bの養父である光源氏。Bに思いを寄せるがCに強引に奪われてしまい、残念がっている。

B 玉鬘…源氏が養女として引き取ったが、Cの家に妻として引き取られている。

C 大将…鬚黒大将。Bを思い慕うあまり、強引に関係を結び、自邸にBを妻として招き入れる。

D 右近…Bの亡き母・夕顔の侍女[※1]。Bを光源氏の家に連れてきた。

語数
431語
得点
/50点
問題頁
P.56
古文音声

※1…貴人などのそばに仕えて、身の回りの世話をする女性のこと。

3 全文解釈

（重要語／助動詞／接続助詞／尊敬語／謙譲語／丁寧語）

1

二月にもなりぬ。［A］大殿は、（さてもつれなきわざなりや）、いとかう際々しう

二月にもなった。大殿は、それにしても何と平気な様子であることよ、こんなにはっきりと（行動する

としも思はでたゆめられたる妬さを、人わろく、すべて御心にかからぬ

とは）思いもしないで（Cに）油断させられた悔しさを、みっともなく（人前で見せ）、全く気がかりに思わない

をりなく、恋しう思ひ出でられたまふ。「宿世などいふものおろかならぬこと

ことはなく、（Bを）自然と恋しく思い出しになられる。（Aは）「前世からの因縁などというものはいいかげんにできないこと

なれど、わがあまりなる心にて、かく人やりならぬものは思ふぞかし」と

ではあるが、自分の抑えがたい心のために、❶このように自分の意志でして物思いにふけるのだよ」と

起き臥し面影にぞ見えたまふ。［C］大将の、をかしやかにわららかなる気もなき人

寝て覚めても（Bが）幻にお見えになる。（Bが）大将のような、風情も愛想もない人と

に添ひゐたらむに、はかなき戯れ言も「つつましうあいなく」思されて、念じ

（Bが）寄り添っているとしたら、つまらない冗談を言うのも「遠慮されてつまらない」と思われなさって、（Bに）

たまふを、雨いたう降りていとのどやかなるころ、かやうのつれづれも紛らはし

（手紙を出すのも）我慢しなさるが、雨がひどく降ってたいそう落ち着いている頃、（はいつも）、このような所在なさを紛らわす

し所に渡りたまひて、語らひたまひしさまなどの、いみじう恋しければ、御文

（Bの）場所にお渡りになって、（Bと）親しく会話をなさったときのことなどが、非常に恋しいので、お手紙を

単語・文法・解説

- **つれなし**【連れ無し】形ク　①薄情だ・冷淡だ　②平気な様子だ
- **たゆむ**【弛む】動マ四／マ下二　①勢いがなくなる　②油断させる
- **ひとわろし**【人悪し】形ク　①みっともない
- **すくせ**【宿世】名　①前世（からの因縁）
- **おろかなり**【疎かなり】形動ナリ　①いいかげんだ　②愚かだ
- **ひとやりならず**【人遣りならず】連　①自分の意志でしたことだ
- **わららかなり**【笑らかなり】形動ナリ　①陽気だ　②愛想がある
- **つつまし**【慎まし】形シク　①遠慮される　②気恥ずかしい
- **あいなし**【愛無し・合無し】形ク　①つまらない　②道理に合わない
- **ねんず**【念ず】動サ変　①我慢する　②祈る

❶…人のせいではなく自分のせいでこうなったのだという意。

奉りたまふ。右近がもとに忍びて遣はすも、かつは思はむことを思すに、

差し上げなさる。右近のもとに人目を避けておやりになるが、一方では（不審に）（Dが）思うようなことをお考えになると、

何ごともえつづけたまはで、❷ただ思はせたることどもぞありける。

何事も書き続けなさることができないで、ただ（Bに）（それとなく）感じさせているような内容（の歌）があった。

「かきたれてのどけきころの春雨にふるさと人をいかにしのぶや

「春雨が降ってのんびりとしていたこの頃、なじみの土地の人をどのように思い出しているのですか。

つれづれに添へても、恨めしう思ひ出でらるること多うはべるを、(イ)いかでかは聞こゆべからむ」などあり。

所在なさにつけても、残念に思い出されることが多くございますが、（そのことを）どうして申し上げることができましょうか、いやできません。」などと（手紙に）ある。

隙に忍びて見せたてまつれば、うち泣きて、わが心にもほど経るままに思ひ出でられたまふ御さまを、まほに、「恋しや、いかで見たてまつらむ」などはえのたまはぬ親にて、(ウ)「げに、いかでかは対面もあらむ」とあはれなり。時々むつかしかりし御気色を、心づきなう思ひきこえしなどは、この人にも知ら

（Cの）休暇にこっそり（Dが）手紙をお見せすると、（Bは）少し泣いて、自らの心においても時が経つにつれて思い出しなさる（Aの）お姿を、まともに、「恋しいことよ、何とかして（Aに）拝見したい」などとはおっしゃることができない（義理の）親なのであって、「なるほど、どうして対面などあるだろうか」としみじみと悲しい。時々不快だった（Aの）ご様子を、（Bは）気にくわないと思い申し上げたことなどは、この人（＝右近）にも知ら

□かきたる【掻き垂る】動ラ下二
①雨や雪などが激しく降る ②髪をくしでとかして垂らす

□のどけし【長閑けし】形ク
①日光が穏やかでのどかである ②のんびりしている・ひまである

★□ふるさと【古里・故郷】名
①なじみの土地・生まれ故郷 ②旧都

□まほなり【真秀なり・真面なり】形動ナリ
①完全だ ②まともだ

★★★□けしき【気色】名
①様子・態度 ②機嫌 ③兆し

★★★□こころづきなし【心付き無し】形ク
①気にくわない

❷…ここでの「思はせたる」は、「察してもらう」という意。右近があらぬことを思うことを恐れて、詳しいことを手紙にかけないために読み手側に内容を読み取ってもらいたいとしている。

3

せたまはぬことなれば、心ひとつに思しつづくれど、右近はほの気色見

せなさっていないことなので、(Bは)心の中だけで思い続けなさるが、右近はかすかに様子を察してい

けり。(エ)「いかなりけることならむ」とは、今に心得がたく思ひける。御返り、

た。(Dは)「(AとBが)どういった事情だったのだろうか」と、今でも理解するのが困難だと思っていた。お返事は、

「聞こゆるも恥づかしけれど、おぼつかなくやは」とて書きたまふ。

(BはAに)「(返事を)申し上げるのも気が引けますが、(返事がないのも)**気がかり**では(と思って)」と前置きしてお詠みになる。

「❸ながめする軒のしづくに袖ぬれてうたかた人をしのばざらめやほど

「長雨で軒の雫に袖が濡れるように、物思いにふける私の袖も涙に濡れて少しの間もあなたを思い慕わないことがありま

ふるころは、げにことなるつれづれもまさりはべりけり。❹あなかしこ」と

しょうか、いやありません。**年月が経つ**頃、確かに格別な所在なさも増えることですよ。敬具」と

(カ)ゐやゐやしく書きなしたまへり。

(わざと)**丁寧で礼儀正しい**ようにお書きになっている。

ひきひろげて、玉水のこぼるるやうに思さるるを、人も見ばうたてあるべし

(AはBからの)手紙を広げて、**雨垂れの雫**がこぼれるように思われなさるのを、もし人が見たら**変に**感じるだろう

とつれなくもてなしたまへど、胸に満つ心地して、かの昔の、尚侍の君を朱

と平静を**振る舞って**いらっしゃるが、(Bへの思いが)胸に満ちる気持ちがして、その昔の、尚侍の君である朧月夜を朱

雀院の后の切にとり籠めたまひしをりなど思し出づれど、(さし当たりたること

雀院の母君がひたすら閉じ込めなさった時のことなどを思い出しになられるが、(Bとのことは)直面していること

□★★ **おぼつかなし【覚束なし】** 形ク
①気がかりだ ②はっきりしない

□★★★ **ふる【古る・旧る】** 動ラ上二
①年をとる ②はやらなくなる ③年月が経つ

□ **ゐやゐやし【礼礼し】** 形シク
①丁寧で礼儀正しい

□ **たまみづ【玉水】** 名
①清水 ②雨垂れなどの雫

□★★★ **うたて** 副
①不快で ②ますます ③変に

□★★ **もてなす【もて成す】** 動サ四
①扱う ②ふるまう

❸…長い雨の「長雨」と物思いにふける「眺め」がかけられている。

❹…「あなかしこ」は感動詞「あな」に形容詞「かしこし」の語幹「かしこ」が接続して一語化した語。手紙の末尾にあるため、③にあたる。
①「ああ恐ろしい」↓ク活用形容詞
②「決して…するな」↓副詞の禁止表現
③手紙の終わりに用いて敬意を表す語。敬具。

なれ《断定[已]》ば《接助》に《断定[用]》や《係助》、《原因》《疑問》❺これ は《係助》 世づか《四[未]》ず《打消[用]》 ぞ《係助》 あはれなり《ナリ[用]》 ける《過去[体]》。(キ)「好い《四[用]》《イ音便》 たる《存続[体]》 人 は《係助》、心 から《格助》 やすかる《ク[体]》 まじき《不可能[体]》 わざ なり《断定[用]》 けり《詠嘆[終]》、今 は《係助》 何 に《格助》 つけ《下二[用]》て か《係助》《疑問》 心 を《格助》 も《係助》 乱ら《四[未]》 まし《ため[体]》、❻似げなき《ク[体]》 恋 の《格助》 つま なり《断定[終]》 や《間助》、」と《格助》 さまし《四[用]》 わび《上二[用]》 たまひ《四[用]》《補》 て、御琴 搔き鳴らし て、なつかしう《シク[用]》《ウ音便》 弾き《四[用]》 なし《四[用]》 たまひ《四[用]》《補》 し《過去[体]》 爪音 思ひ出で《下二[未]》 られ《自発[用]》 たまふ《四[終]》《補》。

だからであろうか、このことは**世慣れする**ことなくしみじみとした思いであった。（Aは）「（私のような）**色好み**な人は、心穏やかにできないことをしてしまうのだなあ、今となっては何に心をも乱せばいいのだろうか、（人妻となった玉鬘は）**ふさわしくない**恋の相手であるよ。」と（心を）静めかねなさって、（Bが）（昔）お琴をかき鳴らして、親しみやすくお弾きになった爪音を思い出しなさる。

□よづく【世づく】動カ四
①世慣れる ②物心がつく
③世間並みである

□すく【好く】動カ四
①色好みである ②風流がる

□★★やすし【安し・易し】形ク
①心が穏やかだ・不安がない
②簡単である

□★★にげなし【似げ無し】形ク
①ふさわしくない

❺…「これ」は、玉鬘が鬚黒大将に奪われてしまったことを指す。

❻…助動詞「まし」は、上に「いかに／や／何」がある場合は「ためらい」の意味になる。

❹ 解答・解説

問1 〈答〉 (ア)いい加減にはできないことであるが　(イ)どうしてすべてを（あなたに）申し上げることができようか、いやできません。　(オ)あなたのことをいとしく思わないことがあろうか、いやありません。）

採点基準（各5点満点）

(ア) ❶「おろかならぬ」を、「いい加減にはできない／無視できない／並み一通りには扱えない」のように訳している……4点
❷「なれど」を、断定＋逆接の意を反映して「ことであるが」のように訳している……1点

(イ) ❶反語＋可能の意を用いて「どうして…ことができようか、いやできません。」のように訳している……3点
❷前文のつながりを意識して、「すべてを／思ったことの全部を」のように補って訳している……1点
❸「聞こゆ」を、「申し上げる」と訳している……1点

(オ) ❶「あなたのことを」のように、「人」が手紙を出す相手である光源氏であることを明示している……2点
❷「偲ぶ」を、「いとしく思う」と訳している……1点
❸反語表現を活かして「ないことがあろうか、いやありません。」と訳している……2点

※(ア)は二〇字前後。(イ)と(オ)は三〇～四〇字前後でまとめること。(ア)は❶を満たさず、❷のみ満たす場合は0点。

傍線部(ア)は以下のように単語分けされる。

おろかなら〔ナリ[未]〕／ぬ〔打消[体]〕／こと〔名〕／なれ〔断定[已]〕／ど〔接助《逆接》〕

「おろかなら」は「いい加減だ」と訳す「おろかなり【愚かなり】」の未然形。後に打消や反語表現を伴い、「いい加減で（あろうかいやいい加減で）はない」と訳す。玉鬘のことが恋しくたまらない理由が前世とのつながりがあることは無視できないとしておきながら、「わがあまりなる心にて、かく人やりならぬものは思ふぞかし」とあるように、光源氏の度を超えた色好みによってもたらされた部分が大きいと結論づけている。**玉鬘への思いをどうしても抑えられない光源氏の苦悩が描かれた箇所**である。

傍線部(イ)は以下のように単語分けされる。

いかで〔副〕／かは〔係助《反語》〕／聞こゆ〔下二[終]〕／べから〔可能[未]〕／む〔推量[体]〕

「いかで」は後に推量表現を伴って「どうして」と疑問・反語に訳したり、意志や願望の表現を伴って「何とかして」と訳したりする副詞。この箇所は「かは」という反語表現と重複して使用されている。前文「恨めしう思ひ出でらるること多うはべるを、（＝残念に思い出されることが多くございますが、）」から続く箇所であるから、「(思いの)すべてを」のような言葉を補足する必要がある。「言ふ」の謙譲語「聞こゆ」、可能の助動詞「べし」、推量の助動詞「む」すべ

ての意を含めて現代語訳すること。光源氏は側に右近がいるせいで、露骨に恋しい気持ちを表現できないでいる。

傍線部**(オ)**は以下のように単語分けされる。

> 人(名)／を(格助)／しのば(四[未])／ざら(打消[未])／め(推量[已])／や(係助)《反語》

玉鬘から光源氏に宛てた手紙に添えられた歌の一部であるから、「人」が**光源氏**。光源氏が詠んだ「かきたれて」の歌の中の「ふるさと人」も**光源氏自身**。彼の歌が、私のことを懐かしいと思い出してくれていますかという内容であるから、玉鬘の返歌も、懐かしく思い出さないことがありましょうかという内容になるはず。そのように考えて「ざらめや」の「や」を**反語表現**と判断すること。

問2（答 **玉鬘の、光源氏には簡単に会うことができそうもないことを悲しむ気持ち。**）

採点基準（8点満点）
❶「いかでかは対面もあらむ」の解釈として、光源氏には簡単に会うことができそうもないという内容が含まれている……4点
❷玉鬘の悲しい心情として「悲しむ／切ない」と訳している……2点
❸「玉鬘の、…気持ち」と、設問の問いかけに添って答えている……2点
※❶や❷を満たさず、❸のみ満たす場合は0点。

傍線部**(ウ)**は以下のように単語分けされる。

> げに、(副)／いかで(副)／かは(係助)《反語》／対面／も(係助)／あら(ラ変[未])／む(推量[体])

前文に「まほに、『恋しや、いかで見たてまつらむ』などはえのたまはぬ親にて、」とあることに注意する。光源氏は亡き愛人夕顔の娘である玉鬘を養女として引き取っている。ここでは人の妻となった玉鬘にとって、血のつながりのない光源氏は、恋しがっても逢いたいと言うことはできない親であると考えているのである。したがって、(ウ)には**光源氏に逢いたくても逢えない玉鬘の切ない気持ち**が表現されていると考えることができる。そのような理由で「いかでかは」は**問1**の(イ)と同じく反語表現と判断することができ、「あはれなり」を「悲しい／切ない」などと訳すことができるのである。「誰のどのような気持ちか」という問いかけであるから、「玉鬘の、…悲しい気持ち。」のような形にして答えること。

問3（答 **右近が、光源氏と玉鬘が実際にはどのような関係であったのかと思っている。**）

採点基準（8点満点）
❶「いかなりけること」の解釈として、光源氏と玉鬘が実際にはどのような関係であったのかという問題を指摘している……6点
❷「右近が…、と思っている。」のように、設問の問いかけに添って答えている……2点
※❶を満たさず、❷のみ満たす場合は0点。

基本的に光源氏や玉鬘には尊敬語が使用されており、二人に比べて身分が低い右近には使用されていないところから考えると、「右近はほの気色見けり。いかなりけることならむとは、今に心得がたく思ひける」の「思ひける」の主体は**右近**と判断することができる。よって、問いかけに添って「右近が…と思っている。」のような形にすること。

前文に「時々むつかしかりし御気色を、……右近はほの気色見けり。」とあることにも注意する。光源氏は玉鬘を養女としながらも恋慕しており、玉鬘にもいい寄ることがあったという。玉鬘は「この人にも知らせたまはぬことなれば」とあるように、右近にそのことを知らせてはいなかったのだが、「右近はほの気色見けり」とあるように、右近は二人の関係になんとなく気づいていたのである。よって、(エ)の「いかなりけることならむ」は**光源氏と玉鬘が実際はどのような関係なのだろうと右近が勘ぐっている様子**であると考えることができるのである。

問4（答）**玉鬘が、自分は光源氏の娘であるという立場をわきまえて、わざと丁重に書いたということ。**

採点基準（9点満点）
❶「玉鬘が」という主体の明示がある……1点
❷「養女という立場を配慮して」という内容が含まれている……4点
❸「わざと／意図的に」という意の「なし」を反映して「わざと丁重に書いた」のように訳している……3点
❹文末が「ということ。」になっている……1点
※❶から❸を満たさず、❹のみ満たす場合は0点。

傍線部(カ)は以下のように単語分けされる。

ゐやゐやしく［シク用］／書きなし［四用］／たまへ［四已］〈補〉／り［存続終］。

「ながめする」の歌は光源氏が玉鬘に詠んだ「かきたれて」の歌の返事であるので、「書きなし」の主体は**玉鬘**と判断する。「ゐやゐやしく」とは「**うやうやしい／礼儀正しい**」と訳すシク活用の形容詞「ゐやゐやし【礼礼し】」の連用形。血のつながっていない親である光源氏に対して、ストレートに恋しいとは言えない立場の玉鬘はわざと礼儀正しく手紙

を書くしかなかったのである。玉鬘の複雑な心境をつかみ取りながら説明すること。

問5 (答) **源氏のような数々の女性に対して思いを馳せ、自ら悩みを抱いてしまうような好色な人物**）

採点基準（10点満点）
❶「好いたる人」が好色な光源氏であることを明示している……3点
❷複数の女性を恋慕するという内容と、そのことによって自ら悩みを抱いてしまう性格であることを述べている……4点
❸「好い」の解釈を「好色な」のように訳している……2点
❹文末が「…という人物。」になっている……1点
※❶から❸を満たさず、❹のみ満たす場合は0点。

「好い」は「**好色である／趣味に熱心である**」などと訳す「すく**【好く】**」の連用形「好き」がイ音便化した形。最終段落は玉鬘からの手紙をもらって、恋しさのあまり涙を流す光源氏の様子が描かれている。よって、「好いたる人」とは好色な**光源氏**を指すことが理解できる。該当箇所の前後に「これは世づかずぞあはれなりける。好いたる人は、心からやすかるまじきわざなりけり、今は何につけてか心をも乱らまし」とあり、数々の女性に興味を抱いた結果、自ら心を乱してしまう光源氏の苦悩の様が描かれている。この箇所を踏まえて答えること。

このような説明問題は解答欄に余裕がある場合、該当する範囲をしっかりと解答に取り込むことが重要。字数が足りないという理由で減点されることがないようにしたい。

作品紹介

『源氏物語』（紫式部／平安時代中期）

～思い出の真木柱～

本文は『源氏物語』に収録されている「真木柱《まきばしら》」の一節です。光源氏は養女として引き取った玉鬘に恋心を抱いていたのですが、油断して鬚黒大将に奪われてしまいます。その折の光源氏の無念さがにじむ場面でしたね。

鬚黒大将には北の方と娘（真木柱）がいましたが、鬚黒大将が玉鬘を自邸に招き入れたために、北の方と娘は自宅を去ることになってしまいます。娘は父をとても慕っていたため、なかなか自宅を去ろうとしませんでした。去る直前に詠まれたのが次の歌です。この歌に詠まれている「真木柱」とはこの娘がいつも寄り添っていた邸の東面の柱を指しています。彼女は父に伝えられなかった切ない思いを東面の柱に打ち明けてそこを立ち去るのです。

今はとて　宿離《か》れぬとも　馴れ来つる
真木の柱は　われを忘るな

【訳】今となっては（ことともお別れとして）この邸を離れたとしても、ずっと慣れ親しんできた真木柱は私を忘れないでね。

古文において、愛しい人の衣やそこに焚きしめられた香、愛しい人が使用していた鏡などの調度品、手紙、筆跡、柱の傷などは「形見」となり得るものなのです。「かたみ【形見】」という古語は現在のように「遺品」だけを指すのではなく、「思い出（の品）」の意味もあります。

ずいぶんと前のことになりますが、僕がずっと暮らしていたなじみの地を離れる際、感傷的になっていたのでしょうか、その地の神社の境内の外れにある大きな木の洞にそっと紙きれを挟んだことがあります。「真木柱」の帖を読んだ後、無性にその形見を見に行きたくなってしまいました。もう跡形もなくなっていることでしょうが。

古文は人の日常に寄り添い、しみじみとした彩《いろどり》を添えたり、共感をもたらしてくれたりする存在でもあります。

14

第15回

解説
EXPLANATION

物語『源氏物語』—宿木—

語数 293語
得点 ／50点
問題頁 P.60
古文音声

❶ 読解のポイント

女君（＝中の君）のことを愛しく思いながらも、右大臣家の娘との縁談を断われない匂宮（＝宮）。夫の匂宮が他の女性のところに行ってしまうのをつらく感じながらも、何とかそれを顔に出すまいとする健気な中の君、邸宅を磨き上げ、匂宮の到来を待ち望む右大殿（＝右大臣）。右大臣の詠んだ「大空」の歌の真意を推し量ること。登場人物すべてに尊敬語が用いられているので、尊敬語の有無によって主体をはっきりさせるタイプの読解をするのではなく、それぞれの立場から主体を明示して読解すること。

〈あらすじ〉 中の君を妻としていた匂宮は、右大臣の姫君との婚儀を断りきれずいやいやながら承諾した。右大臣家では匂宮のお出ましを待っているが、中の君のことが気がかりな匂宮はなかなか訪れては来ない。お出ましを催促する父の右大臣。悲しみにくれる中の君を見捨てられなく、右大臣の申し出をつれなく扱うこともできないという板挟みに苦しむ匂宮であった。

❷ 登場人物

A **宮**…匂宮。Bを妻としていたが、Cの娘であるDとの縁談を断り切れず、しぶしぶDのもとに通うことになる。

B **女君**…中の君。Aの妻であるが、父母が亡くなり、頼りのない身の上となった。

C **右大殿**…右大臣。Aと娘のDとの縁談を画策する。

D **右大殿の娘**…Cの娘。父の命に従ってAと結婚する。

E **頭中将**…Cの息子。Dの兄。Dとの婚儀になかなかやって来ないAを迎えに行く。

1

❸ 全文解釈

（重要語／助動詞／接続助詞／尊敬語／謙譲語／丁寧語）

右大殿には、六条院の東の御殿磨きしつらひて、限りなくよろづをととのへて待ちきこえたまふに、十六日の月やうやうさし上がるまで心もとなければ、

右大臣においては、（Cが）六条院の東の御殿を美しく飾り付けて、この上なくすべてを整えて（Aを）お待ち申し上げなさるが、（Cは）十六夜がだんだん昇るまで気がかりなので、

❶「いとしも御心に入らぬことにて、いかならん」と安からず思ほして、案内したまへば、「この夕つ方内裏より出でたまひて、二条院になんおはしますなる」と人申す。

（Cが）「（婚儀を）大して気に入っておられないようなので、どうだろうか」と不安にお思いになって、（使者が）お調べになると、「（Aは）この夕方内裏から退出なさって、二条院にいらっしゃるようです」と使者が申し上げる。

(1)「思す人持たまへれば」と心やましけれど、今宵過ぎんも人笑へなるべければ、御子の頭中将して聞こえたまへり。

「（Aは）お思いになる人をお持ちなので」と（Cは）不愉快になられるが、今夜（Aが来ないまま）過ぎてしまうのも物笑いになるはずなので、ご子息の頭中将に命じて（次の歌を）申し上げさせなさった。

大空の月だに❷やどるわが宿に待つ宵すぎて見えぬ君かな

大空の月でさえ宿る私の家にお待ちする宵が過ぎてもお見えにならないあなたなのですね。

単語・文法・解説

□しつらふ 動ハ四
①調べる

□あないす【案内す】動サ変
①調べる
②取り次ぎを求める

□★こころやまし【心疚し】形シク
①不愉快だ

❶…強意の副助詞「し」は文中にあり、係助詞「も」について「しも」という形になることが多い。

❷…「だに」が「Aだに…、（まして）Bは…」のようにまずAを挙げ、次にBをあげている形になっている場合、「Aでさえ…ましてやBは…」と訳す類推の用法になる。

2

宮Aは、「なかなか今なんとも見えじ、心苦し」と思して、内裏におはしけるを、御文聞こえたまへりける、（御返りやいかがありけん）、なほいとあはれに思されければ、忍びて渡りたまへりけり。

匂宮は、「かえって（Bに）今日が婚儀の日だと知らせないほうがよいだろう、気の毒だ」とお思いになって、内裏にいらっしゃったが、（Bに）お手紙を差し上げなさった、その返事はどのようなものであったのだろうか、やはり（Bを）非常に気の毒にお思いになったので、（人目を）忍んで（Bのところに）お渡りになったのであった。

らうたげなるありさまを見棄てて出づべき心地もせず、Aいといとほしければ、よろづに契り慰めて、もろともに月をながめておはするほどなりけり。

（Bの）かわいらしい様子を見捨てて出て行こうという気持ちもせず、気の毒なので、（将来のことを）様々に約束し慰めて、一緒に月を眺めていらっしゃるところであった。

女君Bは、日ごろもよろづに思ふこと多かれど、(2)「いかで気色に出ださじ」と念じ返しつつ、つれなく冷ましたまふことなれば、ことに聞きもとどめぬさまに、おほどかにもてなしておはする気色いとあはれなり。

中の君は、数日の間あれこれと思い悩むことが多いが、「何とかして顔色には出すまい」と思い直して我慢しつつ、平気な様子で気持ちを落ち着けていらっしゃることなので、特に（匂宮の婚儀ついて）気にも留めない様子で、おっとりして振る舞っていらっしゃる様子が非常に気の毒である。

3

中将Eの参りたまへるを聞きたまひて、さすがにかれもBいとほしければ、

頭中将がいらっしゃったのを（Aが）お聞きになって、とはいってもやはりあちらも気の毒なので、

□★★★あは《わ》れなり 形動ナリ
①しみじみと…だ ②気の毒だ ③趣深い

□★★★しのぶ【忍ぶ】動バ上二・バ四
①我慢する ②隠す・秘密にする
③隠れ忍ぶ

□らうたげなり 形動ナリ
①かわいらしいさま
②愛らしいさま

□★★いとほ《お》し 形シク
①気の毒だ ②愛しい

□もろともに【諸共に】副
①一緒に

□ひごろ【日頃】名
①数日の間

□ねんじかへ《え》す【念じ返す】動サ四
①思い直して我慢する

□おほどかなり 形動ナリ
①おっとりしている・おおらかだ

出でたまはんとて、「今いととく参り来ん。ひとり月な見たまひそ。
お出ましになろうとして、（AはBに）「今すぐとても急いで帰って参りましょう。一人で月をご覧にならないでください。〈禁止〉
心そらなればいと苦し」と聞こえおきたまひて、なほかたはらいたければ、隠れ
（私の心も）上の空なのでとても苦しい」と申し上げておきなさって、やはりきまりが悪いので、人目につかない
の方より寝殿へ渡りたまふ。御後手を見送るに、ともかくも思はねど、ただ枕
方から（頭中将の）寝殿にお渡りになる。（BはAの）後ろ姿を見送るのに、あれこれとは思わないけれど、ただ枕が（涙で）
の浮きぬべき心地すれば、「心憂きものは人の心なりけり」と我ながら思ひ
浮いたような気持ちになるので、（Bは）「情けないものは（私のような）人の心であるよ」と自分のことながら身に沁み
知らる。
て知られる。

□とく【疾く】副
①すぐに・速やかに・急いで
②すでに

□こころそらなり【心空なり】形動ナリ
①上の空である

※…131頁「大空の」の歌は、「月はやってきたのに、お待ちする匂宮は宵を過ぎてもやってこないことよ」というように解釈することができるが、古代の人が名付けた次の月の名称も記憶しておくこと。このような名称から、当時の人は月が出るのを今か今かと待ち望んでいたことが理解できる。ちなみに十六夜以降の月は「有明《ありあけ》」と呼ばれる。

望月《もちづき》……十五夜の月
十六夜《いざよい》……十六夜の月
立待月《たちまちづき》……十七夜の月
居待月《ゐまちづき》……十八夜の月
寝待月《ねまちづき》……十九夜の月
更待月《ふけまちづき》……二十夜の月

15

❹解答・解説

問1（答）**右大臣は、「匂宮は恋しいとお思いになっている女性を、二条院でお持ちになっているので婚儀にいらっしゃらないのだ」と思って不快であるが、）**

採点基準（10点満点）

❶「心やましけれど」の主体が右大臣であることが明示されている……1点

❷「思す人」の「思す」の主語が匂宮であることを明示している。また、「人」が女性（妻の中の君）であることを明示し、加えて「思す」を「お思いになっている」と訳している……3点

❸「二条院に妻がいるので右大臣の娘のところ（こちら）に通ってこない」という内容になっている。「婚儀に来ない」という内容が補足されていないものは加点なし……4点

❹「心やましけれ」を「不快だ／不機嫌だ」と訳している。「けれ」は過去の助動詞ではないため、「不快であったが」のように訳してある訳文では1点減点……2点

前書きに「**中の君を妻としていた匂宮**」とあることに注意する。なかなか娘の所にやって来ない匂宮に対する父である右大臣の心情が描かれた箇所であるので、「思す」の主語は匂宮、「思す人」は二条院にいる愛妻の**中の君**を指していると判断すること。「たまへ」が「お…になる」と訳す「給ふ」の已然形、「れ」が存続の助動詞「り」の已然形、「ば」が「…ので」と訳す接続助詞なので、「思す人持たまへれば」全体で「**匂宮はお思いになっている女性を二条院にお持ちになっているので**」と訳すが、その後に「ここにいらっしゃらないのだ」のような言葉を補足して訳さなければならない。「心やまし」の「不快だ」という意味、逆接の接続助詞「ど」の意味なども含めて正確に訳すこと。

問2（答）**(2)何とかして、顔色には出すまいと思い直して我慢しつつ、平気な様子で落ち着きなさっていることなので　(3)今真っ先に帰って参りましょう。ひとりで寂しく月をご覧になってはならない。私の心も上の空なのでとても苦しいです。）**

採点基準（各10点満点）

(2)❶「何とかして、顔色には出すまい」のように、「いかで…じ」を「何とかして…すまい」と訳し、「気色に出ださ」を「顔色に出る」と訳している……3点

❷「念じ返しつつ」を「思い直して我慢しつつ／思い返して我慢しつつ」のように訳している……3点

❸「平気な様子で落ち着いている」＋尊敬の補助動詞＋「…ので」という原因理由の意味を活かして訳している……4点

(3)❶「とく」を「真っ先に／すぐに」、「参り来」を「（二条院に）帰って参る」と訳し、「む」を意志の意で訳している……4点

❷禁止表現を用いたうえで、「ご覧になる」と訳している……3点

❸「心そらなり」を「上の空である」と訳し、原因理由「…ので」と「苦しい」の意味を活かして訳している……3点

傍線部(2)は、匂宮の婚儀について動揺していることを匂宮に悟られまいと平静を装っている**中の君**の様子が描かれた箇所である。

「いかで」の後に意志や願望表現が続く場合、「なんとかして」と訳さなければならない。後に続く「じ」は「…すまい」と訳す打消意志の助動詞「じ」の連体形。「気色に出だす」は「**顔色に表れる**」と訳す表現であるから、「いかで景色に出ださじ」を「**何とかして顔色に出すまい**」と訳す。同様に「つれなく」を「平気な様子だ」、「冷まし」を「気を落ち着かせる」と訳し、「なれば」を断定の助動詞「なり」の已然形、原因理由を表す接続助詞「ば」を「…ので」と訳すことで「**平気な様子で落ち着きなさっているので**」と訳す。

傍線部(3)は、中の君を二条院に残し、右大臣の姫君のもとに行く直前に**匂宮が中の君に言い残した言葉**である。

まず、「今いととく参り来ん」全体で「**すぐに戻って参りましょう**」くらいに訳しておく。「いと」は「**たいそう・とても**」、「とく」は「**すぐに**」と訳す副詞、「参り来」は「**戻って参る**」と訳す動詞。「ん」は、会話主である匂宮自身が主語であるから、意志の助動詞と判別する。

次に、「ひとり月な見たまひそ」全体で「**ひとりで(寂しく)月をご覧になってはならない**」くらいに訳す。「な…そ」は「…してはならない」の意の呼応表現、「見たまひ」は「見る」を尊敬語にして「ご覧になる」となる。

そして、「心そらなればいと苦し」全体で「**私は上の空なのでたいそう苦しい**」くらいに訳す。匂宮は中の君に、「ここに居たいのはやまやまだけど、どうしても右大臣の娘との縁談を断れず娘のところに行かなければならない」というように告げているのである。「心そらなれ」は「上の空だ」と訳すこと。

問3 (答) Aは二条院に中の君を残して右大臣家の娘の所へ出向くのを気の毒に感じている箇所であり、Bは婚儀の日に右大臣家の娘の家に参らないのも不都合だと感じている箇所である。)

採点基準 (10点満点)

❶ Aの説明として、中の君を残して右大臣の娘のところにいくのを気の毒に感じるという内容が含まれている……4点

❷ Bの説明として、婚儀の折に右大臣の娘のところに参らないのはまずいという内容が含まれている……4点

❸ 「Aは…であり、Bは…である」のように、設問に応じた答え方で解答している……2点

※❶や❷を満たさず、❸のみ満たす場合は0点。

15

傍線部A・B双方とも主体は匂宮である。

Aの場合は、前文に「らうたげなるありさまを見棄てて出づべき心地もせず」とあることにより、気の毒に思う対象が妻の**中の君**、Bの場合は前文に「中将の参りたまへるを聞きたまひて、さすがにかれも」とあることから、やってくるのが遅い匂宮を迎えに、兄の頭中将を寄こした**右大臣**側が対象になっている。この違いをまとめることが必要である。

問4 （答 **中の君は匂宮の結婚について文句を言おうとは思ってはいないが、我慢することができずつい切なくなって涙が流れてしまう自分をつくづく情けないと思い知ったということ。**）

採点基準（10点満点）

❶「匂宮に対してあれこれと不平を言うつもりはない」という内容が含まれている……2点

❷「我慢することに耐えられず、涙をとめることができない」という内容が含まれている……4点

❸「心憂し」を「情けない」と訳し、「つくづく情けないと思い知った」のように解釈している……3点

❹文末が「…ということ。」になっている……1点

※❶から❸を満たさず、❹のみ満たす場合は0点。

問2(2)にも「気色に出ださじ」という表現が見られたが、中の君は匂宮に気を遣わせまいとしてあれこれと文句を言わずわざと冷静を装っていた。しかし涙が流れるのだけは止めることができないというのである。「枕の浮きぬべき心地」は「**涙が流れそうである**」の意。そんな自分の心模様を「心憂き」と感じている。「心憂き」は「**つらい／情けない**」と訳すク活用の形容詞「こころうし【心憂し】」の連体形であるが、この場合は「**情けない**」と訳すこと。泣いてはならないと涙を見せなかった中の君であるが、他の女性のもとに行く夫・匂宮の姿を見送った時につい涙をにじませてしまう。そんな弱い自分を表した言葉が「心憂し」だと考えること。解答は、これらの心情をすべて含めて、文末を「…ということ。」という形でまとめること。

作品紹介

『源氏物語』

〜空行く月を慕ふかな〜

（紫式部／平安時代中期）

『源氏物語』五四帖のうち、「橋姫」（四五帖）から夢浮橋（五四帖）までのラスト十帖のことを「宇治十帖」と呼びます。今回の「宿木《やどりぎ》」もその中の一つのお話。薫大将、匂宮、宇治の八宮、その娘の大君と中の君という二人姉妹、異母姉妹の浮舟などが主な登場人物です。「宇治《うぢ》」に「つらい／憂鬱だ」の意の「憂し」が掛けられ、宇治の地を舞台にした人間のつらく切ない生きざまが描かれています。

ここに登場する大君ですが、彼女は宇治十帖の主人公の薫大将の意中の女性なのでした。けれど大君は薫に惹かれながらも、その気持ちを押し殺し、妹の中の君と薫の結婚を望むようになります。非常に自己犠牲の強い女性だったようですね。大君のことを諦めきれない薫は中の君と匂宮との間を取り持つことによって大君の気持ちを自分に向けようとします。匂宮が忍び歩きを禁じられ通って来なくなると、大君は心労が重なり病の床につき、ついには薫に看取られながら亡くなってしまいます。奥ゆかしくて魅力的、だけど決して幸福にはなれない女性だったのです。大君に先立たれた薫は彼女を月にたとえた次の歌を詠んでいます。四七帖「総角《あげまき》」にある歌です。月はあの世（西方浄土）のある西の方に沈みますから、月を慕うというのは亡き彼女を追って自分も死にたいと嘆いていることになります。

後れじと　空行く月を　慕ふかな
つひに住むべき　この世ならねば

【訳】彼女の死に遅れまいと空をめぐっていく月を慕うことよ。所詮この世はずっと生きられないので。

空行く月が西に沈むようにかけがえのない人が他界し、後を追って死ぬこともできない薫は、実妹の中の君に言い寄ったり、異母妹である浮舟を強引に宇治にかこったりなどという常軌を逸した迷走を始めるのです。

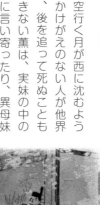

◆最高レベルに到達、おめでとう!!

さて、「レベル⑥最上級編」はこれでおしまいです。このレベルに達するまで真剣に古文に取り組んできた君に、心から敬意を表したいと思います。

レベル⑥はこのシリーズの最終到達点であり、難関国公立大に出題された良問を通じて大学入試の最高レベルに必要なスキルを磨いてきました。本書をやり遂げた皆さんにとって、古文はもはや「得意科目」になっているはず。このまま志望校の過去問にどんどんチャレンジして、しっかりと入試傾向を分析し、精度の高い解答力を磨いてください。

どれほど険しく高い山に見えても、前に足を運んでさえいれば必ず山頂に至るものです。そして、山頂に至れば、そこからしか見えないもっと高い山の頂を発見して、そこに登りたくなるもの。歩みを止めないでください。学問に終わりはありませんからね。

【音声学習】全古文の朗読音声を再生 ▶▶▶

右の二次元コードを読み込むと、本書に収録された全古文（第1回〜第15回の問題文）の朗読音声が「全編通し」で再生できます。本書の復習や音読学習などにご活用ください。☞

巻末付録

重要事項のまとめ

❶ 基本読解マニュアル
❷ 語の識別
❸ 敬語の種類
❹ 重要文学史一覧

❶基本読解マニュアル

【主語同一用法・主語転換用法】

①**主語同一用法**（＝⬇）…接続助詞[*1]「て・で」の前後の主語は**同じ**であることが多い[*2]という法則。

②**主語転換用法**（＝♻）…接続助詞「を・に・が・ど・ば」の前後では主語が**変わる**ことが多い[*2]という法則。

❖これらの用法を用いることで、省略された主語を補足しやすくなる。

例 かの人の入りにし方《かた》に入れば♻〈単接〉、塗籠《ぬりごめ》あり。そこにゐて⬇、もののたまへど♻〈逆接〉、をさを答《いら》へもせず。（宇津保物語）

▼（男が）あの女の入っていった方に入ると、塗籠（＝部屋）がある。（男は）そこに座って、（男が）何かおっしゃるが、（女は）ほとんど返事もしない。

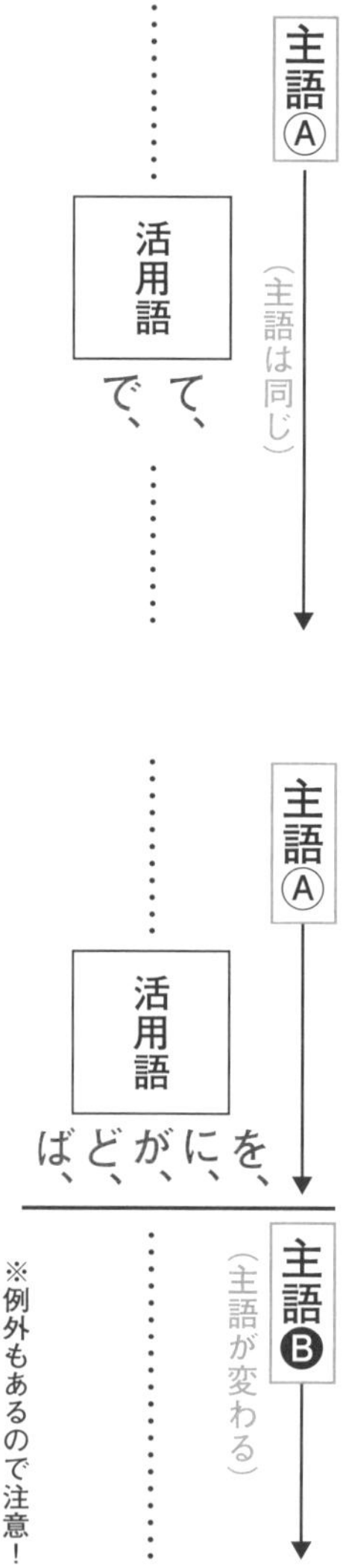

◆**補足説明**

＊1 接続助詞…文と文をつなぐ働きをする助詞。**格助詞**にも「を・に・が」があるので、明確に区別すること。

＊2 ただし、例外も少なくない。省略された主語を補足するための**一つの目安**であると考え、**文脈**も重視しながら判断することが大切。なお、本書の**【全文解釈】**では、同用法が適用できる箇所にだけ、⬇や♻の印を付けている。

巻末付録

【心中表現文・会話文・挿入句を区切る】

① **地の文***3の中に、**心中表現文***4や（「　」の付いていない）**会話文***5があったら「　」を書き込んで区切る。**挿入句***6があったら（　）で区切る。

❖区切ることで、主語と述語の関係や文脈が明確になり、読解がしやすくなる。

② 左図のように、心中表現文・会話文は、**読点**《とうてん》（、）または**句点**《くてん》（。）の直後から始まり、「**とて、***7」や「**と思ふ**／**と言ふ**」などの直前で終わるのが原則。挿入句は、**読点**《とうてん》（、）の直後から始まり、最後が「**……にや、**／**……にか、**／**……推量、**」という形になっているのが原則。

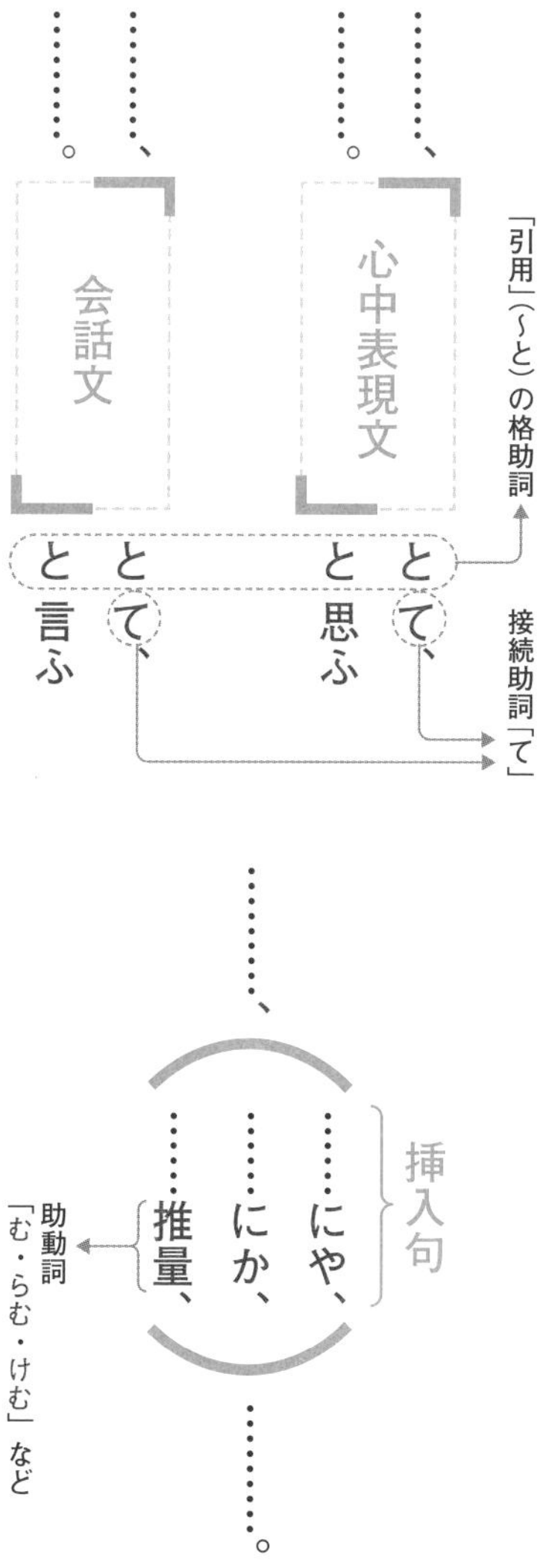

*3 **地**《じ》**の文**…「　」の文以外で、ふつうに物事を述べている文のこと。

*4 **心中**《しんちゅう》**表現文**…登場人物が**心の中**で思ったり言ったりしたことを**表現**した**文**（ふつう「　」は付かない）。**心中思惟**ともいう。

*5 **会話文**…地の文に対して、実際に口に出して話された文のこと。通常は「　」が付いているが、付いていない場合もある。

*6 **挿入句**《そうにゅうく》…地の文の中に挿入された、作者や話し手の疑問や意見のこと。読点（、）で区切って地の文に挟み込んでいるので、「ハサミコミ」ともいう。

*7 …この「**と**」は引用（～と）を表す格助詞。基本的には、「**と思ふ**」なら心中表現文、「**と言ふ**」なら会話文であると考えましょう。「**思ふ**・**言ふ**」などの動詞は「敬語」になる場合もあるので注意。

例 思ふ→おぼす
　言ふ→おほす・申す

❷ 語の識別

問題文にある傍線部を解釈する場合など、古文を正確に読解するためには、語をすべて一語ずつ「単語分け」して、その品詞・活用形・意味を**識別**する力をつけなければなりません。語を識別する際は、その語が**自立語**（の一部）なのか**付属語**なのかを区別してから考えます。識別では、**接続と活用**に注目するのが基本です。特に付属語の場合、**接続**が識別の決め手になります。

❶「に」の識別

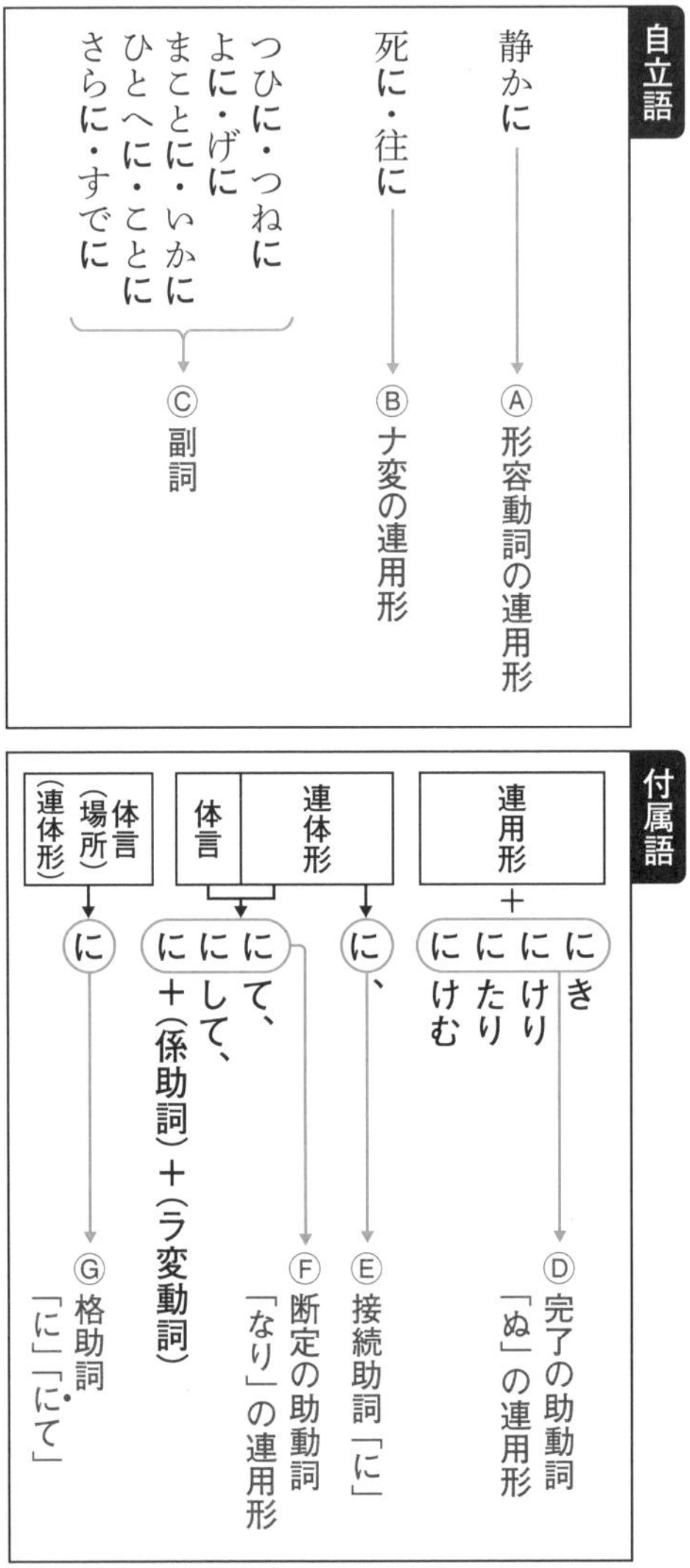

◆「レベル① 文法編」参照

識別の図や脚注は、『古文レベル別問題集① 文法編』からの抜粋です。文法を「ゼロ」から「最短距離」でマスターしたい人は「レベル①」をご一読ください。大学受験に必要な文法は、すべてその薄い一冊に記載されています。

「に」の識別法

Ⓐ…「に」の上に「か・ら・げ」の文字があれば、**形容動詞（ナリ活用）**の連用形の一部である場合が多い。

Ⓓ…「に」が**連用形**接続で、下に過去・完了の助動詞（き・けり・たり・けむ）が続けば、**完了の助動詞「ぬ」**の連用形。

Ⓕ…「に」が**連体形**か**体言**に接続して、下に接続助詞「て・して」や「**（係助詞）＋（ラ変）**」が続くとき、「に」は断定の助動詞「**なり**」の連用形。ただし、後ろの**係助詞**や**ラ変動詞**はどちらかが省略される場合も多いので注意。

巻末付録

❷「なり」の識別

自立語

「か・ら・げ」(唐揚げ)の文字が多い → 静かなり → Ⓐ 形容動詞

「と・く・う・に」(特ウニ)の文字が多い → 僧になり → Ⓑ 四段活用動詞「成る」の連用形

付属語(助動詞)

終止形・ラ変連体形 ― 言ふ・聞く・伝ふ・鳴く など(聴覚に関する用言) → なり → Ⓒ 伝聞・推定

連体形・体言 → なり → Ⓓ 断定

体言 ― 場所・地名 → Ⓓ′ 存在

❸「なむ」の識別

自立語

死なむ
往《い》なむ
去《い》なむ
(ナ変 推量)
→ Ⓐ ナ変の未然形＋推量の助動詞「む」

付属語

未然形 なむ。(句点) → Ⓑ 願望の終助詞

連用形 な(強意) む(推量) → Ⓒ 強意の助動詞「ぬ」の未然形＋推量の助動詞「む」

なむ … 動詞(係結び) → Ⓓ 係助詞

「なり」の識別法

Ⓐ Ⓑ…形容動詞は「なり」の上に「か・ら・げ」の文字があることが多い。動詞の「なり」の上には格助詞や形容詞の活用語尾(と・く・う・に)がくる場合が多い。

Ⓒ Ⓓ…**終止形**または**ラ変型に活用する語の連体形**に接続していればⒸ、(ラ変以外の)**連体形**または**体言**に接続していればⒹである。

※Ⓒの「なり」は、「言ふ・聞く」など「耳」に関する動詞の**終止形**に接続することが多い。

「なむ」の識別法

Ⓑ…**未然形**接続で下に「句点(。)」がある(文末にある)場合は終助詞「なむ」。

Ⓒ…助動詞「つ・ぬ」は主に**完了**の意味を表すが、下に**推量**の助動詞が付いた「**てむ・なむ・つべし・ぬべし**」の形はすべて「**強意＋推量**」(きっと…**だろう**)の意味になるので注意。「な」は**連用形**接続、「**む**」は**未然形**接続である点にも注目。

④「ぬ」と「ね」の識別

「ぬ」の識別

- 未然形 ＋ ぬ（体言） → Ⓐ打消の助動詞「ず」の連体形
- 連用形 ＋ ぬ。 → Ⓑ完了の助動詞「ぬ」の終止形
- 連用形 ＋ ぬべし／ぬらむ／ぬめり → Ⓒ強意の助動詞「ぬ」の終止形

「ね」の識別

- 未然形 ＋ ねば、／ねど、／ねども、 → Ⓓ打消の助動詞「ず」の已然形
- 連用形 ＋ ね。 → Ⓔ完了の助動詞「ぬ」の命令形

⑤「らむ」の識別

自立語

（「ら」は自立語の一部）

- 良か《ka》らむ → 形容詞の未然形＋「む」
- 静かな《na》らむ → 形容動詞の未然形＋「む」
- 取《to》らむ → 四段動詞の未然形＋「む」
- あ《a》らむ → ラ変動詞の未然形＋「む」
- な《na》らむ → 四段動詞の未然形＋「む」

（用言の未然形＋推量の助動詞 → Ⓐ）

断定の助動詞「なり」の未然形である場合もある。

付属語（助動詞）

- 「～ウ《u》」 終止形／ラ変 連体形 ＋ らむ → Ⓑ現在推量の助動詞「らむ」の終止形または連体形
- 「～エ《e》」 サ変 未然形／四段 已然形 ＋ ら／む → Ⓒ完了（存続）の助動詞「り」の未然形＋推量の助動詞「む」
- 未然形 ＋ ざ《za》／む → Ⓓ打消の助動詞「ず」の未然形＋推量の助動詞「む」

「ぬ」と「ね」の識別法

Ⓐ…「ぬ」が**未然形**接続で**連体形**（下に体言がある）の場合。

ⒷⒸ…「ぬ」が**連用形**接続で**終止形**の場合。文末の「ぬ。」は、打消の助動詞「ず」が係結びで**連体形（ぬ）**になっている可能性もあるので注意。

Ⓒ…下に推量の助動詞が付いた「**ぬ**べし・**ぬ**らむ・**ぬ**めり」の「**ぬ**」。

Ⓓ…「ね」が**未然形**接続で**已然形**の場合。接続助詞「ば」「ど・ども」は**已然形**接続。

Ⓔ…連用形接続で命令形の場合。

「らむ」の識別法

Ⓑ…「らむ」が終止形からラ変連体形（＝直前の音は「～ウ《u》」）に接続する場合。

Ⓒ…「らむ」がサ変未然形か四段已然形（「～エ《e》」の音）に接続する場合。

Ⓐ…「らむ」が「～ウ《u》・～エ《e》」以外の音（＝「～ア《a》・～イ《i》・～オ《o》」）に接続する場合。ただⒹの場合も時々あるので注意。

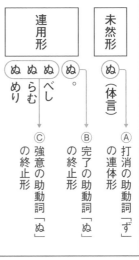

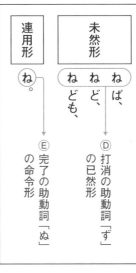

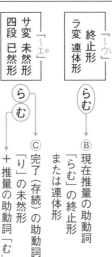

❻「し」の識別

自立語

美し → Ⓐ形容詞の終止形活用語尾

移して、→ Ⓑサ行四段活用動詞の連用形活用語尾

（接続助詞「て」）

読経して、→ Ⓒサ変動詞の連用形

付属語

連用形／サ変未然形（せ）・カ変未然形（こ）＋し（体言） → Ⓓ過去の助動詞「き」の連体形

連用形＋して、 → Ⓔ接続助詞「して」の一部

し（も）＋動詞 → Ⓕ副助詞「し」（強意）

体言＋して → Ⓖ格助詞「して」の一部

「し」の識別法

Ⓓ…過去の助動詞「き」の連体形の「し」は、基本的には**連用形**に接続するが、**サ変とカ変の未然形（せ／こ）**にも接続して「**せし**・**せしか**／**こし**・**こしか**」という形を取ることもあるので要注意。

Ⓔ…連用形に接続する「**して、**」の「し」はほぼⒺ。接続助詞「して」は、**単純な接続**（…て）の用法を持ち、上には形容詞の連用形活用語尾（〜**く**）や助動詞「ず」の連用形（**ず**）がくることが多い。

Ⓕ…動詞の上にある「し（も）」は副助詞。

Ⓖ…**体言**に接続する「して」にはⒸとⒼがあるが、「（体言）**をする**」と訳せる場合はⒸ、訳せない場合はⒼである。

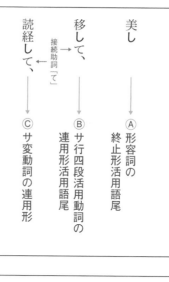

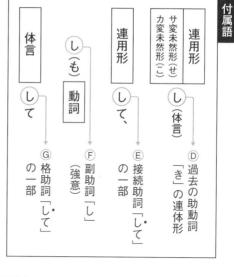

3 敬語の種類

【主な尊敬語】

最 ←最高敬語の印

最高敬語	頻出度	尊敬語	漢字表記	活用	通常語	訳し方（本動詞）
	★★★	たまふ	【給ふ】	ハ四	与ふ　やる	お与えになる・くださる（補助動詞の場合）「お〜になる・〜なさる」
	★	たぶ（たうぶ）	【賜ぶ・給ぶ】	バ四		
	★★	おはす	【御座す】	サ変	あり　をり　行く　来	いらっしゃる（補助動詞の場合）「〜ていらっしゃる」
最	★★	おはします	【御座し坐す】	サ四		
		いまそがり	【在そがり】	ラ変		
	★★	のたまふ	【宣ふ】	ハ四	言ふ	おっしゃる
最	★	のたまはす	【宣はす】	サ下二		
	★★	おほす	【仰す】	サ下二		
	★★★	おぼす	【思す】	サ四	思ふ	お思いになる
		おもほす	【思ほす】	サ四		
	★	きこす	【聞こす】	サ四	聞く	お聞きになる
	★★	めす	【召す】＊1	サ四	飲む　食ふ　着る　乗る	お召しになる
最	★	あそばす	【遊ばす】	サ四	す	なさる
最	★★	ごらんず	【御覧ず】	サ変	見る	ご覧になる
最	★	おほとのごもる	【大殿籠る】	ラ四	寝　寝ぬ	お休みになる
	★	つかはす	【遣はす】	サ四	遣る	おやりになる

◆補足説明

＊1…「めす」が**補助動詞**の場合、敬意を含む動詞（敬語動詞）の**連用形**に付いて、**さらに敬意を高める（最高敬語にする）働き**をする。

例 おぼす＋**めす**→おぼしめす

例 きこす＋**めす**→きこしめす

※「見《め》す」だと「ご覧になる」と訳す場合がある。

＊2…「きこゆ【聞こゆ】」は、「**聞こえる・評判になる**」という意味のふつうの動詞として用いられる場合もあるので、文脈に注意。

＊3…「たてまつる」「まゐる」は主に**謙譲語**として使われるが、時々**尊敬語**（訳：**お召しになる**）としても用いられる。

＊4…「たまはる」は主に**謙譲語**として使われるが、時々「たまふ」と同じ意味の**尊敬語**（訳：**お与えになる**）としても用いられる。

㊔←絶対敬語の印

【主な謙譲語】

絶対敬語	頻出度	尊敬語	漢字表記	活用	通常語	訳し方（本動詞の場合）
	★★★	まうす	【申す】	サ四	言ふ	申し上げる（補助動詞の場合「お～する・（お）～申し上げる」）
	★★★	きこゆ	【聞こゆ】＊2	ヤ下二		
絶	★	きこえさす	【聞こえさす】	サ下二		
絶	★★	そうす・けいす	【奏す・啓す】	サ変		※「奏す」は天皇に対して、「啓す」は中宮や皇太子に対して「申し上げる」の意。どちらもサ変動詞なので注意。
	★★★	たてまつる	【奉る】＊3	ラ四	与ふ やる	差し上げる・献上する（補助動詞の場合「お～する・（お）～申し上げる」）
絶	★★★	まゐらす	【参らす】	サ下二		
	★★★	まゐる	【参る】＊3	ラ四	行く やる	参上する・差し上げる
	★	まうづ	【詣づ】	ダ下二	行く	参上する・参詣する
	★	まかる・まかづ	【罷る・罷づ】	ラ四	去る 出づ	退出する
	★★	うけたまはる	【承る】	ラ四	聞く 受く	お聞きする・伺う・いただく
	★	たまはる	【賜る】＊4	ラ四	受く	いただく・頂戴する
	★★★	たまふ	【給ふ】＊5	ハ下二		～せていただく（～です／ます）

【主な丁寧語】

頻出度	尊敬語	漢字表記	活用	通常語	訳し方（本動詞の場合）
★★★	はべり	【侍り】	ラ変	あり をり	あります・おります ＊6（補助動詞の場合）「～です／ます」
★★	さぶらふ（さうらふ）	【候ふ】	ハ四		

＊5…「給ふ」は謙譲の補助動詞として用いられる場合もあり、「～です／ます」または「～せていただく」と訳す。

(例) 主人の女ども多かりと聞き給へて、（訳：主人の娘たちが多いと聞きまして〔＝お聞きして〕、）

※謙譲語の場合、活用はハ行下二段活用（給〔へ―へ―ふ―ふる―ふれ―へよ〕）になる。

※謙譲語の「給へ」は、次の形以外で使われている用例がない。

(1)「会話文」の中にある。

(2)「聞き給へ」「見給へ」「思ひ給へ」「覚え給へ」「知り給へ」という形である。これ以外の「給へ」はすべて尊敬語だと判断してよい。

＊6…「侍り・候ふ」は、謙譲語（本動詞）で「お仕えする」と訳す場合もある。

❹ 重要文学史一覧（平安～江戸時代）

赤太字＝入試最頻出　**黒太字**＝入試頻出　明朝体＝時々出題

※大学入試約1000題の集計結果より。字が大きいものほど頻出。赤太字と**黒太字**（の一部）を下欄にて解説。

西暦（年）	時代	説話／物語	日記・紀行文／随筆・評論（歌論）
七九四	平安		
八〇〇		仏 日本霊異《りょうい》記（景戒《きょうかい》）	
九〇〇		作 竹取物語（作者未詳）	
		歌 伊勢物語（作者未詳）	日 土佐日記（紀貫之《きのつらゆき》）
九五〇		歌 **大和《やまと》物語**（作者未詳）❶	
		歌 **平中《へいちゅう》物語**（作者未詳）	
		作 **宇津保《うつほ》物語**（源順《したごう》？）❷	日 **蜻蛉《かげろう》日記**（藤原道綱母《みちつなのはは》）❸
		作 **落窪《おちくぼ》物語**（作者未詳）❹	
一〇〇〇		作 **源氏《げんじ》物語**（紫式部）❺	随 **枕草子《まくらのそうし》**（清少納言《せいしょうなごん》）❻
			日 **和泉《いずみ》式部日記**（和泉式部）❼
			日 **紫式部日記**（紫式部）
		歴 **栄花《えいが》（栄華）物語**（赤染衛門《あかぞめえもん》／出羽弁《いでわのべん》）❽	

大学入試頻出作品の概説

❶**大和物語**…天皇から遊女まで様々な主人公が登場。数々の和歌を使った恋愛話や、あわれ深い話が多い。

❷**宇津保物語**…全20巻の大長編。「宇津保」とは「洞《ほら》穴《あな》」の意。生活するすべを失った母子が洞穴で生活するシーンにちなむ。内容としては、琴の秘曲伝授・恋愛話・政治的紛争が語られる。

❸**蜻蛉日記**…上巻は夫・藤原兼家への愛と嫉妬が綴られるが、中巻・下巻では子・道綱への母性愛が綴られる。自己を客観視した記述も見られる。

❹**落窪物語**…いわゆる「継子《ままこ》いじめ」の話。虐待されていた継子の姫君が右近少将道頼に救い出され、継母方が少将に復讐されるという話。

❺**源氏物語**…全54帖の大長編物語（三部構成）。第一部は桐壺帝の皇子・光源氏の恋愛と栄華、第二部は光源氏の苦悩と崩落、第三部（＝宇治十帖）は光源氏の子（実は柏木の子）薫と光源氏の孫・匂宮の暗くもひたむきな恋愛を描く。当時の貴族社会の光と影を「もののあわれ」の情趣と共に写実的に描写した物語は、日本古典の最高峰とされる。

❻**枕草子**…「すさまじきもの」などのような物尽くしの章、「春はあけぼの」などに代表される自然・人事の感想を書いた章、作者と女房たちが仕えている中宮定子の回想記、の三つの章に分類される。

❼**和泉式部日記**…和泉式部と帥宮敦道《そちのみやあつみち》親王との1年にも満たない愛の日記。和歌も多く、歌物語に似た性格もある。歌は帥宮への贈答歌が中心。後に、和泉式部は女房として中宮彰子《しょうし》に仕えた。

一〇五〇

一一〇〇

一一五〇

←鎌倉時代に続く

歴 **大鏡《おおかがみ》**（作者未詳）❾

作 **堤《つつみ》中納言物語**（作者未詳）

作 **浜松中納言物語**（菅原孝標女《たかすえのむすめ》？）❿

作 **夜《よ》[夜半《よわ》]の寝覚**（菅原孝標女《たかすえのむすめ》？）

作 **狭衣《さごろも》物語**（禖子《ばいし》内親王宣旨？）

世 **今昔《こんじゃく》物語集**（作者未詳）⓭

世 **古本《こほん》説話集**（作者未詳）

歴 **今鏡《いまかがみ》**（藤原為経《ためつね》？）⓯

作 **とりかへばや物語**（作者未詳）

仏 **宝物集《ほうぶつしゅう》**（平康頼《やすより》）

日 **更級《さらしな》日記**⓫（菅原孝標女《たかすえのむすめ》）

日 **讃岐典侍《さぬきのすけ》日記**（藤原長子）⓬

評 **俊頼髄脳《としよりずいのう》**（源俊頼《としより》）⓮

世＝世俗説話　仏＝仏教説話　作＝作り物語　歌＝歌物語　歴＝歴史物語　軍＝軍記物語　小＝小説　日＝日記・紀行文　随＝随筆　評＝評論（歌論）

❽**栄花（栄華）物語**…宇多天皇から堀河天皇までの約200年間の歴史。藤原道長の**栄華**を賛美。敬語に注意して人間関係を掌握しながら読解すること。

❾**大鏡**…文徳天皇から後一条天皇までの歴史とその他30人の列伝。『栄花物語』と違い、藤原道長の栄華を**批判的**に語る。（尊敬語の文以外の）主語のない文の主語は、語り手であることが多い。

❿**浜松中納言物語**…主人公である浜松中納言の、日本と唐にまたがる恋や転生を中心とした浪漫的な物語。作者は『更級日記』の菅原孝標女とされる。

⓫**更級日記**…東国（関東）から帰京した13歳のときから52歳まで、約40年間にわたる生涯の回想記。『源氏物語』に憧れた少女時代や、親しい人との死別など、その内容は様々。

⓬**讃岐典侍日記**…堀河天皇の発病から病死までの悲しい様子、それに続く幼い鳥羽天皇の即位などを素直に綴った日記。病気がちな貴人は堀河天皇、高貴な子供は鳥羽天皇と考えてよい。

⓭**今昔物語集**…千余りの説話から成り、天竺（インド）・震旦（中国）・本朝（日本）の三部門に分かれている。ほとんどの話が「今は昔」で始まっているので、説話であることに気づきやすい。

⓮**俊頼髄脳**…「気高く遠白き」（気品があって奥深い趣があること）を和歌の理想と説く。和歌の良し悪しについての論が多い。

⓯**今鏡**…後一条天皇から高倉天皇までの約150年の歴史を記す。敬語に注意して人間関係を掌握し、読解すること。『大鏡』『今鏡』『無名草子』の三つの作品は「語り手」が登場するので注意。

西暦（年）	時代	説話／物語	日記・紀行文／随筆・評論（歌論）
一一八五	鎌倉	[歴] 水鏡《みずかがみ》（中山忠親《ただちか》？）	[評] **無名草子《むみょうぞうし》**（藤原俊成女《としなりのむすめ》？）❶
一二〇〇		[仏] **発心集《ほっしんしゅう》**（鴨長明《かものちょうめい》）❷ [軍] 保元物語《ほうげんものがたり》（作者未詳） [軍] 平治物語《へいじものがたり》（作者未詳） [軍] **平家物語《へいけものがたり》**（信濃前司行長《しなののぜんじゆきなが》？）❹ [作] 住吉物語《すみよしものがたり》（作者未詳） [世] **宇治拾遺物語《うじしゅういものがたり》**（作者未詳）❺ [仏] 閑居友《かんきょのとも》（慶政上人《けいせいしょうにん》？）❻ [世] 今物語《いまものがたり》（藤原信実《のぶざね》）❼	[評] 無名抄《むみょうしょう》・方丈記《ほうじょうき》（鴨長明）❸ [日] **建礼門院右京大夫集《けんれいもんいんのうきょうのだいぶしゅう》**（藤原伊行女《これゆきのむすめ》） [日] 東関紀行《とうかんきこう》（作者未詳）
一二五〇		[世] **十訓抄《じっきんしょう》**（作者未詳）❽ [世] 古今著聞集《ここんちょもんじゅう》（橘成季《たちばなのなりすえ》）❾	[日] 十六夜《いざよい》日記・うたたね（阿仏尼《あぶつに》）⓫ [日] とはずがたり（後深草院二条《ごふかくさいんのにじょう》）⓬
一三〇〇		[仏] **沙石集《しゃせきしゅう》**（無住《むじゅう》）❿	[随] **徒然草《つれづれぐさ》**（兼好法師《けんこうほうし》）⓭

大学入試頻出作品の概説

❶**無名草子**…『源氏物語』など平安時代の様々な物語評をはじめ、小野小町・清少納言・紫式部などのすぐれた女性を、女性の立場で批評している。老尼と女房たちの対話形式であるため、語り手の存在を意識すること。

❷**発心集**…**『方丈記』**で有名な**鴨長明**が著した**仏教**説話集。仏道に入って俗世への執着を絶ったり、極楽往生を願うといった話が多い。各話には作者である鴨長明の感想（仏教的無常観）が付け加えられている。

❸**無名抄**…『方丈記』の鴨長明の歌論書。和歌に関する故実、歌人の逸話・語録、詠歌の心得などを記した随筆風の書。

※『方丈記』が入試で出題されることは極めて稀。

❹**平家物語**…平家一門の栄枯盛衰を描いた軍記物語。平家の栄華、（平清盛没後の）都落ち、滅亡、悲話など様々な内容。小説風にまとまった文庫本を1冊読んでおくと有利。

❺**宇治拾遺物語**…**仏教**説話を80話、**世俗**説話を120話ほど掲載。全体として教訓性・啓蒙性は薄く、破戒僧、盗賊、「こぶ取り爺さん」の話など、笑いやおかしみにまつわる庶民的な説話が多い。

❻**閑居友**…仏教説話集。作者自身の感想が色濃く表れている点が特異である。平家滅亡後の関係者の話（特に女性の説話）が頻出する。

❼**今物語**…短い説話（小話）53編からなる。和歌を中心とした「みやび」の世界を織りなす逸話や、貴族社会の裏話や失敗談などの世俗説話が収録されている。

巻末付録

一三三六	室町	歴 **増鏡**《ますかがみ》（二条良基《よしもと》？）⓮ 軍 **太平記**（小島法師？） 軍 曽我《そが》物語（作者未詳） 軍 義経記《ぎけいき》（作者未詳）	
一四〇〇		作 御伽草子《おとぎぞうし》（作者未詳）	評 風姿花伝《ふうしかでん》（世阿弥《ぜあみ》）
一五〇〇			
一五七三	安土桃山		
一六〇〇	江戸		
一六五〇		小 好色一代男・ 小 好色五人女・ 小 日本永代蔵・ 小 世間胸算用（井原西鶴《さいかく》）	
一七〇〇		小 雨月《うげつ》物語（上田秋成《うえだあきなり》）	評 奥《おく》の細道《ほそみち》（松尾芭蕉） 評 去来抄《きょらいしょう》（向井去来《むかいきょらい》） 評 **玉勝間**《たまかつま》（本居宣長《もとおりのりなが》）⓯
一八〇〇		小 東海道中膝栗毛《ひざくりげ》（十返舎一九《じっぺんしゃいっく》） 小 南総里見八犬伝《なんそうさとみはっけんでん》（滝沢馬琴《たきざわばきん》）	評 花月草紙《かげつそうし》（松平定信《さだのぶ》）

❽**十訓抄**…約280話の**世俗**説話を十編に分類して掲載している。インド・中国・日本の説話の中から教訓的なものが集めてある。

❾**古今著聞集**…約700話の**世俗**説話が年代順に収められてある。平安貴族社会に対する強い憧憬の念が見られる。『今昔物語集』、『宇治拾遺物語』、そしてこの作品が「三大説話」とされる。

❿**沙石集**…庶民を仏教に帰依させる方便として約120編の**仏教**説話を集めたもので、10巻からなる。仏教の教理をわかりやすく説く仏教説話、和歌説話、笑話など、内容は多彩を極める。

⓫**うたたね**…『十六夜日記』で有名な歌人、阿仏尼のもう一つの日記。若い頃、失恋し、出家求道の旅に出た日々のことを書き記す。

⓬**とはずがたり**…作者の14歳から49歳にいたるまでの自伝的日記。前半は、寵愛を受けた後深草院（上皇）との愛欲の日々や、数々の男性との恋愛を赤裸々に綴り、後半は出家求道の日々を記した。

⓭**徒然草**…兼好法師（吉田兼好）による、無常を生きる知恵の集大成。自然観照・人間論・処世論など内容は多岐にわたる。『枕草子』『方丈記』『徒然草』の三つを合わせて三大随筆とよぶ。

⓮**増鏡**…後鳥羽天皇生誕から後醍醐天皇の隠岐からの帰還まで、15代約150年間の史書。『大鏡』『今鏡』『水鏡』と共に四鏡の一つで、「鏡物」最後の作。

⓯**玉勝間**…本居宣長の歌論や芸術論。著者の博学ぶりや、学問に対する真剣な姿勢を知ることができる。

世＝世俗説話　仏＝仏教説話　作＝作り物語　歌＝歌物語　歴＝歴史物語　軍＝軍記物語　小＝小説　日＝日記・紀行文　随＝随筆　評＝評論（歌論）

【訂正のお知らせはコチラ】

本書の内容に万が一誤りがございました場合は，東進WEB書店（https://www.toshin.com/books/）の本書ページにて随時お知らせいたしますので，こちらをご確認ください。☞

大学受験　レベル別問題集シリーズ

古文レベル別問題集⑥ 最上級編

発行日：二〇二四年二月二九日　初版発行

著者：富井健二

© Kenji Tomii 2022

発行者：永瀬昭幸

発行所：株式会社ナガセ

〒180-0003　東京都武蔵野市吉祥寺南町一-一-九-二

出版事業部（東進ブックス）

TEL：0422-70-7456／FAX：0422-70-7457

※東進ブックスの情報は「東進WEB書店 <www.toshir.com/books>」をご覧ください。

編集担当：八重樫清隆

編集主幹：山下芽久

校正・制作協力：坂巻紅葉　太田涼花　佐廣美有

本文イラスト：松井文子

古文朗読：島永吏子　左大臣光永（光永隆）

装丁・DTP：東進ブックス編集部

印刷・製本：シナノ印刷㈱

Printed in Japan　ISBN978-4-89085-943-6　C7381

東進ブックス

東進ブックス

編集部より

この本を読み終えた君にオススメの3冊！

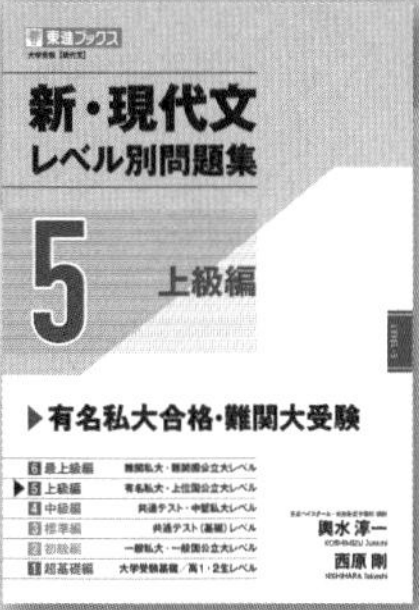

「正統」かつ「画期的」な読解法で，現代文の実践的な読み方・解き方が身につく全く新しい問題集。古文の次は現代文をレベル別で !!

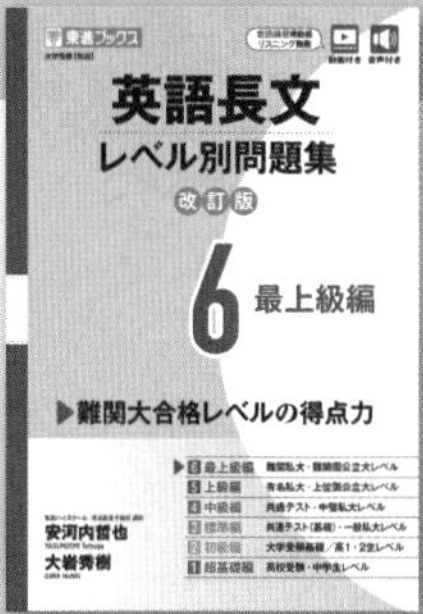

難関大志望の君に最適な英語長文問題集。問題英文の音声はもちろん，音読動画・リスニング動画付きの問題集はこれだけ !!

共通テストから難関大まで重要単語を完全網羅!『古文レベル別問題集』シリーズの「単語チェック」はこの単語集がベースになっています。

体験授業

※1講座（90分×1回）を受講できます。
※お電話または東進ドットコムで
　ご予約ください。
　連絡先は付録7ページをご覧ください。
※お友達同士でも受講できます。

この本を書いた講師の授業を受けてみませんか？

東進では有名実力講師陣の授業を無料で体験できる『体験授業』を行っています。
「わかる」授業、「完璧に」理解できるシステム、そして最後まで「頑張れる」雰囲気を実際に体験してください。

富井健二先生の主な担当講座

「富井健二のビジュアル古文読解マニュアル」など

東進の合格の秘訣が次ページに

合格の秘訣1

全国屈指の実力講師陣

東進の実力講師陣 数多くのベストセラー参考書を執筆!!

東進ハイスクール・東進衛星予備校では、そうそうたる講師陣が君を熱く指導する！

本気で実力をつけたいと思うなら、やはり根本から理解させてくれる一流講師の授業を受けることが大切です。東進の講師は、日本全国から選りすぐられた大学受験のプロフェッショナル。何万人もの受験生を志望校合格へ導いてきたエキスパート達です。

英語

雑誌『TIME』やベストセラーの翻訳も手掛け、英語界でその名を馳せる実力講師。

宮崎 尊先生
[英語]

爆笑と感動の世界へようこそ。「スーパー速読法」で難解な長文も速読即解！

渡辺 勝彦先生
[英語]

100万人を魅了した予備校界のカリスマ。抱腹絶倒の名講義を見逃すな！

今井 宏先生
[英語]

本物の英語力をとことん楽しく！日本の英語教育をリードするMr.4Skills.

安河内 哲也先生
[英語]

関西の実力講師が、全国の東進生に「わかる」感動を伝授。

慎 一之 先生
[英語]

全世界の上位5％(PassA)に輝く、世界基準のスーパー実力講師！

武藤 一也先生
[英語]

いつのまにか英語を得意科目にしてしまう、情熱あふれる絶品授業！

大岩 秀樹先生
[英語]

数学

予備校界を代表する講師による魔法のような感動講義を東進で！

河合 正人先生
[数学]

「ワカル」を「デキル」に変える新しい数学は、君の思考力を刺激し、数学のイメージを覆す！

松田 聡平先生
[数学]

論理力と思考力を鍛え、問題解決力を養成。多数の東大合格者を輩出！

青木 純二先生
[数学]

数学を本質から理解し、あらゆる問題に対応できる力を与える珠玉の名講義！

志田 晶先生
[数学]

国語

ビジュアル解説で古文を簡単明快に解き明かす実力講師。
富井 健二先生
[古文]

東大・難関大志望者から絶大なる信頼を得る本質の指導を追究。
栗原 隆先生
[古文]

明快な構造板書と豊富な具体例で必ず君を納得させる!「本物」を伝える現代文の新鋭。
西原 剛先生
[現代文]

「脱・字面読み」トレーニングで、「読む力」を根本から改革する!
輿水 淳一先生
[現代文]

文章で自分を表現できれば、受験も人生も成功できますよ。「笑顔と努力」で合格を!
石関 直子先生
[小論文]

幅広い教養と明解な具体例を駆使した緩急自在の講義。漢文が身近になる!
寺師 貴憲先生
[漢文]

縦横無尽な知識に裏打ちされた立体的な授業に、グングン引き込まれる!
三羽 邦美先生
[古文・漢文]

理科

「いきもの」をこよなく愛する心が君の探究心を引き出す!生物の達人。
飯田 高明先生
[生物]

「なぜ」をとことん追究し「規則性」「法則性」が見えてくる大人気の授業!
立脇 香奈先生
[化学]

化学現象を疑い化学全体を見通す"伝説の講義"は東大理三合格者も絶賛。
鎌田 真彰先生
[化学]

正しい道具の使い方で、難問が驚くほどシンプルに見えてくる!
宮内 舞子先生
[物理]

地歴公民

世界史を「暗記」科目だなんて言わせない。正しく理解すれば必ず伸びることを一緒に体感しよう。
加藤 和樹先生
[世界史]

"受験世界史に荒巻あり"と言われる超実力人気講師!世界史の醍醐味を。
荒巻 豊志先生
[世界史]

つねに生徒と同じ目線に立って、入試問題に対する的確な思考法を教えてくれる。
井之上 勇 先生
[日本史]

歴史の本質に迫る授業と、入試頻出の「表解板書」で圧倒的な信頼を得る!
金谷 俊一郎先生
[日本史]

「今」を知ることは「未来」の扉を開くこと。受験に留まらず、目標を高く、そして強く持て!
執行 康弘先生
[公民]

政治と経済のメカニズムを論理的に解明しながら、入試頻出ポイントを明確に示す。
清水 雅博先生
[公民]

わかりやすい図解と統計の説明に定評。
山岡 信幸先生
[地理]

どんな複雑な歴史も難問も、シンプルな解説で本質から徹底理解できる。
清水 裕子先生
[世界史]

WEBで体験

東進ドットコムで授業を体験できます!
実力講師陣の詳しい紹介や、各教科の学習アドバイスも読めます。
www.toshin.com/teacher/

合格の秘訣2

基礎から志望校対策まで合格に必要なすべてを網羅した 学習システム

映像によるIT授業を駆使した最先端の勉強法

高速学習

一人ひとりのレベル・目標にぴったりの授業

東進はすべての授業を映像化しています。その数およそ1万種類。これらの授業を個別に受講できるので、一人ひとりのレベル・目標に合った学習が可能です。1.5倍速受講ができるほか自宅からも受講できるので、今までにない効率的な学習が実現します。

1年分の授業を最短2週間から1カ月で受講

従来の予備校は、毎週1回の授業。一方、東進の高速学習なら毎日受講することができます。だから、1年分の授業も最短2週間から1カ月程度で修了可能。先取り学習や苦手科目の克服、勉強と部活との両立も実現できます。

現役合格者の声

東京大学 文科一類
早坂 美玖さん
東京都 私立 女子学院高校卒

私は基礎に不安があり、自分に合ったレベルから対策ができる東進を選びました。東進では、担任の先生との面談が頻繁にあり、その都度、学習計画について相談できるので、目標が立てやすかったです。

先取りカリキュラム

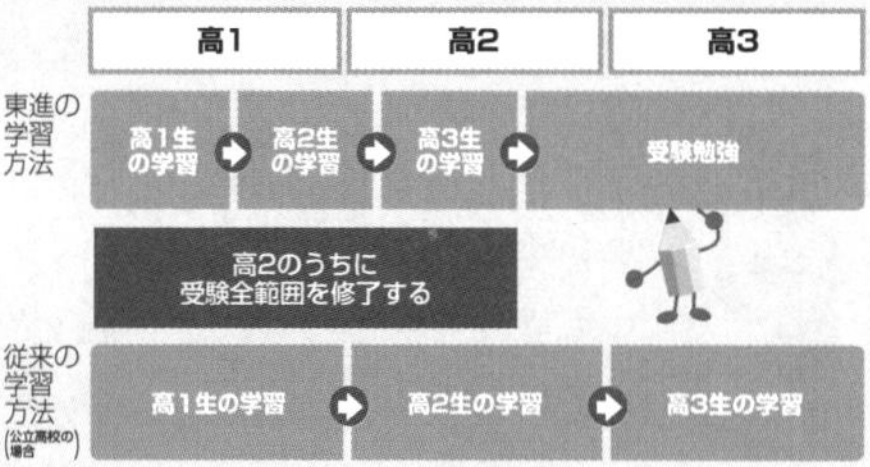

目標まで一歩ずつ確実に

スモールステップ・パーフェクトマスター

自分にぴったりのレベルから学べる 習ったことを確実に身につける

高校入門から最難関大までの12段階から自分に合ったレベルを選ぶことが可能です。「簡単すぎる」「難しすぎる」といったことがなく、志望校へ最短距離で進みます。

授業後すぐに確認テストを行い内容が身についたかを確認し、合格したら次の授業に進むので、わからない部分を残すことはありません。短期集中で徹底理解をくり返し、学力を高めます。

現役合格者の声

東北大学 工学部
関 響希くん
千葉県立 船橋高校卒

受験勉強において一番大切なことは、基礎を大切にすることだと学びました。「確認テスト」や「講座修了判定テスト」といった東進のシステムは基礎を定着させるうえでとても役立ちました。

パーフェクトマスターのしくみ

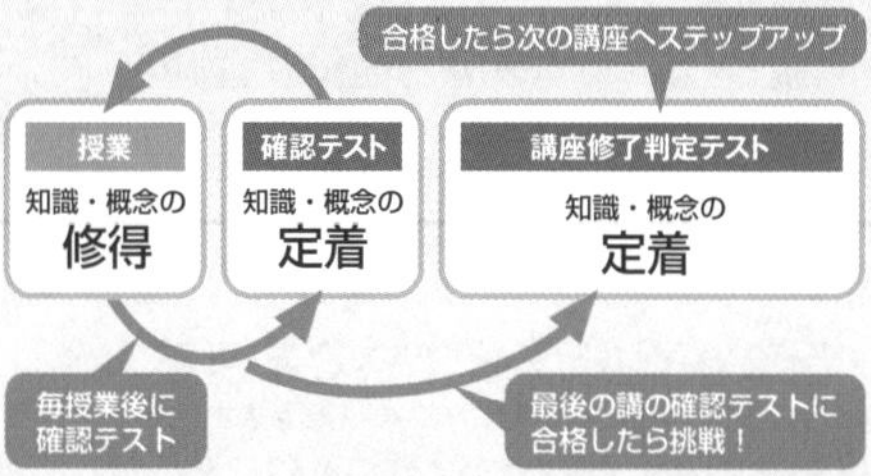

徹底的に学力の土台を固める

高速マスター基礎力養成講座

高速マスター基礎力養成講座は「知識」と「トレーニング」の両面から、効率的に短期間で基礎学力を徹底的に身につけるための講座です。英単語をはじめとして、数学や国語の基礎項目も効率よく学習できます。オンラインで利用できるため、校舎だけでなく、スマートフォンアプリで学習することも可能です。

現役合格者の声

早稲田大学 基幹理工学部
曽根原 和奏さん
東京都立 立川国際中等教育学校卒

演劇部の部長と両立させながら受験勉強をスタートさせました。「高速マスター基礎力養成講座」はおススメです。特に英単語は、高3になる春までに完成させたことで、その後の英語力の自信になりました。

東進公式スマートフォンアプリ

東進式マスター登場！

(英単語／英熟語／英文法／基本例文)

スマートフォンアプリでスキマ時間も徹底活用！

1) スモールステップ・パーフェクトマスター！

頻出度（重要度）の高い英単語から始め、1つのSTAGE（計100語）を完全修得すると次のSTAGEに進めるようになります。

2) 自分の英単語力が一目でわかる！

トップ画面に「修得語数・修得率」をメーター表示。自分が今何語修得しているのか、どこを優先的に学習すべきなのか一目でわかります。

3)「覚えていない単語」だけを集中攻略できる！

未修得の単語、または「My単語（自分でチェック登録した単語）」だけをテストする出題設定が可能です。すでに覚えている単語を何度も学習するような無駄を省き、効率良く単語力を高めることができます。

共通テスト対応 英単語1800
共通テスト対応 英熟語750
英文法 750
英語基本 例文300

「共通テスト対応英単語1800」
2023年共通テストカバー率99.8%！

君の合格力を徹底的に高める

志望校対策

第一志望校突破のために、志望校対策にどこよりもこだわり、合格力を徹底的に極める質・量ともに抜群の学習システムを提供します。従来からの「過去問演習講座」に加え、AIを活用した「志望校別単元ジャンル演習講座」、「第一志望校対策演習講座」で合格力を飛躍的に高めます。東進が持つ大学受験に関するビッグデータをもとに、個別対応の演習プログラムを実現しました。限られた時間の中で、君の得点力を最大化します。

現役合格者の声

京都大学 法学部
山田 悠雅くん
神奈川県 私立 浅野高校卒

「過去問演習講座」には解説授業や添削指導があるので、とても復習がしやすかったです。「志望校別単元ジャンル演習講座」では、志望校の類似問題をたくさん演習できるので、これで力がついたと感じています。

志望校合格に向けた最後の切り札

第一志望校対策演習講座

第一志望校の総合演習に特化し、大学が求める解答力を身につけていきます。対応大学は校舎にお問い合わせください。

東進×AIでかつてない志望校対策

志望校別単元ジャンル演習講座

過去問演習講座の実施状況や、東進模試の結果など、東進で活用したすべての学習履歴をAIが総合的に分析。学習の優先順位をつけ、志望校別に「必勝必達演習セット」として十分な演習問題を提供します。問題は東進が分析した、大学入試問題の膨大なデータベースから提供されます。苦手を克服し、一人ひとりに適切な志望校対策を実現する日本初の学習システムです。

大学受験に必須の演習

過去問演習講座

1. 最大10年分の徹底演習
2. 厳正な採点、添削指導
3. 5日以内のスピード返却
4. 再添削指導で着実に得点力強化
5. 実力講師陣による解説授業

合格の秘訣3 東進模試

申込受付中
※お問い合わせ先は付録7ページをご覧ください。

学力を伸ばす模試

本番を想定した「厳正実施」
統一実施日の「厳正実施」で、実際の入試と同じレベル・形式・試験範囲の「本番レベル」模試。
相対評価に加え、絶対評価で学力の伸びを具体的な点数で把握できます。

12大学のべ42回の「大学別模試」の実施
予備校界随一のラインアップで志望校に特化した"学力の精密検査"として活用できます（同日・直近日体験受験を含む）。

単元・ジャンル別の学力分析
対策すべき単元・ジャンルを一覧で明示。学習の優先順位がつけられます。

最短中5日で成績表返却
WEBでは最短中3日で成績を確認できます。※マーク型の模試のみ

合格指導解説授業
模試受験後に合格指導解説授業を実施。重要ポイントが手に取るようにわかります。

2023年度

東進模試 ラインアップ

共通テスト対策
- 共通テスト本番レベル模試 …… 全4回
- 全国統一高校生テスト〈全学年統一部門〉〈高2生部門〉〈高1生部門〉 …… 全2回

同日体験受験
- 共通テスト同日体験受験 …… 全1回

記述・難関大対策
- 早慶上理・難関国公立大模試 全5回
- 全国有名国公私大模試 …… 全5回
- 医学部82大学判定テスト …… 全2回

基礎学力チェック
- 高校レベル記述模試〈高2〉〈高1〉 …… 全2回
- 大学合格基礎力判定テスト 全4回
- 全国統一中学生テスト〈全学年統一部門〉〈中2生部門〉〈中1生部門〉 …… 全2回
- 中学学力判定テスト〈中2生〉〈中1生〉 …… 全4回

※ 2023年度に実施予定の模試は、今後の状況により変更する場合があります。
最新の情報はホームページでご確認ください。

大学別対策
- 東大本番レベル模試 …… 全4回
- 高2東大本番レベル模試 全4回
- 京大本番レベル模試 …… 全4回
- 北大本番レベル模試 …… 全2回
- 東北大本番レベル模試 …… 全2回
- 名大本番レベル模試 …… 全3回
- 阪大本番レベル模試 …… 全3回
- 九大本番レベル模試 …… 全3回
- 東工大本番レベル模試 …… 全2回
- 一橋大本番レベル模試 …… 全2回
- 神戸大本番レベル模試 …… 全2回
- 千葉大本番レベル模試 …… 全1回
- 広島大本番レベル模試 …… 全1回

同日体験受験
- 東大入試同日体験受験 …… 全1回
- 東北大入試同日体験受験 …… 全1回
- 名大入試同日体験受験 …… 全1回

直近日体験受験 …… 各1回
- 京大入試 直近日体験受験
- 北大入試 直近日体験受験
- 阪大入試 直近日体験受験
- 九大入試 直近日体験受験
- 東工大入試 直近日体験受験
- 一橋大入試 直近日体験受験

2023年 東進現役合格実績

難関大グループ現役合格史上最高続出！

東大現役合格実績日本一※1 5年連続800名超！

現役生のみ！講習生を含まず！

※1 2022年の東大現役合格実績を公表している予備校の中で東進の853名が最大(2022年JDnet調べ)。

東大 845名

文科一類	121名	理科一類	311名
文科二類	111名	理科二類	126名
文科三類	107名	理科三類	38名
		学校推薦	31名

東進生現役占有率 845/2,284 36.9%

全現役合格者(前期+推薦)に占める東進生の割合

2023年の東大全体の現役合格者は2,284名。東進の現役合格者は845名。東進生の占有率は36.9%。現役合格者の2.8人に1人が東進生です。

学校推薦型選抜も東進！

東大31名 推薦入試でも東進生現役占有率36.4%

現役推薦合格者の36.4%が東進生！

法学部	5名	薬学部	1名
経済学部	3名	医学部医学科の75.0%が東進生！	
文学部	1名		
教養学部	2名	医学部医学科	3名
工学部	10名	医学部健康総合科学科	1名
理学部	3名		
農学部	2名		

医学部も東進 日本一※2の実績を更新!!

※2 2022年の国公立医・医現役合格実績を公表している予備校の中で東進の1,032名が最大(2022年JDnet調べ)

国公立医・医 1,064名 昨対+32名

2023年の国公立医学部医学科全体の現役合格者は未公表のため、仮に昨年の現役合格者数(推定)を分母として東進生占有率を算出すると、東進生の占有率は29.4%。現役合格者の3.4人に1人が東進生です。

東進生現役占有率 29.4%

旧七帝大＋東工大・一橋大・神戸大 4,703名 昨対+91名

- 東京大 845名
- 京都大 472名
- 北海道大 468名
- 東北大 417名
- 名古屋大 436名
- 大阪大 617名
- 九州大 507名
- 東京工業大 198名
- 一橋大 195名
- 神戸大 548名

早慶 5,741名 昨対+63名

- 早稲田大 3,523名
- 慶應義塾大 2,218名

上理4,687名 昨対+394名

- 上智大 1,739名
- 東京理科大 2,948名

明青立法中 17,520名 昨対+492名

- 明治大 5,294名
- 青山学院大 2,216名
- 立教大 2,912名
- 法政大 4,193名
- 中央大 2,905名

関関同立 昨対+1,022名 13,655名

- 関西学院大 2,861名
- 関西大 2,918名
- 同志社大 3,178名
- 立命館大 4,698名

私立医・医 727名 昨対+101名

日東駒専 10,945名 史上最高！ 昨対+934名

産近甲龍 6,217名 史上最高！ 昨対+132名

国公立大 17,154名 昨対+652名

国公立 総合・学校推薦型選抜も東進！

国公立医・医 318名 昨対+16名

旧七帝大＋東工大・一橋大・神戸大 446名 昨対+31名

- 東京大 31名
- 京都大 16名
- 北海道大 13名
- 東北大 120名
- 名古屋大 92名
- 大阪大 59名
- 九州大 41名
- 東京工業大 25名
- 一橋大 7名
- 神戸大 42名

ウェブサイトでもっと詳しく

東進 検索

2023年3月31日締切

各大学の合格実績は、東進ネットワーク（東進ハイスクール、東進衛星予備校、早稲田塾）の現役生のみ、高３時在籍者のみの合同実績です。一人で複数合格した場合は、それぞれの合格者数に計上しています。

※2023年4月現在

【助詞】一覧表

※赤文字部分はすべて覚えましょう。

格助詞

▼体言に付き、その体言の文中での位置づけをする。

接続	助詞	用法
体言（体）	が・の	①主格（〜が） ②連体格（〜の） ③同格（〜で） ④準体格（〜のもの） ⑤比喩（〜のような・〜のように）
	して	①方法・手段（〜で） ②使役の対象（〜に〔命じて〕） ③動作の共同者（〜と〔共に〕）
	にて	①場所・時（〜で・〜のときに） ②手段・方法・材料（〜で） ③原因・理由（〜ので）
	を	①対象（〜を） ②起点（〜から） ③経由（〜を通って）
	に	①場所（〜に） ②時（〜に） ③対象・相手（〜に） ④原因・理由（〜により） ⑤変化の結果（〜に） ⑥比較の基準（〜に・〜より） ⑦強調
	へ	①方向（〜へ・〜に）
	と	①相手・共同者（〜と） ②変化の結果（〜と・〜に） ③引用（〜と） ④並列（〜と〜と） ⑤比較の基準（〜と・〜と比べて）
	より	①起点（〜から） ②経由（〜を通って） ③方法・手段（〜で） ④比較（〜よりも） ⑤即時（〜するやいなや） ⑥原因・理由（〜ので）
	から	①起点（〜から） ②経由（〜を通って） ③方法・手段（〜で） ④原因・理由（〜によって）

未＝未然形／用＝連用形／終＝終止形／体＝連体形／已＝已然形／命＝命令形

接続助詞

▼主に活用語に接続して、前後の文をつなぐ。

接続	助詞	用法
体	を・に・が	①単純な接続（…〔する〕と・…ところ・…が） ②逆接の確定条件（…だが） ③順接の確定条件〔原因・理由〕（…ので）
体	ものの・ものを・ものから・ものゆゑ	①逆接の確定条件（…だが）←「ものの」はこの意味のみ ②原因・理由（…ので）
未	ば	①順接の仮定条件（〔もし〕…ならば）
已	ば	①順接の確定条件 (a)原因・理由（…ので） (b)偶然・必然（…すると）
未	で	①打消接続（…ないで）
用	て・して	①単純な接続（…て・…で）
用	つつ	①反復・継続（…しては） ②同時（…しながら）
用	ながら	①逆接の確定条件（…だが・…ながら） ②同時（…しながら） ③継続（…のまま）
形用・動終	とも	①逆接の仮定条件（…しても）
已	ど・ども	①逆接の確定条件（…だが・…だけれども）

大学受験【古文】

古文レベル別問題集

6

最上級編

問題編

東進ブックス

【問題編】目次

記述答案作成マニュアル……2
第1回 説話『十訓抄』……4
第2回 説話『沙石集』……7
第3回 物語『栄花物語』……11
第4回 物語『大和物語』……16
第5回 日記『土佐日記』……20
第6回 日記『うたたね』……24
第7回 日記『とはずがたり』……28
第8回 日記『紫式部日記』……32
第9回 随筆『枕草子』……36
第10回 歌学『俊頼髄脳』……41
第11回 歌学『奥義抄』……44
第12回 随筆『玉勝間』……47
第13回 物語『春雨物語』……50
第14回 物語『源氏物語』—真木柱—……56
第15回 物語『源氏物語』—宿木—……60

記述答案作成マニュアル

国公立大2次試験や一部の難関私大入試で出題される「記述・論述問題」には、大きく分けて「**説明問題**」と「**解釈・口語訳問題**」がある。それぞれどのように記述すれば合格点を獲得できるのか、その基本マニュアル（や注意点）について以下に記す。本書の問題演習では、これを基に記述力を高めてほしい。

Ⅰ 説明問題

「説明問題」とは、次の❶〜❸のような指示がある設問のこと。「わかりやすく」「具体的に」「言葉を補足して」などという文言が付されている場合は、可能な限り該当する内容を取り込むこと。特に「**比喩表現**」「**指示語**（さ・しか・かく）」「**主語や目的語**」および「倒置の整序」「反語の解釈」について、説明・補足・明示すること。

❶ **「説明せよ」（内容説明）** ➡解答の文末は「…**ということ**」「…**である（ところ）**」のように書く。

❷ **「理由を述べよ」（理由説明）** ➡解答の文末は「…**ので**」「…**ため**」「…**から**」のように書く。

《「理由」を表す箇所》

(1) 傍線部前後の「…已然形＋ば、／…為／…由／…故／…料／…によりて／…もて／さるは…」の「…」の箇所。

(2) 傍線部直前の「　　」の文。傍線部の置き換えの後文。

❸ **「心情を述べよ」（心情説明）** ➡解答の文末は「**〜の…という心情［気持ち］**」のように書く。

※誰のどのような心情［気持ち］なのかを明記することが重要。

《「**心情**」**を表す箇所**》

(1) 傍線部前後の**会話文**や**挿入句**といった該当者の心情が表現されやすい箇所。

(2)「あさまし・めでたし・いみじ・いとほし」などの、**心情を表す形容詞・形容動詞**のある箇所。

❷ 解釈・口語訳問題

「解釈・口語訳問題」とは、傍線部について「**解釈せよ**」「**口語訳（現代語訳）せよ**」のような指示がある設問のこと。該当する箇所をすべて**品詞分解**して現代語訳するのが基本。また、「**比喩表現**」「**指示語**（さ・しか・かく）」「**主語や目的語**」の三点にも注意。特に「解釈せよ」という問題の場合、設問に「わかりやすく」「具体的に」「言葉を補足して」などという文言がなくても、この三点は基本的に（暗黙の了解で）補足・明示を求められている場合が多い。内容を理解していても、設問の指示（出題者の意図）を正しく読み取って記述しなければ高得点を取るのは難しい。解答欄の大きさ（字数）も考慮して適切に解答すること。

【注意❗】字数制限について

記述・論述問題では、字数制限の有無に注意。字数制限がある場合、だらだらとすべての内容を説明・補足・明示するのではなく、優先順位をつけながら必要なものだけを記述すること。

解答欄は、「**字数制限の八割**」を満たすのが基本。字数制限がない場合、解答欄の大きさからだいたいの字数を想定して記述すること。入試本番の解答欄が縦17㎝×横4㎝（＝この枠線の大きさ）程度なら、一〇〇～一二〇字程度が目安。

第1回 問題 QUESTION

説話『十訓抄』

次の文章を読んで、後の問に答えよ。

（筑波大学）

1 能因はいたれる(イ)数奇者《すきもの》なり。

都をば霞《かすみ》とともにたちしかど秋風ぞ吹く白川の関

とよめりけるを、都にありながらこの歌を出《いだ》さむこと無念と思ひて、人にも知られず久しく籠もり居て、色を黒く日にあぶりなしてのち、「陸奥《みちのく》の方へ修行のついでによみたり」とぞ披露しける。

2 待賢門院女房、加賀といふ歌よみありけり。

かねてより思ひしものを伏《ふ》し柴《しば》の樵《こ》るばかりなるなげきせむとは

といふ歌を、(ロ)年ごろよみて持ちたりけるを、「同じくはさるべき人にいひ睦《むつ》れて忘られたらむによみたらば、集などに入らむ、おもても(ハ)優なるべし」と思ひて、いかがしたりけむ、花園の大臣《おとど》に申しそめてけり。思ひのごとくにやありけむ、この歌を参らせたりければ、大臣もいみじくあはれにおぼしけり。

3 さて、(ニ)かひがひしく千載集に入りにけり。世の人、「伏し柴の加賀」とぞ申しける。能因が振る舞ひに似よりて、ついでに申す。

解答時間
20分
目標得点
40 / 50点
学習日
／
解答頁
P.10

I

（『十訓抄』による）

問1　傍線部(イ)「数奇者」、(ロ)「年ごろ」、(ハ)「優なる」、(ニ)「かひがひしく」を現代語訳せよ。（5点×4）

問2　「かねてより思ひしものを伏し柴の樵るばかりなるなげきせむとは」の歌に用いられている和歌の修辞技巧を具体的に説明せよ。（10点）

問3　二重傍線部「思ひのごとく」の「思ひ」の内容を示す部分を文中から二〇字以内でさがし、最初と最後の五文字（句読点を含まない）を抜き出せ。（8点）

問4　波線部「能因が振る舞ひに似よりて」について、能因と加賀との振る舞いの共通点を説明せよ。（12点）

（解答欄⬅）

【解答欄】

※解答欄左下の（数字）は字数の目安

問1（各5点）

(イ)

(ロ)

(ハ)

(ニ)

問2（10点）

（四〇〜八〇字程度）

問3（8点）

最初

最後

問4（12点）

（八〇〜一〇〇字程度）

得点

50点

第2回 問題 QUESTION

説話『沙石集』

解答時間	目標得点	学習日	解答頁
20分	40／50点	／	P.16

次の文章は『沙石集』の一節である。これを読んで、後の問いに答えよ。（九州大学）

1 ある池の中に、蛇と亀、蛙と知音《ちいん》にて住みけり。天下旱《ひでり》して、池の水も失せ、食物《じきもつ》も無くして、飢ゑむとして、(1)つれづれなりける時、蛇、亀をもて使者として、蛙の許《もと》へ「時の(注)ほどおはしませ。見参《げんざん》せむ」と云ふに、蛙、返事に申しけるは、「飢渇にせめらるれば、仁義を忘れて食をのみ思ふ。A情けも好《よし》みも世の常の時こそあれ。かかる比《ころ》なれば、(2)え参らじ」とぞ返事しける。Bげにもあぶなき見参なり。

2 また、海中に虬《きう》と云ふ物あり。蛇に似て、角なき物と云へり。妻の孕《はら》みて、猿の生け肝を願ひければ、得難き物なれども、志の色も見えむとて、山の中へ行きて、海辺の山に猿多き処へ尋ね行きて、云はく、「海中に菓《このみ》多き山あり。あはれ、おはしませかし。我が背《せなか》に乗せて、具してこそ行か［ a ］」と云ふ。「さらば具して行け」とて、背に乗りぬ。

3 海中遥《はる》かに行けども、山も見えず。「いかに、山はいづくぞ」と云へば、「げには(3)海中にいかでか山あるべき。我が妻、猿の生け肝を願へば、そのためぞ」と云ふ。猿、色を失ひて、せむ方なくて云ふやう、「さらば、山にて仰せられたらば、安き事なりけるを、我が生け肝は、ありつる山の木の上に置きたりつるを、俄《には》かに来つるほどに忘れたり」と云ふ。「さては、肝の料にてこそ具して来つれ」と思ひて、「さらば返りて、取りてたべ」と云ふ。「(4)左右《さう》なし。安き事」と云ひけり。さて、返りて山へ行きぬ。猿の木に登りて、「海の中に山無し。身を離れて肝無し」とて、山深く隠れぬ。蚪、Cぬけぬけとして帰りぬ。

（『沙石集』より）

（注）○知音——知り合い。友人。
○時のほど——ちょっとの間。
○蚪——角のない竜。みずち。

問1 空欄 [a] に、助動詞「む」を正しい形に活用させて補え。（4点）

問2 傍線部(1)～(4)について、文脈に即してそれぞれ現代語訳せよ。（4点×4）

問3 傍線部Aと同じ意味を表す成句を次の中から一つ選び、記号で答えよ。（5点）

㋐ 情けは人のためならず　㋑ 旅は道連れ世は情け
㋒ 衣食足りて礼節を知る　㋓ 移れば変わる世の習い

問4　傍線部B「げにもあぶなき見参なり」とあるが、作者はどのような状況に対し、どのような評価を下しているのか。本文をふまえて説明せよ。（7点）

問5　傍線部C「ぬけぬけとして帰りぬ」とあるが、

(1) 傍線部について、現代語訳せよ。（7点）

(2) 蚪がこのような行動をとるに至った事情について、本文に即して説明せよ。（7点）

問6　『沙石集』と異なるジャンルの作品を次の中から一つ選び、記号で答えよ。（4点）

㋐ 宝物集　㋑ 宇治拾遺物語　㋒ 十訓抄

㋓ 発心集　㋔ 梁塵秘抄

（解答欄➡）

【解答欄】

※解答欄左下の（数字）は字数の目安

問1（4点）	問2（各4点）				問3（5点）	問4（7点）	問5（各7点）		問6（4点）
	(1)	(2)	(3)	(4)			(1)	(2)	

問2：(1)(3)(4)は一〇〜二〇字程度。(2)は五〜一〇字程度

問4：（七〇字程度）

問5 (1)：（一五〜二〇字程度）

問5 (2)：（八〇〜一〇〇字程度）

得点
/50点

第3回

問題
QUESTION

物語『栄花物語』

解答時間
20分
目標得点
40 / 50点
学習日
／
解答頁
P.24

次の文章は、入道殿（藤原道長）の子息・関白殿（頼通）に、なかなか御子が生まれなかった頃の状況を描いたものである。これを読んで、後の設問に答えなさい。（千葉大学）

1 関白殿年ごろ御子といふもの持たせたまはぬ嘆きを、入道殿、上までに思しめしたるに、故式部卿宮《こしきぶきょうのみや》の御子の右《う》衛門督《ゑもんのかみ》は、（注3）関白殿の上の御伯父の子にこそはおはしけめ、その君人に女《をむな》しきさまにぞおぼえたまへりし、有国の宰相の女《むすめ》の腹に女子《をむなご》二人生ませたまへりしを、母も失せたまひければ、父君は年ごろとかくし歩きたまひて、それも失せたまひにしかば、その女君たち今はむげに大人になりたまひて、いとほしげにてありと聞かせたまひて、関白殿の上、(1)知らぬ人かはとて、迎へさせたまひて、殿の御まかなひ、御髪まゐりなどに二所ながらさぶらはせたまふほどに、姉君は致仕《ちじ》の大納言の御子の則理《のりまさ》を(ア)語らひたりけるほどに、尾張守になりにければ、尾張へいにけり。妹《おとと》の君はわざと名も(a)つけさせたまはで、ただ住みたまふままに、対の君とぞ召しける、この君に殿おのづから睦まじくならせたまひにけり。

2 御心ざしのあるさまに、めざましきことどもありければ、上、異人《ことひと》よりはさやはなど、めざましげなる御気色かたはらいたくて、(2)やうやう里がちになりゆけば、さるべきにやありけむ、異事《ことごと》は上の御気色に(b)したがひきこえさせたまふに、このことばかりはそれに障らぬさまに、ともすれば御歩きのついでにも立ち寄りたまふ。昼などもかき紛れおはしますほどに、ただにもあらずなりたまひにけるを、世の人いとめでたき幸ひ人にいひ思ひけり。このごろぞ子生むべかりければ、関白殿さるべきことなど思しおきてさせたまひけるほどに、君生れたまひぬべしと言ひののしれば、殿はかたはらいたくて、御みづからはえおはしまさねど、おぼつかなさの御使しきりなりけり。

3 かかるほどに、いと平らかに大男君《おほをのこぎみ》ぞ生れたまへりける。殿聞しめすに、あさましきまで思されて、御剣《みはかし》など遣はすほどぞめでたきや。大殿もうれしきことに思しめして、七日だに過ぎなば、殿のうちに迎へさせたまひて、そこにて養ひたてまつらせたまふべく思しめしける。産屋のほどのことどもは、さるべき国の守どもにおほせられて、みなそこよりしののしりたり。さは世にかかる幸ひ人もありけりとののしるも、げにと見えたり。入道殿よりかくのたまはせたり、

　年を経て待ちつる松のわかばえにうれしくあへる春のみどり子

御返し聞えず、おぼつかなし。御乳母《めのと》われもわれもと望む人ありけれど、故伊賀守橘輔成といひし人の女、遠江守忠重が女、紀伊前司成章が妻《め》ぞただ今は参りたなる。

4 殿おはしまして御覧じければ、かぎりなく思されけり。殿の上は、「宮々の刀自《とじ》、長女《をさめ》にても、この御子をただに生みたらば。われあるをりに疾く見む」など思しのたまひければ、これはまして卑しからぬ人なれば、かう思しめす

さまなりかし。

（『栄花物語』による）

（注）
○入道殿、上――道長と北の方（倫子）。
○故式部卿宮の御子の右衛門督――為平《ためひら》親王一男、源憲定《のりさだ》。頼通の北の方（隆姫）のいとこ。
○関白殿の上――頼通の北の方（隆姫）。
○人に女しきさまにぞおぼえたまへりし――人に女性のような方だと思われておられた。
○致仕の大納言の御子の則理――源則理。致仕の大納言・源重光の子。
○大殿――道長。
○宮々の刀自、長女――身分の低い女たち。
○これはまして卑しからぬ人なれば――対の君の身分が低くないことを指す。

（問１へ ←）

問1 波線部(a)「つけさせたまはで」、(b)「したがひきこえさせたまふ」、(c)「ただにもあらずなりたまひにける」について、それぞれの主語を次の㋐〜㋓から選び、記号で答えなさい。ただし、各記号は一度しか使えないものとする。（3点×3）

㋐ 入道殿　㋑ 関白殿　㋒ 関白殿の上　㋓ 対の君

問2 二重傍線部A〜Cの「ぬ」のうち、文法的に異なるものを記号で答えなさい。（4点）

問3 二重傍線部㋐「語らひたりける」、㋑「世にかかる幸ひ人もありけり」をそれぞれ現代語訳しなさい。（㋐5点 ㋑6点）

問4 傍線部(1)「知らぬ人かはとて、迎へさせたまひて」とは、どういうことか。適宜ことばを補って説明しなさい。（7点）

問5 傍線部(2)「やうやう里がちになりゆけば」について、次の問いに答えなさい。

(1)「やうやう里がちになりゆく」とはどういう意味か、主語（対の君）を補ってわかりやすく説明しなさい。（5点）

(2)どのような理由でそうなったのか、本文から読み取れる人物の心情を中心に説明しなさい。（6点）

問6 傍線部(3)の和歌「年を経て待ちつる松のわかばえにうれしくあへる春のみどり子」を、本文の内容をふまえて解釈しなさい。（8点）

3

【解答欄】

※解答欄左下の（数字）は字数の目安

問1（各3点）
(a)
(b)
(c)

問2（4点）

問3
(ア)（5点）
(イ)（6点）

問4（7点）
（五〇字程度）

問5
(1)（5点）
（三〇～四〇字程度）
(2)（6点）
（六〇～七〇字程度）

問6（8点）
（五〇字程度）

得点
50点

第4問題
QUESTION

物語『大和物語』

次の文章を読んで、後の問いに答えなさい。

（東京都立大学）

※亭子の帝、※鳥飼院におはしまし(i)にけり。例のごと、御遊びあり。「このわたりのうかれめども、あまたまゐりてさぶらふなかに、(1)声おもしろく、よしあるものは侍《はべ》りや」と問《と》はせたまふに、うかれめばらの申すやう、「※大江の玉淵がむすめと申す者、めづらしうまゐりて侍り」と(a)申しければ、見せたまふに、(b)さまかたちも清《きよ》げなりければ、あはれがりたまうて、(I)うへに召《め》しあげたまふ。「そもそもまことか」など問はせたまふに、鳥飼といふ題を、みなみな人々によま(ii)せたまひにけり。おほせたまふやう、「玉淵はいとらうありて、歌などよくよみ(iii)き。この(2)鳥飼といふ題をよくつかうまつりたらむにしたがひて、まことの子とはおもほさ(iv)む」とおほせたまひけり。(c)うけたまはりて、すなはち、

※あさみどりかひある春にあひぬればかすみならねどたちのぼりけり

とよむ時に、帝、ののしりあはれがりたまて、御しほたれたまふ。人々もよく酔《ゑ》ひたるほど(v)にて、酔ひ泣きいとになくす。帝、御袿《うちき》ひとかさね、はかまたまふ。「ありとある上達部《かんだちめ》、みこたち、四位五位、これに物ぬぎてとらせざらむ者は、座《ざ》より立ちね」とのたまひければ、かたはしより、上下《かみしも》みなかづけたれば、(II)かづきあまりて、ふた間《ま》ば

解答時間
20分
目標得点
40 / 50点
学習日
／
解答頁
P.34

かり積みてぞおきたりける。かくて、(d)かへりたまふとて、南院※の七郎君※といふ人ありけり、それなむ、このうかれめのすむあたりに、(3)家つくりてすむと聞《き》こしめして、それになむ、のたまひあづけたる。「かれが申さむこと、院に奏《そう》せよ。院よりたまはせむ物も、かの七郎君につかはさむ。(4)すべてかれにわびしきめな見せそ」とおほせたまうければ、つねになむ(e)とぶらひかへりみける。

（『大和物語』より）

（注）
※亭子《ていじ》の帝《みかど》——宇多《うだ》天皇（八六七〜九三一、在位八八七〜八九七）。光孝天皇第七皇子。
※鳥飼院《とりかひのゐん》——摂津国嶋下郡（大阪府摂津市）にあった離宮。
※うかれめ——遊女。
※大江《おほえ》の玉淵《たまぶち》——大江音人《おとんど》の子。日向守、少納言、従四位下。
※あさみどりかひある——歌題「とりかひ」を隠す。隠題歌。
※南院《なんゐん》——光孝天皇第一皇子是忠親王を南院親王、南宮という。
※七郎君《しちらうぎみ》——是忠親王七男。

（問1へ ⬅）

問1　波線部⑴〜⑷を現代語に訳しなさい。（4点×4）

問2　傍線部(i)〜(v)の助動詞の意味を次の中からそれぞれ一つずつ選んで記号で答えなさい。（1点×5）

㋐自発　㋑可能　㋒使役　㋓断定
㋔完了　㋕意志　㋖過去

問3　二重傍線部(a)〜(e)の主語にあたる人物を次の中からそれぞれ一つずつ選んで記号で答えなさい。答えは同じ記号を何度用いてもよい。（1点×5）

Ⓐ亭子の帝　Ⓑうかれめばら　Ⓒ人々
Ⓓ大江の玉淵　Ⓔ大江の玉淵がむすめ　Ⓕ南院の七郎君

問4　傍線部(Ⅰ)について、帝が殿上のそば近くに召し寄せた理由を説明しなさい。（7点）

問5　傍線部(Ⅱ)について、なぜこのような状況になったのか、説明しなさい。（7点）

問6　点線部「御しほたれたまふ」について、その理由を問題文の内容に即して一〇〇字以内で答えなさい（句読点も字数に含める）。（10点）

4

【解答欄】

問1（各4点）				問2（各1点）	問3（各1点）	問4（7点）	問5（7点）	問6（10点）
(1)	(2)	(3)	(4)	(i)	(a)	（五〇～六〇字程度）	（四〇～五〇字程度）	25／50／75／100
				(ii)	(b)			
				(iii)	(c)			
				(iv)	(d)			
				(v)	(e)			

※解答欄左下の（数字）は字数の目安

得点

50点

第5回 問題 QUESTION

日記『土佐日記』

次の文章は、『土佐日記』の「一月七日」の記述である。一行は京を目指しているが、強風のため停泊を余儀なくされている。よく読んで、後の問に答えなさい。

（岡山大学）

1 七日になりぬ。同じ湊《みなと》にあり。今日は白馬(注1)を思へど、かひなし。ただ波の白きのみぞ見ゆる。

2 かかる間に、人の家の、池と名あるところより、鯉《こひ》はなくて、鮒《ふな》よりはじめて、川のも海のも、他物《こともの》ども、長櫃《ながびつ》に担ひつづけておこせたり。若菜ぞ今日をば知らせたる。歌あり。その歌、

浅茅生《あさぢふ》の野辺にしあれば水もなき池に摘みつる若菜なりけり

3 (ア)いとをかしかし。この池といふは、ところの名なり。よき人の、男につきて下りて、住みけるなり。この長櫃のものは、みな人、童までにくれたれば、飽き満ちて、船子どもは、腹鼓を打ちて、海をさへ驚かして、波立てつべし。

4 かくて、この間にこと多かり。今日、破籠(注2)持たせて来たる人、その名などぞや、いま思ひ出でむ。この人、歌詠まむと思ふ心ありてなりけり。とかく言ひ言ひて、「波の立つなること」と憂へ言ひて、詠める歌、

(I) 行く先に立つ白波の声よりも遅れて泣かむ我やまさらむ

解答時間
20分
目標得点
40 / 50点
学習日
／
解答頁
P.42

とぞ詠める。(イ)いと大声なるべし。持て来たるものよりは、歌はいかがあらむ。この歌をこれかれあはれがれども、ひとりも返しせず。しつべき人も交じれれど、これをのみいたがり、ものをのみ食ひて、夜ふけぬ。この歌主、「(ウ)まだ罷《まか》らず」と言ひて立ちぬ。ある人の子の童なる、ひそかに言ふ。「まろ、この歌の返しせむ」と言ふ。驚きて、「いとをかしきことかな。詠みてむやは。(1)詠みつべくは、はや言へかし」といふ。『罷らず』とて立ちぬる人をまちて詠まむ」とて求めけるを、夜ふけぬとにやありけむ、(2)やがて往にけり。「そもそもいかが詠んだる」と、いぶかしがりて問ふ。この童、さすがに恥ぢて言はず。しひて問へば、言へる歌、

(Ⅱ)　行く人も留まるも袖の涙川汀《みぎは》のみこそ濡れまさりけれ

となむ詠める。かくは言ふものか。(3)うつくしければにやあらむ、いと思はずなり。

（『土佐日記』より）

（注）1　白馬《あをうま》——白馬の節会のこと。正月七日に白馬を南庭に引き出し、天皇がご覧になったあと、群臣に宴を賜う宮中行事。
2　破籠《わりご》——（食物を入れた）ヒノキの白木製の折り箱。

（問1へ⬅）

問1　波線部(ア)について、「をかし」と思った理由を説明せよ。（8点）

問2　波線部(イ)にはどのような皮肉が込められているか、説明せよ。（8点）

問3　波線部(ウ)について、「歌主」がこのように言った理由を説明せよ。（9点）

問4　傍線部(1)・(2)・(3)を現代語訳せよ。（5点×3）

問5　(Ⅰ)の歌と比較して(Ⅱ)の歌はどのような点がすぐれているのか、説明せよ。（10点）

【解答欄】

※解答欄左下の（数字）は字数の目安

問1（8点）
（六〇字程度）

問2（8点）
（一〇〇字程度）

問3（9点）
（七〇字程度）

問4（各5点）
(1)
（二〇字程度）
(2)
（一五字程度）
(3)
（一〇〜二五字程度）

問5（10点）
（一二〇字程度）

得点
　　/50点

5

第6回 問題 QUESTION

日記『うたたね』

次の文章は、作者（安嘉門院四条）が恋に破れて出家を決意し、主人の邸《やしき》から出奔する場面である。これを読んで、後の問いに答えよ。

（京都府立大学）

解答時間	目標得点	学習日	解答頁
20分	40／50点	／	P.50

1 ただ今も出でぬべき心地して、やをら端を開けたれば、(Ⅰ)つごもりごろの月なき空に雨雲さへたち重なりて、いともの恐ろしう暗きに、夜もまだ深きに、宿直人《とのゐびと》さへ折しもうち声づくろふもむつかしと聞きゐたるに、かくても人にや見つけられむとそら恐ろしければ、もとのやうに入りてふしぬれど、傍らなる人うちみじろきだにせず。さきざきも宿直人の夜深く門を開けて出づるならひなりければ、(1)その程を人知れず待つに、今宵しもとく開けて出でぬる音すれば。さるは(ア)心ざす道もはかばかしくも覚えず。ここも都にはあらず、北山の麓《ふもと》といふ所なれば、人目しげからず、(Ⅱ)木の葉の陰につきて、夢のやうに見置きし山路をただ一人行く心地、いといたく危《あや》ふくもの恐ろしかりける。山人の目にも咎《とが》めぬままに、あやしくもの狂ほしき姿したるも、すべてうつつのこととも覚えず。さても(イ)かの所西山の麓なれば、いと遥《はる》かなるに、夜中より降り出でつる雨の明くるままに、(2)しほしほと濡《ぬ》るる程になりぬ。(ウ)ふるさとより嵯峨のわたりまでは、少しも隔たらず見渡さるる程の道なれば、さはりなく行き着きぬ。

2 (3)夜もやうやうほのぼのとする程になりぬれば、道行き人も、ここもとはいとあやしと咎むる人もあれば、ものむつかしく恐ろしき事、この世にはいつかは覚えむ。(a)ただ一筋になきになし果てつる身なれば、足の行くにまかせて、はや山深く入りなむと、うちも休まぬままに、苦しくたへがたきこと、死ぬばかりなり。入る嵐の山の麓に近づく程、雨ゆゆしく降りまさりて、向かへの山を見れば、雲の幾重ともなく折り重なりて、行く先も見えず。〈中略〉いとどかきくらす涙の雨さへ降り添ひて、来し方行先も見えず、思ふにも言ふにも足らず。今閉ぢめ果てつる命なれば、(Ⅲ)身の濡れ通りたること伊勢の海人《あま》にも越えたり。

（『うたたね』による）

（注）○端――部屋の隅の戸。
○宿直人――警固の役人。
○傍らなる人――同僚の女房。
○北山の麓――北山は京都の北方の山々。ここでは船岡山や衣笠山。その麓に作者の仕える安嘉門院の御所があった。
○西山――京都の西方の山々。ここでは嵐山から松尾山あたりを指す。

（問1へ⬅）

問1　傍線部⑴〜⑶について、主語・指示語の内容を明らかにして現代語訳せよ。（5点×3）

問2　波線部㋐〜㋒について、文脈上何を指しているのかを記せ。（4点×3）

問3　二重傍線部⒤〜ⅲについて、どのような内容を述べているのか、わかりやすく説明せよ。（5点×3）

問4　点線部ⓐに示される作者の心境について、わかりやすく説明せよ。（8点）

【解答欄】

問1（各5点）			問2（各4点）			問3（各5点）			問4（8点）
(1)	(2)	(3)	(ア)	(イ)	(ウ)	(Ⅰ)	(Ⅱ)	(Ⅲ)	
（四〇字程度）	（二五字程度）	（二五字程度）				（四〇字程度）	（二〇字程度）	（五〇〜六〇字程度）	（六〇字程度）

※解答欄左下の（数字）は字数の目安

得点
50点

第1問題 QUESTION

日記『とはずがたり』

解答時間
20分
目標得点
40 / 50点
学習日
／
解答頁
P.58

次の文は、『とはずがたり』の一節である。作者の二条は、幼時より後深草院の御所に仕え、成人して院の寵愛を受けるようになった。ところがある日、親族より、「自分の部屋をすっかり片付けて、御所から退出せよ」という手紙が届く。わけがわからない二条は、院に手紙を見せて尋ねるが、院は何も答えなかった。以下は、それに続く場面である。これを読んで、後の問に答えよ。

（京都大学）

1 さればとて、出でじと言ふべきにあらねば、出でなむとするしたためをするに、四つといひける長月のころより参り初めて、(1)時々の里居《さとゐ》のほどだに心もとなくおぼえつる御所の内、今日や限りと思へば、よろづの草木も目とどまらぬもなく、涙にくれてはべるに、をりふし恨みの人*参る音して、「下のほどか*」と言はるるもあはれに悲しければ、ちとさし出でたるに、泣き濡らしたる袖の色もよそにしるかりけるにや、「いかなることぞ」など尋ねらるるも、「問ふにつらさ*」とかやおぼえて、(2)物も言はれねば、今朝の文取り出でて、「これが心細くて」とばかりにて、こなたへ入れて泣き居たるに、「されば、何としたることぞ」と、誰も心得ず。

2 おとなしき女房たちなどもとぶらひ仰せらるれども、知りたりけることがなきままには、ただ泣くよりほかのことなくて、暮れゆけば、(3)御所ざまの御気色なればこそかかるらめに、またさし出でむも恐れある心地すれども、(4)今より後はいかにしてかと思へば、今は限りの御面影も今一度見まゐらせむと思ふばかりに、迷ひ出でて御前に参りたれば、御前には公卿二三人ばかりして、何となき御物語のほどなり。

3 *練薄物の生絹の衣に、薄《すすき》に葛*を青き糸にて縫ひ物にしたるに、赤色の唐衣《からぎぬ》を着たりしに、きと御覧じおこせて、「今宵はいかに、御出でか」と仰せ言あり。何と申すべき言の葉なくてさぶらふに、「*くる山人の便りには訪れむとにや。青葛こそうれしくもなけれ」とばかり御口ずさみつつ、女院の御方へなりぬるにや、立たせおはしましぬるは、(5)いかでか御恨めしくも思ひまゐらせざらむ。

（『とはずがたり』より）

（注）＊恨みの人――西園寺実兼《さねかね》のこと。もともと二条と親しい仲だが、このころ行き違いがあって、二条を恨んでいた。

＊下のほどか――自分の部屋に下がっておられますか。

＊問ふにつらさ――「忘れてもあるべきものをなかなかに問ふにつらさを思ひ出でつる」（『続古今和歌集』）、「吹く風も問ふにつらさのまさるかななぐさめかぬる秋の山里」（同）などの和歌に由来し、慣用句のように用いられた表現。

＊練薄物《ねりうすもの》の生絹《すずし》の衣――絹糸で織った薄い衣。

＊葛《つづら》――蔓《つる》を伸ばして生長する植物。

＊くる――「来る」と、「葛」の縁語である「繰る」との掛詞。

（問1へ ←）

問1 傍線部(1)を現代語訳せよ。(10点)

問2 傍線部(2)における二条の心情を説明せよ。(10点)

問3 傍線部(3)〜(5)を、それぞれ文意が明らかになるように、ことばを補って現代語訳せよ。(10点×3)

【解答欄】

問1（10点）	問2（10点）	問3（各10点）(3)	問3 (4)	問3 (5)
（四〇～五〇字程度）	（四〇～五〇字程度）	（四〇字程度）	（四〇～五〇字程度）	（五〇字程度）

※解答欄左下の（数字）は字数の目安

得点
50点

7

第8回

問題 QUESTION

日記『紫式部日記』

次の文章は『紫式部日記』の一節で、中宮に出仕している書き手が、一時的に自宅に帰り、出仕する以前のことを思い出しながら、現在の自分の置かれている状況について思いを述べている部分です。これを読んで、後の問い（問1～問5）に答えなさい。なお、出題の都合により本文は一部改変したところがあります。

（大阪大学）

解答時間
20分
目標得点
40 / 50点
学習日
／
解答頁
P.66

1 見どころもなき古里(注1)の木立を見るにも、(a)ものむつかしう思ひみだれて、年ごろ、つれづれにながめ明かし暮らしつつ、花鳥の色をも音をも、春秋に行きかふ空のけしき、月の影、霜・雪を見て、その時来にけりとばかり思ひ分きつつ、いかにやいかに(注2)とばかり、A行く末の心細さはやるかたなきものから、はかなき物語などにつけてうち語らふ人、同じ心なるはあはれに書き交はし、少しけ遠き(注3)、たよりどもをたづねてもいひけるを、ただこれ(注4)をさまざまにあへしらひ、(b)そぞろごとにつれづれをば慰めつつ、B世にあるべき人かずとは思はずながら、さしあたりて、恥づかし、いみじと思ひ知るかたばかりのがれたりしを、さも残ることなく思ひ知る(I)身の憂さかな。

2 こころみに物語を取りて見れど、見しやうにもおぼえずあさましく、(ア)あはれなりし人の語らひしあたりも、われをいかにおもなく心浅きものと思ひおとすらむとおしはかるに、それさへいと恥づかしくて、えおとづれやらず。(イ)心にくからむと思ひたる人は、おほぞうに(注5)ては文や散らすらむなど、うたがはるべかめれば、いかでかは、わが心のうち、あるさまをも、深うおしはからむと、ことわりにて、いと(c)あいなければ、中絶ゆとなけれど、おのづからかき絶ゆるもあり。また、住み定まらず(注6)なりにたりとも思ひやりつつおとなひ来る人も、難うなどしつつ、すべて、はかなき事にふれても、あらぬ世に来たる心地ぞ、ここにてしも(注7)うちまさり、物あはれなりける。

3 ただ、(d)えさらずうち語らひ、少しも心とめて思ふ、こまやかに物を言ひかよふ、さしあたりておのづからむつび語らふ人ばかりを、少しもなつかしく思ふぞ、ものはかなきや。

4 大納言の君(注8)の、夜々は御前(注9)にいと近う臥《ふ》したまひつつ、物語したまひしけはひの恋しきも、なほ世に従ひぬる心か。

(1)浮き寝せし水の上(注10)のみ恋しくて鴨の上毛(注11)にさえぞおとらぬ

かへし

うちはらふ(注12)友なきころの寝覚めにはつがひし鴛鴦《をし》ぞ夜半に恋しき

（『紫式部日記』より）

（注）
1　古里《ふるさと》——書き手の自宅を指す。
2　いかにやいかに——「世の中をかく言ひ言ひの果て果てはいかにやいかにならむとすらむ」（『拾遺和歌集』）による。
3　少しけ遠き——少し遠慮されて近づきにくい人。
4　これ——「はかなき物語」のこと。
5　おほぞう——いいかげんであること。

6 住み定まらずなりにたり――書き手が中宮に出仕したために、いつも自宅にいるという状況ではなくなったことを指す。
7 ここ――書き手の自宅を指す。
8 大納言の君――書き手とともに中宮に仕えている女性。
9 御前に――中宮の前で。
10 浮き寝――水鳥が水に浮いたまま寝ること。
11 鴨の上毛《うはげ》にさえぞおとらぬ――「鴨の上毛」は鴨の体の表面の毛のことで、寒い冬には霜が置くとされた。「さえ」は、冷える意の動詞「冴《さ》ゆ」の連用形。
12 うちはらふ友――寒さによって上毛に置いた霜をうちはらう友。

問1 傍線部(a)~(d)を現代語訳しなさい。(2点×4)

問2 傍線部A・Bについて、ここにはどのような心情が記されているか、五〇字以内で説明しなさい。(8点)

問3 傍線部(I)「身の憂さ」について、書き手がこのように感じるのはなぜか、出仕する以前の状況をふまえて、一〇〇字以内で説明しなさい。(9点)

問4 傍線部(ア)・(イ)を現代語訳しなさい。(8点×2)

問5 和歌(1)について、何が「鴨の上毛」に劣らないのかを明らかにして現代語訳しなさい。(9点)

【解答欄】

※解答欄左下の（数字）は字数の目安

問1（各2点）
(a)
(b)
(c)
(d)

問2（8点）
50

問3（9点）
100

問4（各8点）
(ア)（六〇字程度）
(イ)（五〇～七〇字程度）

問5（9点）
（八〇～一〇〇字程度）

得点
50点

8

第9回

問題 QUESTION

随筆『枕草子』

解答時間	目標得点	学習日	解答頁
20分	40／50点	／	P.76

次の文章は、中宮定子のもとでのひとこまを描いた、『枕草子』の一節である。これを読んで、後の設問に答えなさい。

（千葉大学・法政大学）

1 二日ばかりありて、その日のことなど言ひ出づるに、宰相の君、「いかにぞ、手づから折りたりと言ひし下蕨《したわらび》は」とAのたまふを聞か(a)せ給ひて、「思ひ出づることのさまよ」と笑はせ給ひて、紙の散りたるに、

　下蕨こそ恋しかりけれ

と書かせ給ひて、「本言へ」と仰せらるるも、いとをかし。

　郭公《ほととぎす》たづねて聞きし声よりも

と書きて参ら(b)せたれば、「いみじううけばりけり。かうだにいかで郭公のことをかけつらむ」とて笑は(c)せ給ふもはづかしながら、「何か。この歌よみ侍らじとなむ思ひ侍るを。物の折りなど人のよみ侍らむにも『よめ』など仰せられば、(1)え候ふまじき心ちなむし侍る。(2)いといかがは、文字の数知らず、春は冬の歌、秋は梅花の歌などをよむやうは侍らむ。なれど、歌よむと言はれし末々は、少し人よりまさりて、『その折りの歌は、これこそありけれ。さは言へど、それが子なれば』など言はればこそ、かひある心地もし侍らめ。つゆ取りわきたる方もなくて、さすがに歌が

ましう、我はと思へるさまに、最初によみ出で侍らむ、(3)亡き人のためにもいとほしう侍る」とまめやかにB啓すれば、笑はせ給ひて、「さらば、ただ心にまかす。我らはよめとも言はじ」とのたまはすれば、「いと心やすくなり侍りぬ。(4)今は歌のこと思ひかけじ」など言ひてあるころ、庚申《かうしん》せさせ給ふとて、内の大臣殿いみじう心まうけせさせ給へり。

2 夜うち更くる程に、題出だして女房も歌よませ給ふ。皆けしきばみ、ゆるがし出だすも、宮の御前近く候ひて、物啓しなど、異事をのみ言ふを、大臣御覧じて、「など歌はよまで、むげに離れ居たる。題取れ」とて給ふを、「(5)さること承りて、歌よみ侍るまじうなりて侍れば、思ひかけ侍らず」と申す。「異様なること。まことにさることやは侍る。などかさは許さ(d)せ給ふ。いとあるまじきことなり。よし、異時《ことどき》は知らず、今宵はよめ」などせめさせ給へど、け清う聞きも入れで候ふに、皆人々詠み出だして、よしあしなど定めらるる程に、いささかなる御文をC書きて、投げ給はせたり。見れば、

元輔が後《のち》と言はるる君しもや今宵の歌にはづれては居る

とあるを見るに、をかしきことぞたぐひなきや。いみじう笑へば、「何事ぞ、何事ぞ」と大臣も問ひ給ふ。

「その人の後《のち》と言はれぬ身なりせば今宵の歌をまづぞよままし

(6)つつむこと候はずは、千の歌なりとこれよりなむ出でまうで来まし」と啓しつ。

（『枕草子』による）

9

（注）○宰相の君——中宮に仕える同僚の女房。
○本言へ——上の句をお付けなさい。
○うけばりけり——大そういばって言ったものね。郭公よりも食べ物の下蕨を賞賛したことに対する評。
○歌よむと言はれし末々——歌が上手だと言われた者の子孫。
○庚申——庚申《かのえさる》の日に眠ると、犯した罪を天上にいる上帝に告げられるという考えから、この日に徹夜すること。
○内の大臣殿——藤原伊周。中宮の兄。
○題取れ——題を記した紙を取って歌をよみなさい。
○け清う——残りなく、きっぱりと。
○元輔——清原元輔。作者の父。「梨壺の五人」として『後撰和歌集』の撰集にあたった。その祖父の深養父《ふかやぶ》も歌人として著名。

問1　波線部A～Cの主語は誰か。次の㋐～㋓から一つ選び、それぞれ記号で答えなさい。（2点×3）

㋐作者　㋑宮　㋒宰相の君　㋓大臣

問2　二重傍線部ⓐ～ⓓについて、他と文法的に異なっているものを一つ選び、記号で答えなさい。（2点）

問3　傍線部⑴「え候ふまじき心ち」、⑷「今は歌のこと思ひかけじ」を、それぞれ現代語訳しなさい。（6点×2）

問4　傍線部⑵「いといかがは、文字の数知らず、春は冬の歌、秋は梅花の歌などをよむやうは侍らむ」とは、どのようなことを言いたいのか、わかりやすく説明しなさい。（6点）

問5　傍線部(3)「亡き人のためにもいとほしう侍る」とあるが、「亡き人」とはどのような人を言ったものか、説明しなさい。（6点）

問6　傍線部(5)「さること承りて」とあるが、作者は誰からどのようなことを承ったのか、答えなさい。（6点）

問7　傍線部(6)「つつむこと候はずは、千の歌なりとこれよりなむ出でまうで来まし」について、次の問いに答えなさい。（6点×2）

(Ⅰ)「つつむこと候はず」とは、どのようなことを言ったものか、文章全体を踏まえて説明しなさい。

(Ⅱ)「千の歌なりとこれよりなむ出でまうで来まし」を、わかりやすく現代語訳しなさい。

（**解答欄➡**）

【解答欄】

問1（各2点）			問2（2点）	問3（各6点）		問4（6点）	問5（6点）	問6（6点）	問7（各6点）	
A	B	C		(1)	(4)				(I)	(II)
						（三〇～四〇字程度）	（四〇～五〇字程度）	（四〇～五〇字程度）	（三〇～四〇字程度）	（三〇～四〇字程度）

得点
/50点

※解答欄左下の（数字）は字数の目安

第10問題 QUESTION

歌学『俊頼髄脳』

解答時間	目標得点	学習日	解答頁
20分	40／50点	／	P.86

次の文章は、『俊頼髄脳』の一節で、冒頭の「岩橋《いはばし》の」という和歌についての解説である。これを読んで、後の設問に答えよ。

（東京大学）

岩橋《いはばし》の夜の契《ちぎ》りも絶えぬべし明くるわびしき葛城《かづらき》の神

この歌は、葛城の山、吉野山とのはざまの、はるかなる程をめぐれば、(ア)事のわづらひのあれば、役の行者《ぎやうじや》といへる修行者の、この山の峰よりかの吉野山の峰に橋を渡したらば、事のわづらひなく人は通ひなむとて、その所におはする一言主《ひとことぬし》と申す神に祈り申しけるやうは、「神の神通《じんづう》は、仏に劣ることなし。(イ)凡夫《ぼんぷ》のえせぬ事をするを、神力《じんりき》とせり。願はくは、この葛城の山のいただきより、かの吉野山のいただきまで、岩をもちて橋を渡し給へ。この願ひをかたじけなくも受け給はば、(ウ)たふるにしたがひて法施《ほふせ》をたてまつらむ」と申しければ、空《そら》に声ありて、「我この事を受けつ。あひかまへて渡すべし。ただし、(エ)我がかたち醜くして、見る人おぢ恐《おそ》りをなす。夜な夜な渡さむ」とのたまへり。「願はくは、すみやかに渡し給へ」とて、心経《しんぎやう》をよみて祈り申ししに、(オ)その夜のうちに少し渡して、昼渡さず。役の行者それを見ておほきに怒《いか》りて、「しからば護法、この神を縛《しば》り給へ」と申す。護法《ごほふ》たちまちに、葛《かづら》をもちて神を縛りつ。その神はおほきなる巌《いはほ》にて見え給へば、葛のまつはれて、掛け袋などに物を入れたるやうに、(カ)ひまはざまもなくまつはれて、今におはすなり。

（『俊頼髄脳』による）

10

（注）
○葛城の山――大阪府と奈良県との境にある金剛山。　○吉野山――奈良県中部の山系。
○役の行者――奈良時代の山岳呪術者。葛城山に住んで修行し、吉野の金峰山・大峰などを開いた。
○一言主と申す神――葛城山に住む女神。　○法施――仏や神などに対し経を読み法文を唱えること。
○心経――般若心経。　○護法――仏法守護のために使役される鬼神。　○掛け袋――紐をつけて首に掛ける袋。

問1　傍線部(ア)・(イ)・(ウ)を現代語訳せよ。（6点×3）

問2　「我がかたち醜くして、見る人おぢ恐りをなす」〔傍線部(エ)〕とあるが、どういうことか、わかりやすく説明せよ。（8点）

問3　「その夜のうちに少し渡して、昼渡さず」〔傍線部(オ)〕とあるが、一言主の神はなぜそのようにしたのか、説明せよ。（8点）

問4　「ひまはざまもなくまつはれて、今におはすなり」〔傍線部(カ)〕とあるが、どのような状況を示しているのか、主語を補って簡潔に説明せよ。（8点）

問5　冒頭の和歌は、ある女房が詠んだものだが、この和歌は、通ってきた男性に対して、どういうことを告げようとしているか、わかりやすく説明せよ。（8点）

【解答欄】

※解答欄左下の（数字）は字数の目安

問1（各6点）			問2（8点）	問3（8点）	問4（8点）	問5（8点）
(ア)	(イ)	(ウ)	（三〇字程度）	（四〇字程度）	（四〇字程度）	（四〇字程度）

10

得点
50点

第11問題 QUESTION

歌学『奥義抄』

解答時間 20分
目標得点 40/50点
学習日 ／
解答頁 P.94

次の文章は藤原清輔『奥義抄』の一節である。読んで設問に答えよ。（北海道大学）

さむしろに衣かたしきこよひもやわれをまつらむ宇治の橋姫

此《こ》の歌、橋姫の物語と云《い》ふものにあり。昔、妻《め》ふたり持たりけるをとこ、もとの妻のさはりして七いろの海布《め》をねがひける、求めに海辺にゆきて龍王にとられて失せにけるを、もとの妻尋ねありきけるほどに、浜辺なる庵にやどりたりける夜、(イ)おのづから此のをとこにあひにけり。此の歌をうたひて海辺より来たれりけるなり。さてことのありやういひて、明くれば失せぬ。この妻、泣く泣くかへりにけり。今の妻この事をききて、はじめのごとくゆきて此の男を待つに、又この歌をうたひて来ければ、われをば思ひすててもとの妻を恋ふるにこそとねたく思ひて、をとこにとりかかりたりければ、をとこも家も雪などの消ゆるごとくに失せにけり。世のふる物がたりなればくはしくかかず。集云、

千はやぶる宇治の橋姫なれをしもあはれとおもふとしのへぬれば

これも此の事を思ひてよめるにこそ。かのをとこ、もとの妻にしのびたるものなれば、(ロ)としごろなれける人などを橋姫によそへてよめるとぞみゆる。千はやぶるとはかのをとこ女むかしの世のことなれば、かみにてはべりけるに

こそは。又よろづの物にはその物をまもるかみあり。いはゆるたましひ也。されば橋をまもる神を橋姫とはいふとも心得られたり。神はふるきものなればとしへたる人によそへたるにや。宇治の橋姫とさしたるぞ心得ぬ。神をひめ、守《も》りなどいふことつねのことなり。さほひめ、立田姫、山ひめ、しま守り、みな神なり。

（『奥義抄』より）

（注）海布――ワカメなど食用となる海藻の類。
さほひめ――奈良県佐保山の神。春の女神。
立田姫――奈良県竜田山の神。秋の女神。

問1　傍線部(イ)・(ロ)を現代語に改めよ。（6点×2）

問2　第一の歌の宇治の橋姫は、男の二人の妻のうちどちらを指すと考えられるか。理由とともに五〇字以内で答えよ。（10点）

問3　著者によれば、第二の歌の宇治の橋姫は比喩として用いられたものだが、何を何にたとえたものか、文意をふまえ二通りに分けて説明せよ。（9点×2）

問4　二重傍線部について「心得ぬ」とある理由を六〇字以内で説明せよ。（10点）

（解答欄←）

Ⅱ

【解答欄】

問1（各6点）

(イ)

(ロ)

問2（10点）

50

40 20

問3（各9点）

(1)

（四〇～六〇字程度）

(2)

（四〇～六〇字程度）

問4（10点）

60 40 20

※解答欄左下の（数字）は字数の目安

得点

50点

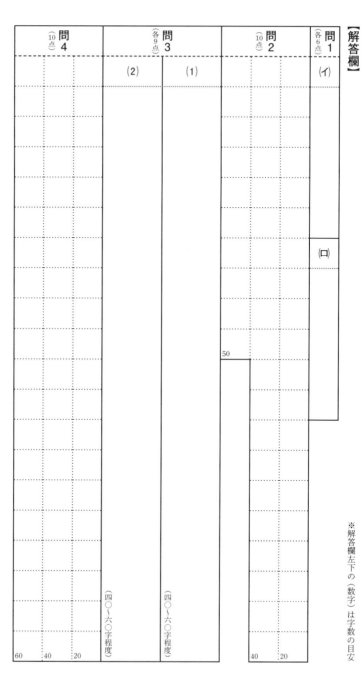

第12回

問題 QUESTION

随筆『玉勝間』

次の文を読んで、後の問に答えよ。

（京都大学）

(1)同じ人の説《ときごと》の、こととかしこと ゆきちがひてひとしからざるは、いづれによるべきぞとまどはしくて、大かたその人の説、すべてうきたるここちのせらるる、そは一わたりはさる事なれども、(2)なほさしもあらず。はじめより終はりまで説のかはれる事なきは、なかなかにをかしからぬかたもあるぞかし。はじめに定めおきつる事の、ほどへて後にまた異なるよき考への出で来るは、つねにある事なれば、はじめとかはれる事あるこそよけれ。年をへて学問すすみゆけば、説は必ずかはらでかなはず。またおのがはじめの誤りを後にしりながらは、つつみかくさできよく改めたるも、いとよき事なり。殊にわが古学*の道は近きほどよりひらけそめつる事なれば、すみやかにことごとくは考へつくすべきにあらず。人をへ年をへてこそ、つぎつぎに明らかにはなりゆくべきわざなれば、一人の説の中にもさきなると後なると異なる事は、もとよりあらではえあらぬわざなり。そは一人の生《いき》のかぎりのほどにも、つぎつぎに明らかになりゆくなり。さればそのさきのと後のとの中には、後の方をぞその人のさだまれる説とはすべかりける。但しまた、みづからこそはじめのをばわろしと思ひて改めつれ、また後に人の見るには、なほはじめのかたよろしくて後のはなかなかにわろきもなきにあらざれば、(3)とにかくにえらびは見む人の心になむ。

解答時間
20分
目標得点
40 / 50点
学習日
／
解答頁
P.102

（『玉勝間』より）

（注）＊古学――国学。日本の古典を研究して古代の精神を明らかにしようとする学問。

問1　傍線部(1)を現代語訳せよ。（15点）

問2　傍線部(2)のようにいうのはなぜか、説明せよ。（15点）

問3　傍線部(3)はどういうことか、説明せよ。（20点）

【解答欄】

問3（20点）	問2（15点）	問1（15点）
（九〇～一〇〇字程度）	（八〇～九〇字程度）	（八〇～九〇字程度）

※解答欄左下の（数字）は字数の目安

得点
50点

12

第13問題 QUESTION

物語『春雨物語』

次の文章を読んで、後の問いに答えなさい。 （東京都立大学）

1 ※今上の皇太子※正良、み位(a)受けさせ給ひて、淳和の帝《みかど》ほどなくおり居させて、ためしなき※上皇御ふた方と申す事、「から国にもきかぬためしなり」と申す。天皇、仁明《にんみやう》と尊崇したてまつりて、紀元を、承和《じようわ》と改め給ふ。

2 仏道はなほさかんなる事、怪しむべし。儒教も相並びて、行はるるに似たれど、車の片輪のいささか欠けそこなひて、足遅きごとし。さて、政令は、唐朝のさかんなるをうらやみ給ひ、つひのみ心は、驕《おご》りに伏し給ひたりき。

3 ※良峰の宗貞といふ、六位の蔵人《くらうど》なるが、才学ある者にて、帝のみ心にかなひ、ちかう召しまつはさせ、時々「文《ふみ》よめ」「歌よめ」と、(1)御あはれみかうぶりしかば、いつとなく朝まつり事もみそかに(b)問ひきき給へるとぞ。宗貞さかしくて、まつり事はかたはしばかりも御答へ申さず。ただ、(2)御遊びにつきし事どもを、「しかせしためし」など、み心をとりて申す。

4 色このむ男にて、花々しき事をなむ好みけるが、年毎《ごと》の※豊の明かりの舞姫の数を、(Ⅰ)すすめてくはへさせし。「これは、※清見原の天皇の、吉野《よしの》に世を(c)避けたまひしが、み国しらすべきさがにて、天女五人天《あま》くだりて、舞妓《ぶぎ》を、なぐさめ奉りしためしなれば、五人のをとめこそ古き例《ためし》なれ」と申す。同じく色このませしかば、ことしの冬を初めに、

解答時間
20分
目標得点
40/50点
学習日
／
解答頁
P.108

宣旨《せんじ》くだりて、花さかせ給へりけり。大臣・納言の人々の御むすめたち、つくりみがかせて、御目うつらばやと、しかまへたりき。ながめ捨てさせ給ふはいかにせむ。伊勢・加茂の※いつきの宮のためしに、老いゆくまでこめられ果てたまひき。

5 国ぶりの歌、このみ代よりさかえ出でて、(i)宗貞につぎて、(ii)文屋《ふんや》の康秀《やすひで》・大友《おほとも》の黒主《くろぬし》・(iii)喜撰《きせん》などいふ上手《じやうず》出でて、また女がたにも、(iv)伊勢・(v)小町、いにしへならぬ姿をよみて、名を後にもつたへたりき。〈中略〉

6 帝、宗貞が色このみてあざれあるくを、あらはさむとて、※後涼殿のはしの間の簾《す》のもとに、(3)衣かづきてしのびやかにあらすを、宗貞、たばかり給ふともしらで、御袖ひかへたれば、御こたへなし。歌よみて、しのびに、

山吹の花色衣《はないろごろも》ぬしや誰問へどこたへず口なしにして

と(d)申す。帝、きぬぬぎて見あひ給へり。おどろきまどひて、(e)逃ぐるを、(4)ただ「参れ」と、召し給ひて、(Ⅱ)みけしきよし。もろこしに、桃の子《み》くひつみしを、「これめせ。味いとよし」とて奉りしを、忠誠の者に召しまつはせしためしになむ。山吹を口なし色とは、この歌をぞはじめなりける。

（『春雨物語』より）

（注）

※今上――淳和《じゅんな》天皇（在位八二三～八三三年）。桓武天皇（在位七八一～八〇六年）の第三皇子。

※正良《まさら》――仁明天皇（在位八三三～八五〇年）。嵯峨天皇（在位八〇九～八二三年）の第二皇子。桓武天皇の孫にあたる。正良は諱《いみな》（生前の実名）。

※上皇御ふた方――仁明天皇の即位後、嵯峨上皇と淳和上皇とが上皇として並立したこと。

※良峰《よしみね》の宗貞《むねさだ》――八一六～八九〇年。良峰安世《よしみねのやすよ》の子。桓武天皇の孫にあたる。八五〇年に仁明天皇が崩御すると出家して遍《へん》昭《じょう》と称する。

※豊《とよ》の明《あ》かり――豊の明かりの節会《せちえ》。新嘗会《しんじやうゑ》または大嘗会《だいじやうゑ》に豊楽殿《ぶらくでん》で行う公式の宴会。宴会の後、五節《ごせち》の舞が行われた。平安時代中期までは、五節の舞の舞姫は、公卿の未婚の娘の中から二人、殿上人・国司の未婚の娘の中から二人（大嘗会では三人）が選ばれ、管弦の音色にしたがって舞を披露した。

※清見原の天皇――天武天皇（在位六七三～六八六年）。飛鳥浄御《あすかのきよみ》原宮《はらのみや》（現在の奈良県明日香村）を造営した。

※いつきの宮――斎宮。ここでは伊勢斎宮と賀茂斎院とをいう。斎宮・斎院は当代の天皇の近親の未婚女性が任命され任期中は結婚できなかった。

※後涼殿《こうりやうでん》――内裏の清涼殿の西にある殿舎。後宮の局があった。

問1　波線部(1)〜(4)を現代語に訳しなさい。（3点×4）

問2　二重傍線部(a)〜(e)の主語にあたる人物を次の中から一つ選んで記号で答えなさい。記号は何度用いてもよい。（2点×5）
あ 淳和天皇　い 仁明天皇　う 天武天皇
え 良峰の宗貞　お 舞姫　か いつきの宮

問3　傍線部(i)〜(v)の人物が詠んだとされる和歌を次の選択肢から一つ選んで記号で答えなさい。（2点×5）
ア 難波潟《なにはがた》短き葦《あし》のふしの間《ま》も逢はでこの世を過ぐしてよとや
イ わが庵《いほ》は都《みやこ》のたつみしかぞ住む世をうぢ山と人はいふなり
ウ 花の色はうつりにけりないたづらにわが身世にふるながめせし間《ま》に
エ 天《あま》つ風雲の通ひ路《ぢ》吹き閉ぢよをとめの姿しばしとどめむ
オ 吹くからに秋の草木のしをるればむべ山風をあらしといふらむ

問4　傍線部(Ⅰ)について、「すすめてくはへさせし」とあるが、どのような理由でそうしたのか。問題文に即して説明しなさい。（5点）

問5　傍線部(Ⅱ)について、「みけしきよし」とあるが、それはなぜか。問題文に即して説明しなさい。（6点）

問6　この文章には、仁明天皇に対する作者の批判的な意識を読みとることができる。問題文の中から具体的な例を挙げて九〇字以内で説明しなさい（句読点も字数に含める）。（7点）

（解答欄⬅）

13

【解答欄】

問1（各3点）				問2（各2点）	問3（各2点）	問4（5点）
(1)	(2)	(3)	(4)	(a)	(i)	（九〇字程度）
				(b)	(ii)	
				(c)	(iii)	
				(d)	(iv)	
				(e)	(v)	

※解答欄左下の（数字）は字数の目安

問6（7点）	問5（6点）
90 80 60 40 20	（九〇字程度）

得点
50点

13

第14回 問題 QUESTION

物語『源氏物語』―真木柱―

解答時間	目標得点	学習日	解答頁
20分	40 / 50点	／	P.120

次の文章は、『源氏物語』真木柱巻の一節である。玉鬘《たまかずら》は、光源氏（大殿）のかつての愛人であった亡き夕顔と内大臣との娘だが、両親と別れて筑紫国で育った。玉鬘は、光源氏の娘として引き取られ多くの貴公子達の求婚を受けるかたわら、光源氏にも思慕の情を寄せられ困惑する。しかし意外にも、求婚者の中でも無粋な鬚黒《ひげくろ》大将の妻となって、その邸に引き取られてしまった。以下は、光源氏が結婚後の玉鬘に手紙を贈る場面である。これを読んで、後の設問に答えよ。

（東京大学）

1 二月にもなりぬ。大殿は、さてもつれなきわざなりや、いとかう際々《きはぎは》しうとしも思はでたゆめられたる妬《ねた》さを、人わろく、すべて御心にかからぬをりなく、恋しう思ひ出でられたまふ。宿世《すくせ》などいふもの(ア)おろかならぬことなれど、わがあまりなる心にて、かく人やりならぬものは思ふぞかしと起き臥《ふ》し面影にぞ見えたまふ。大将の、をかしやかにわららかなる気《け》もなき人に添ひゐたらむに、はかなき戯《たはぶ》れ言《ごと》もつつましうあいなく思《おぼ》されて、念じたまふを、雨いたう降りていとのどやかなるころ、かやうのつれづれも紛らはし所に渡りたまひて、語らひたまひしさまなどの、いみじう恋しければ、御文奉りたまふ。右近がもとに忍びて遣はすも、かつは思はむことを思すに、何ごともえつづけたまはで、ただ思はせたることどもぞありける。

「かきたれてのどけきころの春雨にふるさと人をいかにしのぶや

つれづれに添へても、恨めしう思ひ出でらるること多うはべるを、(イ)いかでかは聞こゆべからむ」などあり。

2　隙《ひま》に忍びて見せたてまつれば、うち泣きて、わが心にもほど経るままに思ひ出でられたまふ御さまを、まほに、「恋しや、いかで見たてまつらむ」などはえのたまはぬ親にて、(ウ)げに、いかでかは対面もあらむとあはれなり。時々むつかしかりし御気色《けしき》を、心づきなう思ひきこえしなどは、この人にも知らせたまはぬことなれば、心ひとつに思しつづくれど、右近はほの気色見けり。(エ)いかなりけることならむとは、今に心得がたく思ひける。御返り、「聞こゆるも恥づかしけれど、おぼつかなくやは」とて書きたまふ。

「ながめする軒《のき》のしづくに袖ぬれてうたかた(オ)人をしのばざらめや

ほどふるころは、げにことなるつれづれもまさりはべりけり。あなかしこ」と(カ)ゐやゐやしく書きなしたまへり。

3　ひきひろげて、玉水のこぼるるやうに思さるるを、人も見ばうたてあるべしとつれなくもてなしたまへど、胸に満つ心地して、かの昔の、尚侍《かむ》の君を朱雀院《すざくゐん》の后の切《せち》にとり籠《こ》めたまひしをりなど思し出づれど、さし当たりたることなればにや、これは世づかずぞあはれなりける。(キ)好いたる人は、心からやすかるまじきわざなりけり、今は何につけてか心をも乱らまし、似げなき恋のつまなりや、とさましわびたまひて、御琴掻《か》き鳴らして、なつかしう弾きなしたまひし爪音《つまおと》思ひ出でられたまふ。

（『源氏物語』より）

（注）○つれなきわざ――鬚黒が玉鬘を、光源氏に無断で自分の邸に引き取ったこと。
○紛らはし所――光源氏が立ち寄っていた玉鬘の居所。
○右近――亡き夕顔の女房。玉鬘を光源氏の邸に連れてきた。
○隙に忍びて――鬚黒が不在の折にこっそりと。
○うたかた――泡がはかなく消えるような少しの間も。
○尚侍の君を朱雀院の后の切にとり籠めたまひしをり――当時の尚侍の君であった朧月夜《おぼろづきよ》を、朱雀院の母后である弘徽殿《こきでん》大后が強引に光源氏に逢えないようになさった時のこと。現在の尚侍の君は、玉鬘。

問1　傍線部(ア)・(イ)・(オ)を現代語訳せよ。（5点×3）

問2　「げに、いかでかは対面もあらむとあはれなり」〔傍線部(ウ)〕とは誰のどのような気持ちか、説明せよ。（8点）

問3　「いかなりけることならむ」〔傍線部(エ)〕とは、誰が何についてどのように思っているのか、説明せよ。（8点）

問4　「ゐやゐやしく書きなしたまへり」〔傍線部(カ)〕とあるが、誰がどのようにしたのか、説明せよ。（9点）

問5　「好いたる人」〔傍線部(キ)〕とは、ここではどういう人のことか、説明せよ。（10点）

【解答欄】

問1（各5点）			問2（8点）	問3（8点）	問4（9点）	問5（10点）
(ア)	(イ)	(オ)				
			（四〇字程度）	（四〇字程度）	（四〇字程度）	（四〇字程度）

※解答欄左下の（数字）は字数の目安

得点
50点

第15問 問題 QUESTION

物語『源氏物語』―宿木―

解答時間
20分
目標得点
40 / 50点
学習日
／
解答頁
P.130

次の文章は、『源氏物語』宿木巻の一節である。中の君（女君）を妻としていた匂宮（宮）は、時の権力者である右大臣（右大《みぎのおほい》殿《どの》）の娘との縁談を断り切れず、しぶしぶながら承諾した。その婚儀は八月十六日の夜に予定されている。これを読んで、後の問に答えよ。

（京都大学）

1 右大殿には、六条院の東の御殿《おとど》磨きしつらひて、限りなくよろづをととのへて待ちきこえたまふに、十六日の月やうやうさし上がるまで心もとなければ、「いとしも御心に入らぬことにて、いかならん」と安からず思ほして、案内*したまへば、「この夕つ方内裏《うち》より出でたまひて、二条院*になんおはしますなる」と人申す。(1)思《おぼ》す人持《も》たまへればと心やましけれど、今宵過ぎんも人笑へなるべければ、御子の頭中将して聞こえたまへり。

大空の月だにやどるわが宿に待つ宵すぎて見えぬ君かな

2 宮は、「なかなか今*なんとも見えじ、心苦し」と思して、内裏におはしけるを、御文*聞こえたまへりける、御返り*やいかがありけん、なほいとあはれに思されければ、忍びて渡りたまへりけるなりけり。らうたげなるありさまを見棄てて出づべき心地もせず、Aいとほしければ、よろづに契り慰めて、もろともに月をながめておはするほどなりけり。女君は、日ごろもよろづに思ふこと多かれど、(2)いかで気色に出ださじと念じ返しつつ、つれなく冷《さ》ましたまふことなれば、ことに聞きもとどめぬさまに、おほどかにもてなしておはする気色いとあはれなり。

3 中将の参りたまへるを聞きたまひて、さすがにかれもいとほしければ、出でたまはんとて、「今いととく参り来ん。ひとり月な見たまひそ。心そらなればいと苦し」と聞こえおきたまひて、なほかたはらいたければ、隠れの方より寝殿へ渡りたまふ。御後手《うしろで》を見送るに、ともかくも思はねど、ただ枕の浮きぬべき心地すれば、「心憂きものは人の心なりけり」と我ながら思ひ知らる。

（『源氏物語』より）

（注）＊案内したまへば――右大臣が人を遣わして匂宮の様子を探らせなさったところ。
＊二条院――匂宮が中の君と共に住んでいる屋敷。
＊今《いま》なんとも見えじ――今日が婚儀の日であると、中の君に知られないようにしよう。
＊御文――匂宮から中の君へのお手紙。
＊御返りやいかがありけん――中の君からのお返事はどのようであったのだろうか。語り手の推測。
＊聞きもとどめぬさま――匂宮の縁談を気にもとめない様子。
＊おほどかに――おっとりと。

（問1へ⬅）

問1　傍線部⑴を、主語を明らかにして現代語訳せよ。（10点）

問2　傍線部⑵・⑶を現代語訳せよ。（10点×2）

問3　傍線部A・Bは、いずれも匂宮の気持ちを述べたものである。そのぞれどのような気持ちか、説明せよ。（10点）

問4　波線部における中の君の心理を説明せよ。（10点）

【解答欄】

※解答欄左下の（数字）は字数の目安

問1（10点）
（七〇字程度）

問2（各10点）
(2)
(3)
（各五〇～六〇字程度）

問3（10点）
（八〇字程度）

問4（10点）
（七〇～八〇字程度）

得点
50点

【読んでおきたい!! ジャンル別入試頻出作品ベスト5】

ジャンル	順位	作品名	作者・著者	成立	種類
説話	1	今《こん》昔《じゃく》物語集	未詳	平安	世俗
説話	2	十《じっ》訓《きん》抄《しょう》	未詳	鎌倉	世俗
説話	3	宇《う》治《じ》拾《しゅう》遺《い》物語	未詳	鎌倉	世俗
説話	4	沙《しゃ》石《せき》集《しゅう》	無《む》住《じゅう》	鎌倉	仏教
説話	5	発《ほっ》心《しん》集《しゅう》	鴨《かもの》長《ちょう》明《めい》	鎌倉	仏教
物語	1	源《げん》氏《じ》物語	紫《むらさき》式《しき》部《ぶ》	平安	その他
物語	2	今《いま》鏡《かがみ》	藤原為経？	平安	歴史物語
物語	3	浜《はま》松《まつ》中《ちゅう》納《な》言《ごん》物語	菅原孝標女？	平安	その他
物語	4	大和《やまと》物語	未詳	平安	歌物語
物語	5	宇《う》津《つ》保《ほ》物語	源順《したごう》？	平安	その他
日記	1	蜻《かげ》蛉《ろう》日記	藤原道綱母《みちつなのはは》	平安	―
日記	2	とはずがたり	後深草院二条	鎌倉	―
日記	3	和泉《いずみ》式《しき》部《ぶ》日記	和泉《いずみ》式部	平安	―
日記	4	更《さら》級《しな》日記	菅原孝標女《すがわらのたかすえのむすめ》	平安	―
日記	5	讃岐《さぬきの》典侍《すけ》日記	藤原長子《ちょうし》	平安	―
随筆（評論）	1	枕《まくらの》草《そう》子《し》	清《せい》少《しょう》納《な》言《ごん》	平安	随筆
随筆（評論）	2	俊《とし》頼《より》髄《ずい》脳《のう》	源俊頼	平安	評論
随筆（評論）	3	無《む》名《みょう》抄《しょう》	鴨長明	鎌倉	評論
随筆（評論）	4	無《む》名《みょう》草《ぞう》子《し》	藤原俊成女？	鎌倉	評論
随筆（評論）	5	玉《たま》勝《かつ》間《ま》	本《もと》居《おり》宣《のり》長《なが》	江戸	評論

※大学入試問題約1000回分（主要28大学の各学部×10年分）の出典を集計。詳細は『レベル②』を参照。
※これらの作品は入試頻出です。特に私大文系を目指す人は、最低限「概要」だけでも把握しておきましょう。出題されたときに非常に有利になります。

NAME